TEILHARD DE CHARDIN

« Spiritualités vivantes »

ÉDITH DE LA HÉRONNIÈRE

TEILHARD DE CHARDIN

Une mystique de la traversée

Albin Michel

Albin Michel
▪ *Spiritualités* ▪

*Collection « Spiritualités vivantes »
dirigée par Jean Mouttapa et Marc de Smedt.*

22, rue Huyghens, 75014 Paris
www.albin-michel.fr

ISBN 2-226-13767-X
ISSN 0755-1835

A mes parents

« Si nous voulons que tout continue,
il faut d'abord que tout change. »

Giuseppe Tomasi di Lampedusa,
Le Guépard.

Je tiens à remercier de leur aide,

à Paris,
le R.P. Noir, sj,
Bernard Condominas,
la Fondation Teilhard de Chardin

à Pékin,
le Professeur Jia Lan-Po,
Françoise et Bernard Da,
Madame Wang Hai-yan

ABRÉVIATIONS DES TITRES
DES OUVRAGES LE PLUS SOUVENT CITÉS

Ac.H. : *Accomplir l'Homme*
C.C. : Claude Cuénot, *Teilhard de Chardin*, éd. du Rocher
C.M. : *Le Cœur de la Matière*
G.P. : *Genèse d'une Pensée*
H.T. : Helmut de Terra, *Mes voyages avec Teilhard de Chardin*
L.I. : *Lettres Intimes*
L.Inéd. : *Lettres Inédites*
L.J.M. : *Lettres à Jeanne Mortier*
L.S. : *Lettres à Lucile Swan*
L.V. : *Lettres de voyage*
L.Z. : *Lettres à Léontine Zanta*

Introduction

Vézelay. Au début de septembre, la lumière rosée de l'automne enveloppe les murailles et les tours encore chaudes de l'été, embrume les vallonnements de prairies et de vignobles, jetant à la tombée du jour des reflets d'orpiment à l'intérieur de l'espace roman. Un lieu, tel quel, dans sa levée de pierre et de ciel, ce lieu-là choisi pour un étrange rassemblement, assez proche, au fond, de celui inscrit dans le calcaire, là-haut sur le tympan, où se trouvent réunis toutes sortes de quidams dans un heureux désordre. Un congrès où se pressent des étudiants et d'éminents professeurs, des femmes du monde, des jésuites, des trissotins et des bas-bleus, quelques marxistes venus des pays de l'Est, prenant prétexte de l'occasion pour respirer un air de liberté, des philosophes, des paléontologues, et un chasseur local qui s'est glissé au fond de la salle pour s'informer de ce qui se passe chez lui. Cette belle assemblée est présidée par la reine des Belges, absente, mais brillamment représentée par sa dame de compagnie. « Les Tailleurs de Jardin sont revenus ! » lance le cantonnier du village avec son accent rocailleux de Bourguignon. C'est ainsi que mes pas m'ont portée un jour à Vézelay, pour assister au congrès Teilhard de Chardin, et ne m'ont pas permis d'en repartir – du moins en pensée. Teilhard a été décisif en ce sens qu'il m'a conduite au cœur de ma vie, à Vézelay, d'où sont partis tous mes chemins.

Plusieurs fleuves coulaient à la Sorbonne dans les années 70. On pouvait somnoler sur la pensée hindoue avec Olivier Lacombe, s'échiner sur Hegel avec Jean Wahl, promener sa lampe dans les méandres de la scolastique médiévale avec Maurice de Gandillac. Y avait-il une alternative à tous ces monuments aux morts ?

Cette alternative, je l'ai trouvée à plusieurs reprises. D'abord avec Jean Grenier qui savait parler de Camus et du Tao de manière incomparable, et de l'art comme l'expression la plus sacrée de la vie intérieure. Un maître, dont les derniers cours, dispensés à cinq élèves, tous les autres ayant subitement déserté parce que le sujet n'était plus au programme, furent une apothéose. Ils restent au fond de moi comme la plus précieuse substance de mes années de philosophie – sans doute parce qu'ils allaient bien au-delà de la philosophie comme matière à examen, la rendant à sa vocation d'apprentissage de la vie de l'esprit – et de la vie tout court.

Puis il y eut Jankélévitch et ses feux d'artifice sur Ramon Llull et Bergson. Là encore, la pensée vivante, dansante sur les cimes, en recherche perpétuelle au-dessus des abîmes du désespoir ou de la grandeur et de la bonté humaine. Le philosophe avait perdu une partie de sa famille dans l'holocauste. A Toulouse, où il s'était réfugié pendant la guerre, il avait été destitué de sa chaire. Mgr Bruno de Solages l'avait sauvé de la déportation et défendu dans son honneur de professeur. Mgr de Solages, nous le retrouverons à la croisée d'autres routes, en justicier toujours.

C'est dans la foulée de Bergson et de Jankélévitch que

j'ai découvert Teilhard de Chardin, l'évolutionniste chrétien, dont Madeleine Madaule distillait la pensée – non sans défi – dans une Sorbonne plutôt freudo-marxiste qu'autre chose. Ses cours de la rue des Ecoles trouvaient un prolongement estival et buissonnier dans les colloques de Vézelay.

Teilhard n'a jamais mis les pieds sur la colline. Pourtant, il en est inséparable. Sa cosmogenèse se trouve anticipée de huit siècles dans la conjonction de saisons, de travaux et d'humains du grand tympan de la basilique, dégageant une énergie inspirée, « coiffée » par le Christ aux bras ouverts, les mains jetant les feux de l'esprit sur la matière, invitant à tous les départs. De même, il me semble que la pensée de Teilhard ouvre l'horizon et suscite une longue traversée, assez passionnante pour aider les vivants d'aujourd'hui à aller plus avant (ne serait-ce que par curiosité) et pour ressusciter, peut-être, quelques morts.

Plus de quarante ans après sa disparition, maintenant que les essais auxquels il tenait le plus ont été publiés ainsi qu'une partie de sa correspondance – à l'exception d'écrits intimes constitués par de nombreuses lettres, la majeure partie de son journal et ses notes de retraite –, il reste encore à découvrir. Ceux qui ont veillé à sa publication, ont pris soin, par discrétion, de nous rendre un Teilhard « impeccable », en gommant au besoin l'aspect humain de ses lettres ou de ses notes. Si bien que l'on a souvent le sentiment d'avoir affaire à un pur intellectuel.

Malraux définissait les intellectuels comme une race à part, qui recherche l'assentiment plutôt que le conflit. A cet égard, on ne saurait considérer Teilhard de Chardin comme un pur intellectuel, mais comme un penseur de haut vol, et comme un homme profondément vivant, humain, faillible, chaleureux, entêté, tourmenté, un explorateur dans l'ordre géologique et dans l'ordre spirituel. Il a cherché le débat et le dialogue jusqu'au bout du monde, aussi bien dans les steppes de Mongolie qu'aux tribunes des congrès scientifiques internationaux. « *No retreat !* » lançait-il souvent. Dès qu'il avait écrit un nouveau texte, il le soumettait à ses proches – en particulier Auguste Valensin et Henri de Lubac – pour établir un débat et recevoir la contradiction. Parti de grandes intuitions qu'il n'a cessé d'affirmer et d'approfondir tout au long de sa vie, il semble toujours en avant de lui-même. Aussi faut-il espérer qu'une biographie ne le « fixe » pas trop, mais parvienne à dégager néanmoins les instants fulgurants et les grandes métamorphoses d'une vie. A cet homme passionné d'unicité, ce serait faire justice que de ne pas isoler les différents aspects d'une existence où tout se tient, où le spirituel est inhérent au goût du Monde.

Une pensée, lorsqu'elle est tenue sous le boisseau, devient rapidement un mythe. C'est ainsi que, de son vivant, la pensée de Teilhard a été drapée d'une aura d'ésotérisme qui l'a longtemps fait passer – et la fait encore passer à l'étranger – pour une gnose. Rien n'était plus éloigné du désir de son auteur que le souci d'entourer son œuvre de vapeurs mystagogiques. Au contraire, s'il en avait eu la possibilité, Teilhard aurait clamé sa pensée et sa foi. Il a été un penseur de la lumière et de l'énergie. La clarté lui était essentielle. Il a passé sa vie à exhumer les fossiles enfouis dans les sous-sols de l'univers et à mettre à jour la présence du divin dans la matière. Mais l'Eglise l'a frappé de silence. Taisez-vous, Teilhard ! lui a-t-on fait comprendre depuis ses premiers textes jusqu'aux derniers. Restez dans l'ombre ! Soyez sage ! Ne vous exprimez pas sur des questions religieuses ! Cantonnez-vous à la science ! Ce qui est le comble pour un prêtre : ne pas avoir le droit de parler de Dieu. Une transmission ne s'est pas accomplie de son vivant, sinon sous le manteau. Teilhard a été contraint à une grande solitude intellectuelle autant que spirituelle.

L'Index, ce doigt sévère de l'Eglise pointé sur la pensée, s'est plus d'une fois arrêté sur sa noble silhouette, mais n'a jamais pu l'épingler, faute de preuves, faute d'arguments sérieux. Chaque fois, son ordre a su le faire disparaître à temps, le plus souvent du côté de la Chine, en missions scientifiques qui lui ont valu d'être l'un des plus grands géologues et paléontologues de son temps. Lorsqu'il réapparaissait, un nouvel essai sous le bras, un vent de panique agitait la Curie romaine dont les indexologues examinaient à la loupe chaque phrase de l'écrit en question sur la Présence divine dans la matière, sur l'évolution du christianisme, sur les connexions possibles entre la foi en Dieu et la foi au monde, sur l'avenir de l'Homme. On ne réussit jamais à le prendre en défaut d'hérésie ou de déviance. Impossible, par ailleurs, de l'empêcher d'écrire, il eût fallu le suivre sur les océans, dans les déserts les plus reculés de l'Asie. Impossible de le faire taire, il eût fallu l'isoler de toute rencontre avec ses semblables, les savants et penseurs du monde entier. Le seul recours était de l'empêcher de publier et de parler en public. Cela fut fait. Teilhard n'en continua pas moins d'écrire et il prit soin de ne plus parler qu'en privé, préservant pour le reste sa divine liberté de penser.

Je ferai souvent entendre sa voix. Quelque chose me dit que, malgré sa renommée, Teilhard n'a pas été vraiment lu. Pourtant il a beaucoup écrit, trop peut-être, revenant sans cesse sur ses intuitions pour aller plus avant en élargissant ou précisant sa réflexion. Son œuvre publiée est aujourd'hui d'une grande ampleur puisqu'elle compte treize volumes d'essais religieux et philosophiques, 4 634 pages d'essais scientifiques et des milliers de pages de correspondance à une quarantaine de destinataires réguliers.

J'ai suivi le déroulement d'une vie en prenant pour fil d'Ariane son grand texte autobiographique, *Le Cœur de la Matière*. C'est en effet dans ce texte que Teilhard expose la genèse de sa spiritualité. Il est étonnant de reconnaître dans sa propre évolution les mécanismes de l'évolution tels qu'il les a mis en lumière dans *Le Phénomène humain*, le processus de changement s'opérant par seuils successifs. C'est lui qui nous donne le fil pour le suivre et il m'a semblé qu'on pouvait faire confiance à ce grand savant qui a su porter sur lui-même un regard de chercheur.

Je me suis mise en quête du Teilhard mystique, indissociable du Teilhard vivant et humain à travers ses innombrables lettres à ses proches. L'homme intérieur, curieusement, est assez peu perceptible dans ses grands « essais », sans doute parce qu'ils ont été trop souvent revus et corrigés pour passer la barrière de la censure romaine, mais il est plus sensible dans ses notes personnelles et ses lettres. Une biographie spirituelle de Teilhard ne sera pas vraiment possible tant que l'on n'aura pas publié l'ensemble de son Journal, de ses notes de retraite et sa correspondance dans son intégralité, laquelle constitue un aspect passionnant de son œuvre, car il fut un remarquable épistolier.

A le relire plus attentivement qu'au cours de mes années de philosophie, je ne me suis pas toujours trouvée en familiarité avec son œuvre. Ses eaux natives étaient cosmiques et mystiques, mais nullement psychologique ou artistiques. Or nous sommes aujourd'hui animés par la passion d'explorer l'intériorité. Par ailleurs, l'art, sous toutes ses formes, représente une des expressions du sacré les plus accessibles à notre sensibilité. Il y a de grands blancs dans la pensée de Teilhard sur ce plan.

En Chine, les poteries l'ennuient à mourir, à Rome il balaye d'un revers de manche les trésors de civilisations de la ville ; nul peintre, nul musicien, à part Darius Milhaud, rencontré aux Etats-Unis, n'apparaissent dans son œuvre, mais surtout il ne semble avoir jamais fait un mouvement de simple curieux en direction d'une œuvre d'art. Sur le plan humain, sinon historique et politique, il n'évoque pas une seule fois les grands maux du XXe siècle, dont il a été pourtant le contemporain. Son éloignement de France durant toute la guerre et le silence sur les camps de concentration dans l'immédiat après-guerre pourraient en être responsables. Il n'en reste pas moins que son altitude de pensée semble l'avoir toujours maintenu dans une distance vis-à-vis de la condition humaine ordinaire. Sa conception de l'amour, elle-même, était a-morale, c'est-à-dire conçue comme une pure énergétique et non comme un rapport d'ordre éthique à autrui, impliquant des codes et des devoirs. Teilhard œuvrait avec une ténacité extraordinaire, mais il ne s'affrontait pas à autrui.

En abordant son œuvre, je me suis cependant retrouvée souvent en terrain de connaissance. L'aspect sacramentel de la vie, le goût de la terre, le simple amour des pierres, l'énergie humaine, le devoir de recherche, le sens de l'évolution intérieure et des transformations qu'elle induit, tout cela couronné par une conception de la vie comme une traversée montante au cours de laquelle il s'agit de donner le meilleur de nous-même, de se décarcasser à en mourir – une idée épique de la vie, peut-être – me sont plus que sympathiques. Il me semble qu'il a restauré la dignité et l'importance de la pensée au cœur de la foi, à une époque où était largement répandue dans le catholicisme la certitude que la philosophie avait un pacte secret avec le diable, autrement dit qu'il ne fallait pas trop penser si l'on voulait garder la foi.

Teilhard de Chardin a représenté par sa vie même, si profondément cohérente avec sa pensée, une grande synthèse entre une perception religieuse et une passion scientifique, à un moment charnière où l'Eglise était profondément ébranlée par la crise moderniste : se sentant menacée sur le front de la science avec la critique historique appliquée aux textes bibliques et avec le concept d'évolution qui pénétrait peu à peu tout le champ des sciences naturelles, celle-ci adoptait une attitude défensive rigoureuse. Le terme « évolution » avait en ces années-là, et parfois encore aujourd'hui, au sein du catholicisme, un violent parfum de soufre.

Teilhard a vécu cette synthèse dans sa chair et dans son âme. Mais ce qu'il a vu, nous ne le voyons pas, et ce qu'il a ressenti et tenté d'exprimer, nous ne le ressentons pas comme lui. Aussi je ne crois pas que l'on puisse être « teilhardien », car il ne s'agissait pas tant d'une philosophie, d'un système, comme on peut être freudien ou marxiste, mais d'une mystique, d'une vision et d'une intuition. C'est la substance d'une vie exceptionnelle, où pensée, foi et recherche s'interpénètrent constamment, qui fait de lui un exemple unique et inimitable. Et je crois qu'il faut le prendre comme tel. Aventurier, inspirateur, creuset de synthèse, ferment et non détenteur de la vérité. Energie et non dépôt. Pionnier et non gardien, comme l'a écrit Jean Guitton à propos de lui : « Les pionniers se déchirent les mains aux épines, ils tâtonnent ; il faut leur laisser la liberté d'errer. Les pionniers précèdent les maîtres qui fabriqueront des routes pour les carrosses, qui mettront, comme le disait Péguy, des poteaux indicateurs. Les pionniers avancent sans savoir comment et ne laissent aucune trace. On est devant eux (disait Newmann) "à la fois enchanté et perplexe"[1]. »

---

1. Jean Guitton, *Profils parallèles, Teilhard et Bergson*, Fayard, 1970.

1

La sainte Matière

D'abord, l'attrait pour l'intérieur et le mystère de la Matière.

L'un des premiers témoignages que l'on ait sur l'enfant, en 1887, est celui de son escapade en compagnie de sa sœur, Marguerite-Marie, en direction du Puy Pariou, pour « voir ce qu'il y avait à l'intérieur des volcans ». Partir ne posait guère de problèmes dans la vaste demeure de Sarcenat : il suffisait d'ouvrir une petite porte à l'arrière du château et de s'élancer sur le chemin, à droite vers le hameau ou à gauche vers les bois et les champs. Rattrapés à quelques kilomètres de la maison familiale, les deux jeunes enfants ne furent pas trop grondés, sans doute grâce à la compréhension intime de leur père pour leurs goûts de naturalistes.

Très tôt apparaît cette curiosité insatiable en laquelle Teilhard adulte puisera la raison de tous les départs et de toutes les recherches.

Sarcenat est à flanc de montagne, un hameau en contrebas d'Orcines, dominé par le puy de Dôme et ses cheires à l'herbe rase. Derrière de grands arbres, des sapins, des châtaigniers, des hêtres, des chênes, les tourelles pointues du château et les murs de lave se cachent aux regards tout en s'ouvrant à plus de 180° sur la chaîne des Puys et la vaste plaine de Limagne. Un solide ancrage dans le sol volcanique, une énergie secrète, un champ immense pour la vue, telles se présentent les données géographiques élémentaires dans lesquelles grandit Pierre Teilhard de Chardin. Ces sources détermineront sa discrétion naturelle, son sens du secret, sa timidité, sa simplicité, mais aussi son enracinement et l'envergure étonnante de son regard, comme s'il était doué de cette faculté qu'ont certains oiseaux de tourner le cou à 360°.

Marie-Joseph-Pierre Teilhard de Chardin est né le 1er mai 1881, à sept heures du matin, à Sarcenat, près d'Orcines, dans le Puy-de-Dôme. Il est le quatrième d'une famille de onze enfants. Son père, Emmanuel Teilhard de Chardin, est un « gentleman farmer » qui, après avoir fait l'école des Chartes, se consacre à la terre de ses ancêtres. Il s'intéresse beaucoup à l'histoire régionale et suit de près l'éducation de ses enfants, en particulier en matière de belles-lettres. Il leur communique son propre goût pour la nature, leur apprenant les noms des plantes, des insectes, des oiseaux, des pierres et des fossiles. Durant ses années de noviciat à Hastings, Pierre Teilhard de Chardin rendra compte, dans ses lettres à ses parents, de ses découvertes en matière de botanique et de zoologie. Il y a chez lui très tôt une véritable passion de naturaliste. Promeneur invétéré, l'enfant marche les yeux baissés vers la terre. Sa vue est perçante. Déjà il cueille, il gratte, il scrute, à la recherche des trésors minéraux et végétaux enfouis dans la glèbe. Ce goût de fouiller le sol persistera toute sa vie et il n'aimera rien tant que « le terrain ».

Sa mère, Berthe-Adèle de Dompierre d'Hornoy, a

beau être l'arrière-petite-nièce de Voltaire, elle n'en est pas moins d'une grande piété. Chaque matin, à l'aube, elle monte à pied à Orcines par un sentier à travers bois pour assister à la messe. Patiente et discrète, mais aussi très intelligente, elle joue un rôle essentiel dans la formation spirituelle de ses enfants. De son vivant, elle perdra sept de ses onze enfants, sans jamais formuler un mot de révolte. L'une de ses filles, Françoise, sera petite sœur des pauvres, l'autre, Marguerite-Marie, atteinte du mal de Pott dès son jeune âge, deviendra présidente de l'Union catholique des malades, quant à Pierre, il entrera dans la Compagnie de Jésus. Dans un texte autobiographique très éclairant, *Le Cœur de la Matière*[1], il évoque à plusieurs reprises sa mère :

« Cette étincelle par quoi "Mon Univers", encore *à demi* seulement personnalisé, *achèverait de se centrer en s'amorisant*, c'est indubitablement à travers ma mère, à partir du courant mystique chrétien, qu'elle a illuminé et allumé mon âme d'enfant. » Un peu plus loin, Teilhard parle de cette dévotion dont sa mère ne s'est jamais lassée de le nourrir.

Cet amour de Dieu éclôt au sein d'une famille et d'un milieu catholique traditionnels du XIXe siècle, que nous pouvons considérer aujourd'hui comme le foyer de conformismes désuets. Pourtant, ce catholicisme-là a aussi été un ferment extraordinaire pour des âmes intenses. Bernanos, Mauriac y ont puisé le feu de leur inspiration, la flamme de ces questions éternelles dont la fulgurance traverse leurs œuvres. Chez Teilhard de Chardin, cette dévotion, tombée en un terrain particulièrement réceptif et naturellement pieux, va rencontrer une autre donnée élémentaire de sa pensée et de sa spiritualité, qu'il a lui-même définie comme un « culte de la matière » et le résul-

1. *Œuvres*, t. XIII, Le Seuil.

tat ne sera pas particulièrement mièvre, bien au contraire.

Sur une photo datée de 1891, on voit un enfant sage, réfléchi, entouré de ses frères et sœurs, Françoise, Joseph, Gabriel, Olivier, Albéric et Marguerite-Marie. Pierre a alors dix ans. Son visage est grave et régulier. Un grand front, des yeux enfoncés, des traits fins lui donnent un air déterminé en même temps que cette tranquillité souveraine dont il ne se départira jamais. Lui et ses frères, si l'on en croit le témoignage de sa cousine germaine, Marguerite Teillard-Chambon, sont déchaînés. Pourtant, c'est la sagesse qui émane de ce visage d'enfant, une sagesse ardente évoquée par les témoins de son enfance, à commencer par ses maîtres.

Matière vénérée, sanctifiée. Le jeune Teilhard éprouve une passion des pierres, du métal et du minéral, qui le plonge par moments dans la contemplation d'un simple morceau de fer – clef de charrue, morceau d'obus dans un champ de tir. Adoration pour ces fragments de métal, adoration pour le plus dur, le plus solide, le plus tenace, en lequel il voit la quintessence d'une consistance fondamentale, qui répond chez lui à un profond sentiment d'inquiétude devant une certaine inconsistance du réel. En témoigne un épisode de sa prime enfance : son désespoir et ses sanglots lorsqu'il vit se consumer devant lui une mèche de cheveux. Il n'avait pas cinq ans !

Si le minéral est chez lui l'objet d'une telle intensité, c'est parce qu'il correspond en lui à la quête d'un Inaltérable. Toute sa perception du « planétaire » part de là, de cette sensibilité géologique élémentaire. « De ces premiers contacts avec l'"essence" du Monde toute ma vie intérieure a jailli et grandi », et il ajoute : « En fait, et même au plus élevé de ma trajectoire spirituelle, je ne me serai jamais senti à l'aise que baigné dans un océan de Matière… »

Océan de matière, Auvergne immémoriale dont les

roches, depuis les très anciennes éruptions, connaissent une lente métamorphose. Il existe quelque chose de puissamment vivant dans la texture du sol, et de puissamment mystérieux dans la conjonction d'une plénitude et d'une inquiétude.

Les intuitions de l'enfance détermineront sa vie entière. Le savant de renommée internationale, l'aventurier, l'écrivain, l'homme de Dieu en lui ne démentiront jamais ces passions de la prime jeunesse, nées dans les paysages amples et telluriques du Puy-de-Dôme, ces sols au magma fécond, où, petit garçon, livré à une sauvage liberté, il arpentait les sentiers d'un terroir volcanique, avec leur flore d'une diversité étonnante – c'est dans la région, au mont Bar, que George Sand venait chercher les espèces destinées à l'herbier de Nohant –, leurs vastes horizons dégageant des ondulements pelés, tranchés à mi-hauteur par un cratère, quelque chose de grandiose, de large, de contraire à tout provincialisme, d'étranger aux cloisonnements. Ces premiers paysages lui façonnent l'esprit. Quant au corps, il y acquiert une solidité physique, malgré sa grande taille et un pas de montagnard qui sera bien utile à cet homme de terrain, arpenteur du monde.

En avril 1892, Pierre entre au collège des Jésuites de Mongré à Villefranche-sur-Saône. Il en sortira bachelier ès lettres en 1897. Là, il aura pour professeur en humanités le Père Henri Brémond, auteur de la célèbre *Histoire littéraire du sentiment religieux en France*. Intrigué par cet enfant très doué, qui semble garder ses distances, il finit par deviner la passion qui brûle en lui :

« J'ai eu, il y a trente ans, pour élève en Humanités, un petit Auvergnat, très intelligent, le premier en tout, mais d'une désespérante sagesse [...]. Je n'ai su que longtemps après le secret de cette indifférence apparente.

Il avait une autre passion, jalouse, absorbante, qui le faisait vivre loin de nous : les pierres [1]. »

Il oublie de dire que son élève était premier en tout, sauf en instruction religieuse... sa seule matière « faible », en tous les cas celle qui l'intéressait le moins. Quant à son détachement vis-à-vis des contingences, il se manifeste aussi en famille où il marque un désintérêt pour les travaux d'historien de son père, ainsi que pour ses préoccupations au sujet du domaine. Au contraire de ses frères, les chevaux, la chasse et les traditions familiales le laissent insensible. « Il faut vider les vieilles outres », aurait-il dit un jour à ce propos à son frère Joseph qui en fut choqué.

A la veille de passer son baccalauréat, Pierre écrit à ses parents pour leur exprimer son souhait d'entrer chez les Jésuites. C'est le désir du « plus parfait » qui détermine sa vocation. Mais ses frères et sœurs réagissent vivement : « Ah non ! Pas lui ! C'est Gabriel le saint de la famille ! » Ayant passé avec succès l'examen, il revient à Sarcenat où son père le trouve si fatigué qu'il l'oblige à se reposer pendant un an avant de prendre sa décision.

En mars 1899, Pierre Teilhard entre résolument dans la Compagnie de Jésus, au noviciat d'Aix-en-Provence. Ce sont les années où l'anticléricalisme atteint en France un paroxysme avec Emile Combes au pouvoir. La loi du 1er juillet 1901 soumet les congrégations au contrôle de l'Etat et prévoit la liquidation de tous leurs biens. Plutôt que d'être soumis à l'Etat, les Jésuites décident de se disperser et d'ouvrir des maisons à l'étranger, notamment en Angleterre et dans les îles anglo-normandes. Ceux de la province de Lyon, dont dépend Teilhard, font l'acquisition du parc d'Ore Place à Hastings, après la promul-

1. Henri Brémond, *Le charme d'Athènes*, Bloud et Gay, 1925, p. 29-30.

gation de la loi de séparation de l'Eglise et de l'Etat, en 1905.

Les études pour devenir Jésuite sont longues et approfondies. Deux années de noviciat sont consacrées à la formation spirituelle. Suivent ensuite trois années de juvénat consacrées aux études littéraires, que Teilhard accomplira à Jersey, et trois années de philosophie scolastique, qu'il passera à Hastings. Après un intervalle de « régence », ou exercice pratique dans les collèges, il reste quatre années de théologie au terme desquelles le Jésuite reçoit l'ordination sacerdotale. Teilhard de Chardin, lui, effectue sa régence comme lecteur de physique et de chimie au collège secondaire des Jésuites du Caire. Avec ce voyage, il entame une longue série de séjours en Orient, où il passera finalement une grande partie de sa vie de savant et de religieux.

« L'Orient entrevu et bu avidement », dans sa lumière, sa végétation, sa faune et ses déserts, dans son exotisme profond, au sens où l'entendait Segalen, sujet d'un enchantement pour le penseur et le poète. Les murailles du Mokattam, les tombeaux dorés des califes, le grand Sphinx usé par les érosions, les pyramides de Gizeh, les solitudes du désert libyque, les grottes de Haute Egypte où vécurent les pères coptes, l'antique lac Moeris où se situait, dit-on, le premier labyrinthe du monde, la vallée du Nil, bordée des hautes murailles roses de la chaîne libyque puis s'élargissant parmi les champs de fèves en fleur et les palmiers des oasis, Teilhard les découvre émerveillé aux moments de liberté que lui octroie sa charge de professeur de physique et de chimie au collège secondaire des Jésuites de la Sainte Famille du Caire. Il écrit là-bas l'un de ses premiers textes, *Huit jours au Fayoum*, dans lequel s'affirment déjà sa sensibilité à la nature et son talent à la rendre par les mots. Ainsi de cette nuit au bord du lac Moeris :

« Enfin la nuit vient avec mille bruits aquatiques : coassements de grenouilles, plongeons dans l'eau, et, dans les hautes herbes, des chants doux comme ceux d'un rossignol. »

Il a vingt-quatre ans. L'enseignement le révèle à lui-même, lui apprend à clarifier le plus possible ses pensées et lui découvre le goût, qu'il gardera toujours, de faire partager aux autres les vérités pressenties. Il se prend au jeu et entraîne les « bambins de troisième » et les « grands gaillards des classes supérieures » dans sa passion pour l'observation de la nature. Il a aussi la charge de surveiller le transport en omnibus des enfants matin et soir, goûtant les parfums des rues et le pittoresque des populations. Mais c'est surtout le désert, le grand désert vers lequel il s'échappe dès qu'il a du temps libre, et qui répond en lui à l'appel de l'Inaltérable – appel scientifique autant que mystique, l'un et l'autre ne faisant qu'un. Sables et roches, dans l'immensité brûlante de ce pays où s'est développée la mystique gnostique, où des rites chrétiens fort antiques perdurent au cours de cérémonies interminables rythmées par des mélopées gutturales, seront un terrain de recherche idéal pour le jeune savant. De ses courses dans le désert, il glane mille observations sur la végétation (roseaux, champs de trèfle, jungles de cannes à sucre, tamaris nains, palmiers), la faune : hérons, bécassines, foulques, canards, pélicans, « rats du pharaon » gros comme des chats, lézards, serpents, araignées qu'il ne craint pas d'approcher à la terreur de ses compagnons égyptiens, scorpions et innombrables scarabées ; et les fossiles qu'il extrait des sables et des boues du fleuve, comme cet oursin auquel son nom reste attaché : le *Plagiocidaris Teilhardi*…

Oui, l'Egypte fut décisive.

« J'ai toujours eu, peut-être à cause de ma première initiation et de mon premier enchantement en Egypte, une prédilection pour ces chaudes et désertiques régions de l'Arabie, toutes parfumées d'encens et de café, et j'ai encore senti combien mes sympathies et ma nature – incapables de se maintenir sans christianisme – sont cependant tout entières de ce côté du monde qui n'est pas encore christianisé [1]. »

Ni mirages ni fièvres, mais un attrait si puissant qu'après l'Egypte il s'en fallut de peu qu'il ne succombe à la beauté d'un panthéisme tout imprégné de mystique orientale, si fortes étaient sa préoccupation et sa préférence pour ce qu'il appelle un « fonds commun du Tangible ». Dissolution dans le Multiple, fusion dans le Tout auraient pu être des voies toutes tracées dans le développement de son esprit si des éléments nouveaux n'étaient intervenus.

La Compagnie de Jésus, dans laquelle il entre définitivement en 1912, après avoir été ordonné prêtre le 24 août 1911, a derrière elle une longue tradition spirituelle en laquelle s'équilibrent remarquablement la vie ascétique, la vie active et la vie mystique. Les Jésuites sont des missionnaires dont la vie est rythmée et soutenue par les *Exercices spirituels* de saint Ignace de Loyola. Ils sont aussi des hommes insérés dans la vie active et intellectuelle : chercheurs, médecins, philosophes, auxquels il n'est pas réclamé un renoncement à leur science ou à leur art. Voyageur, chercheur, penseur, Teilhard de Chardin pourra l'être dans chaque parcelle de son âme, au sein de cet ordre qui accueille la diversité sans réclamer l'amputation des dons intellectuels au profit de Dieu. De terribles contraintes s'exerceront sur lui, mais jamais il ne sera empêché d'être ce qu'il est fondamentalement : un chercheur. Il pratiquera assidûment les *Exercices spi-*

---

1. *Ac. H*, 3 mai 1936.

rituels tout au long de sa vie et sera pétri de leurs méthodes de purification de l'âme extrêmement précises et pragmatiques. Ce sont eux, sans doute, qui l'ont amené très tôt à cet état d'intériorité et de concentration dont il semble ne s'être jamais départi, comme s'il y avait en lui dès l'origine un je ne sais quoi d'imperturbable au sens propre du terme. Il l'avoue, d'ailleurs, dans un passage du *Cœur de la Matière* :

« L'histoire de ma vie intérieure est celle de cette recherche, portant sur des réalités de plus en plus universelles et parfaites. Dans le fond, ma tendance naturelle profonde est demeurée absolument inflexible, depuis que je me connais. »

Le scolasticat des Jésuites de Lyon et de Paris avait trouvé refuge en 1906 dans le Sussex, à Ore Place près d'Hastings.

« Jusqu'à Folkestone, la ligne suit de grandes falaises blanches. Après, on s'engage dans une campagne très verte, très vallonnée, avec çà et là de grands parcs, et beaucoup de moutons et d'étourneaux[1]. » Une grande maison de brique rouge, une campagne boisée à perte de vue avec des ouvertures sur la mer, qui est à une heure de marche environ. Teilhard y passe quatre années, étudiant la théologie tout en se livrant à sa passion pour la géologie. « Géologiquement, je suis dans le crétacé inférieur », écrit-il à ses parents dès son arrivée pour situer d'abord les terrains où il consacrera tous ses loisirs à chercher des fossiles, des insectes, des papillons ou des plantes rares. Ses lettres, en revanche, ne s'étendent guère sur la théologie et la scolastique.

Ce qui en émane, à cette époque-là, c'est un sens très aigu de l'observation de la nature et, déjà, un style magni-

1. *Lettres d'Hastings et de Paris*, 18 septembre 1908.

fique pour décrire des paysages, des impressions, des pensées. Ses qualités d'observateur s'augmentent d'une précision toujours évocatrice. Teilhard admire les grands arbres de la campagne du Sussex, il s'enchante de la familiarité des rouges-gorges les jours de froid à Ore Place, il observe au début du printemps la sortie des ficaires, des chrysosphenium, se demande si la petite *adoxa moschatella* pousse aussi en Auvergne. Dans ses promenades, il lui arrive à plusieurs reprises de tomber sur une héronnière dont il décrit attentivement l'activité à ses parents. Un jour d'automne à Hastings, il découvre un moineau partiellement albinos. Toutes ses lettres sont centrées sur cette attention à la nature dans ses détails les plus infimes comme dans ses aspects grandioses. Son père, à cet égard, semble être son principal interlocuteur.

Les falaises de craie d'Eastbourne, à pic sur la mer, sont pour lui un terrain de recherche privilégié. Il y découvre des oursins, des plantes et des fossiles marins, mais aussi des coquelicots jaunes et des *crambes maritimum* dont les fleurs embaument le miel. Le poète, en lui, se plaît aux surprises de la nature. Jamais il ne se départit de cette avidité envers le monde qui est chez lui une forme d'amour de la vie, une forme d'énergie à connaître dans ses moindres détails et à nommer ce territoire immense qui est celui de la création. Il est chez lui dans le géologique. La matière, la « sainte Matière » est bien sa patrie, son champ d'action, le ferment de sa vaste pensée. Grâce à cette précision et à cette curiosité, se développeront en lui les grandes perceptions intellectuelles et spirituelles. Il est étonnant de reconnaître cela dans ses lettres de jeunesse. Etonnant aussi de lire quarante ou cinquante ans plus tard à quel point Teilhard a été lucide sur lui-même, comme si la connaissance de la matière passait aussi par la connaissance de soi-même conçu comme une part intégrante, et non dissociable, de l'univers.

Il écrit en 1918 :

« Si, dès mon enfance, et depuis lors avec une plénitude et une conviction grandissantes, j'ai toujours aimé et scruté la Nature, je puis donc dire que ce n'est pas en savant mais en "dévot". Il me semble que chez moi tout effort, même portant sur un objet purement naturel, a été de tous temps un effort religieux et subtantiellement unique. J'ai conscience d'avoir toujours visé, en tout, à atteindre de l'Absolu[1]. »

Et trente-deux ans plus tard, en 1950 :

« Je me sens bien forcé de reconnaître que, dans ce geste instinctif qui me faisait proprement *adorer* un fragment de métal, une intensité de son et un cortège d'exigences se trouvaient contenus et ramassés dont toute ma vie spirituelle n'a été que le développement[2]. »

A Ore Place, en 1911, deux mois avant son ordination, il apprend la mort de sa sœur Françoise, petite sœur des pauvres à Shanghaï, décédée de la variole à trente-deux ans. A travers les lettres à ses parents de cette époque, c'est la consolation chrétienne bien plus que la douleur qui l'emporte. « Plus on pense à ce qu'a été sa vie, plus on trouve que Dieu lui a ménagé une existence exquisément belle, qu'elle eût peut-être à peine osé souhaiter[3]. » Ce discours lénifiant d'un prêtre à ses parents s'inscrit, certes, dans la haute tradition chrétienne de la sublimation de la souffrance. Aujourd'hui, cette disposition d'esprit consistant à dire à ceux qui souffrent qu'ils sont les plus heureux de la terre passerait pour inhumaine ou indécente. L'aspect providentiel de l'épreuve a perdu pour une grande part son évidence. Mais chez Teilhard, ce discours

1. *Mon Univers*, *Œuvres*, t. XII, Le Seuil.
2. C.M., t. XIII.
3. *Lettres d'Hastings et de Paris*, 17 juin 1911.

n'est pas seulement un acquis, il relève d'une intuition, d'une perception trop profonde pour qu'on en fasse l'impasse et, sans doute aussi, de la volonté quelque peu volontariste de centrer sa vie et ses pensées sur le divin.

Il sera intéressant de voir comment son attitude face au mal et à la mort évolue peu à peu au cours de son existence, de l'acquis catholique du début du siècle à une conviction philosophique et spirituelle, tissée d'humaine souffrance, plus souvent, chez lui, morale et intellectuelle que physique : cette souffrance de l'âme, propre à ceux qui s'aventurent dans des zones interdites de l'esprit.

Durant son scolasticat à Hastings, Teilhard se lie d'une profonde amitié avec Auguste Valensin, novice comme lui, dont il partage la passion pour la recherche. Esprit éminent, mais de santé fragile, professeur de philosophie et conférencier, spécialiste de Dante, le Père Valensin sera toute sa vie le confident spirituel de Teilhard. Celui-ci s'adressera à lui comme à un frère chaque fois qu'il aura besoin d'être conseillé ou éclairé. Par son intermédiaire, il entrera en contact avec le philosophe Maurice Blondel, l'auteur de *L'Action*, dont la philosophie spiritualiste marquera beaucoup son évolution intellectuelle.

A cette époque de sa vie, Teilhard lit beaucoup. Il découvre la littérature spirituelle anglo-saxonne, qui le passionne et, plus que cela, l'inspire pour son œuvre à venir. Parmi les grandes paternités reconnues par Teilhard lui-même, le cardinal John Henry Newman occupe une place privilégiée. Il est encore très jeune lorsqu'il découvre *L'Apologie*, qui représente pour lui l'un de ces livres essentiels auxquels on revient tout au long de sa vie. Newman, le grand mystique anglais, chef du puissant courant de renouveau de l'Eglise anglicane que fut le « Mouvement d'Oxford », se convertit finalement au catholicisme, fut ordonné prêtre, puis élevé au rang de cardinal. Les idées de Newman, les problèmes qu'il a soulevés sur les rapports entre l'athéisme et le christianisme, sur la question du développement doctrinal, à laquelle il a consacré un long et remarquable essai, aspiraient à être prolongés, amplifiés. Sa pensée constamment en mouvement, consciente de sa progression et de ses failles, fut un modèle pour Teilhard. Admettant l'évolution au sein même de la conception de la foi chrétienne et de l'interprétation des Ecritures, Newman affirmait qu'il ne suffit pas d'accepter la foi, mais qu'il faut encore la raisonner, la développer, la travailler par l'intelligence. Il n'y a pas antagonisme entre foi et raison et l'obscurantisme n'a jamais servi la part spirituelle de l'homme. Teilhard s'inscrira dans la même veine de pensée lorsqu'il célébrera le devoir de recherche, la nécessité d'épouser l'évolution, y compris dans notre vie intérieure, sous peine de périr spirituellement.

Dans l'ordre du « naturel » et de l'auto-analyse du sentiment religieux, Newman fut aussi un maître pour Teilhard. Comment ne pas rapprocher *Le Cœur de la Matière* des textes autobiographiques du grand cardinal ? Même désir de clarifier la genèse de sa spiritualité, « psychogenèse », a dit Teilhard, même désir d'atteindre le noyau dur de ce que l'on appelle la foi et de comprendre les éléments qui contribuent à la faire naître, même souci de s'atteler aux problèmes fondamentaux.

De Sermaize, sur le Front, il écrira une longue lettre à sa cousine à propos de Newman : « Une foule d'idées de Newman [...] sont entrées dans mon esprit comme dans une demeure depuis longtemps habitée par elles[1]. »

C'est aussi à cette époque qu'il faut situer la lecture décisive pour Teilhard de *L'Evolution créatrice* d'Henri Bergson, dont la philosophie est sous-tendue par l'idée

1. G.P., 22 juillet 1916.

d'une création se poursuivant dans la durée et montant vers l'esprit.

Bergson a élaboré son système durant ses années de professorat à Clermont-Ferrand. Leurs pensées à tous deux ont été façonnées par le paysage auvergnat.

Cette lecture marque un tournant de sa réflexion :

« L'effet sur moi de ces pages ardentes ne fut que d'attiser au moment voulu, et un court instant, un feu qui dévorait déjà mon cœur et mon esprit[1]. »

Le maître de forges, ici, évoque la mise à feu de son haut fourneau. Il décrit les trois « minerais » – « culte de la Matière », « culte de la Vie », « culte de l'Energie » –, éléments incendiaires qui, grâce à cette lecture, vont entrer en combustion pour que se forme en lui le pur métal qu'est la notion d'évolution, laquelle devient alors une des composantes essentielles de sa vision du monde.

Bergson le bouleverse.

Il ne peut cependant adhérer complètement à cette lecture pour plusieurs raisons. La pensée bergsonienne lui semble pécher par « défaut de convergence », même si l'horizon s'ouvre cependant pour elle. Chez Bergson, en effet, l'orientation de ce que Teilhard de Chardin appelle « la dérive » de l'univers, reste divergente, alors que Teilhard voit la complexification de la matière évoluer peu à peu vers un point de convergence unique, ce qui lui confère à la fois un sens et un aboutissement : le point Oméga, autrement dit, dans une perspective chrétienne, le Christ.

Par ailleurs, Bergson reste dualiste, tandis que Teilhard, avec la découverte de l'évolution, voit pour la première fois une possibilité d'exprimer sa conviction profonde que la matière est spiritualisable et qu'il n'existe pas de différence de nature entre matière et esprit.

---

1. C.M., t. XIII.

Depuis son plus jeune âge, par éducation et par religion, l'idée d'une hétérogénéité de fond entre matière et esprit lui a été inculquée à son corps défendant. Mais ce qu'il a été obligé d'admettre par obéissance et par une disposition naturelle à l'humilité n'a cependant jamais paru crédible, ni digne d'intérêt, ni même sérieux ou simplement *vrai* à l'homme passionné de réel qu'il est.

« Qu'on juge, par suite, de mon impression intérieure de libération et d'épanouissement lorsque, à mes premiers pas, encore hésitants, dans un Univers "évolutif", je constatai que le dualisme dans lequel on m'avait maintenu jusqu'alors se dissipait comme brouillard au soleil levant. Matière et Esprit : non point deux choses, – mais deux états, deux faces d'une même Etoffe cosmique[1]. »

Reste que cette perception s'apparente fortement, comme l'a souligné Madeleine Madaule, à l'intuition bergsonienne et que les deux penseurs introduisent en philosophie une dimension nouvelle, autre que la raison, autre que la logique, autre que le sentiment religieux ou mystique, à savoir l'intuition, qui acquiert ses lettres de noblesse avec eux.

Dans plusieurs textes, notamment dans *Le Cœur de la Matière*, Teilhard affirme que la découverte de l'évolution bergsonienne l'a sauvé du panthéisme et de la tentation « bouddhiste ».

De 1912 à 1914, Teilhard étudie la paléontologie au Muséum d'Histoire naturelle de Paris, sous la tutelle de Marcellin Boule. Il suit également des cours de géologie à l'Institut catholique. Marcellin Boule est alors le spécialiste des Néandertaliens. Dans son laboratoire de paléontologie, on étudie les squelettes découverts à La Chapelle-aux-Saints et à La Feyrassie en Dordogne. De

1. C.M., t. XIII.

caractère entier, rugueux, il porte cependant une réelle affection à son élève et lui confie une étude sur les phosphorites du Quercy. C'est par lui que Teilhard fait connaissance de l'abbé Henri Breuil, plus tard dénommé le « Pape de la Préhistoire » pour ses magistrales découvertes en cette science débutante : il fut notamment l'un des premiers à explorer la grotte de Lascaux.

Lorsqu'en juin 1913 l'Institut de paléontologie humaine entame une campagne de fouilles dans le nord de l'Espagne, de jeunes préhistoriens, dont Teilhard, sont invités à y participer. L'abbé Breuil est de cette tournée des grottes préhistoriques de la région de Santander. Il visite en compagnie de Teilhard la célèbre grotte d'Altamira – la grotte aux cent bisons – ainsi que celle du Castillo et celle de la Pasiega. Une grande amitié naît entre les deux hommes, qui ne se démentira jamais. Ces recherches en compagnie de l'abbé Breuil inaugurent pour Teilhard une vie entière de recherche préhistorique. En ce domaine, l'émotion religieuse le dispute à la passion, c'est du moins ce qu'exprime un passage d'une lettre à ses parents datée du 16 juin 1913 :

« Je vous assure qu'on fait de vraies méditations à regarder ces vestiges d'une humanité antérieure à toute civilisation connue ; j'aime à rester là-devant, seul, dans un silence absolu qu'interrompt seulement le bruit des gouttes tombant des stalactites. »

Après la mort de Teilhard de Chardin, en 1955, l'abbé Breuil lui rendit hommage dans une conférence. Il le définit alors comme « un merveilleux voyant sur le terrain en géologie, et admirable paléontologiste », jugement qu'il nuance affectueusement en faisant remarquer que « comme il n'était pas rompu aux études de technique préhistorique, les caractères industriels lui échappaient en partie [1] ».

1. *Les Cahiers du Rocher*, n° 4, *Pierre Teilhard de Chardin, naissance et avenir de l'Homme*, p. 59.

Est-ce ce manque de savoir technique qui valut à Teilhard de Chardin, et à d'autres préhistoriens de son temps, d'être victimes de la célèbre imposture de l'« homme de Piltdown » ? Durant son noviciat à Ore Place, il avait fait connaissance de géologues et paléontologues anglais, dont le professeur Arthur Smith-Woodward et Charles Dowson. Ce dernier prétendait avoir trouvé sur le site de Piltdown, près de Brighton, des fragments d'os crâniens humains, une mandibule d'allure simiesque, des dents d'hippopotame et d'éléphants fossiles ainsi que plusieurs outils de silex. Teilhard participa plusieurs fois aux fouilles et, fin juillet 1913, de retour en Angleterre, il se rendit à Piltdown en compagnie de Dowson et du Pr Smith-Woodward. Il découvrit lui-même une canine « dans le tamis », sans se douter que ces « trouvailles » relevaient d'un truquage.

Pour quelles raisons avait-on truffé le terrain de Piltdown de restes humains et simiesques artificiellement vieillis ? Certains préhistoriens affirmèrent que la mandibule et les restes crâniens appartenaient à un seul et même homme, le fameux « Homme de Piltdown », lequel représentait un spécimen humain encore inconnu. Marcellin Boule, quant à lui, resta sceptique. La supercherie fut découverte dans les années cinquante grâce aux nouvelles techniques d'analyse. On sut alors que la fameuse mandibule appartenait à un orang-outang moderne et que les morceaux de crâne étaient ceux d'un humain relativement récents, colorés à l'oxyde de fer. Teilhard, si l'on en croit une lettre écrite au savant anglais Kenneth Oakley en 1953, ne fut jamais totalement convaincu de la découverte d'un chaînon humain nouveau.

« Je vous félicite très sincèrement de la solution que vous apportez au problème de Piltdown. Anatomiquement parlant, l'*Eoanthropus* était une espèce de monstre. Et d'un point de vue paléontologique, il était également choquant qu'à l'aurore de l'humanité un Homme pût apparaître en Angleterre[1]. »

Mais la véritable clé de l'énigme surgit de l'ombre en 1970, lorsqu'une valise contenant des ossements d'animaux tachés de graisse et imprégnés d'oxyde de fer, de manganèse et de chrome – tout comme le prétendu « fossile » de Piltdown – fut retrouvée dans les combles du Museum d'Histoire naturelle de Londres. Cette valise avait appartenu à un certain Martin Hilton. Après des années passées à étudier l'hypothétique fossile, des chercheurs du Kings College de Londres, véritables Sherlock Holmes de la paléontologie, en ont déduit que Martin Hilton lui-même, conservateur du Département de Zoologie du Museum de 1912 à 1945 et grand farceur, devait être à l'origine de l'imposture : il aurait voulu faire une blague à Arthur Smith-Woodward parce que celui-ci lui aurait refusé une avance sur le paiement d'un petit travail.

Teilhard fut l'une des victimes indirectes de la fraude, car il fut longtemps soupçonné d'avoir participé à la supercherie, notamment par le scientifique américain Stephen Jay Gould, qui s'est acharné, de façon quelque peu enfantine, à mener des enquêtes pour prouver que Teilhard était l'auteur de la farce. Ses échafaudages, courant sur de longs chapitres de ses livres, se sont écroulés en 1996, lorsque les revues anglo-saxonnes ont révélé la clé de l'énigme. L'accusé aurait été sans doute le premier à rire de ces élucubrations policières dignes des détectives de Scotland Yard.

Quant à Dowson, il avait eu le bon goût de mourir entre-temps.

---

1. Lettre du 28 novembre 1953.

2

Un baptême dans le Réel

Lorsque le fléau de la guerre s'abat sur la France, à partir du mois d'août 1914, Teilhard est en troisième année de théologie à Canterbury. Un conseil de révision le déclare mobilisable en décembre 1914. Il est aussitôt affecté à la 13e section d'infirmiers, d'abord à Vichy, puis à Clermont-Ferrand. Exprimant le vœu d'être envoyé sur le front, il part le 20 janvier 1915 comme brancardier de 2e classe au 8e régiment de marche de tirailleurs marocains, lequel régiment devient en juin 1915 le 4e régiment mixte de tirailleurs et de zouaves (4e mixte TZ), corps d'élite qui se distinguera, tout au long de la guerre, dans les plus sanglantes batailles, à Verdun comme au Chemin des Dames, en Champagne comme en Flandres.

Tout de suite, Teilhard adopte l'uniforme kaki et la chéchia des troupes d'Afrique, celles qui seront les plus exposées. Il a trente-quatre ans et rien ne l'a préparé à la guerre, ni sa vie consacrée à l'étude, à l'enseignement et aux fouilles géologiques, ni son environnement personnel. Très entouré par sa famille, protégé par le foyer religieux de la Compagnie de Jésus, il a vécu en vase clos et n'a pas encore été confronté au « monde des humains ». Soudain, le voici jeté dans la tourmente et la promiscuité de la vie des tranchées, avec ce qu'elle génère de souffrance, de faim et de soif, de boue et de mort, partout présentes, auxquelles le jeune caporal sera, plus que d'autres, physiquement mêlé en tant que brancardier.

La guerre : confrontation charnelle et psychologique à l'autre – non pas tant l'autre d'en face, que l'on ne voit pas, mais l'autre côtoyé, dans les odeurs, les humeurs, les cris de douleur, les trivialités, les dignités aussi, qu'induisent des circonstances de vie exceptionnelles face à la mort imminente. Surtout cette guerre-là, accomplie presque au corps à corps, en tous les cas au coude à coude, au fond des tranchées, dans l'eau et la boue qui empêchent d'avancer, rendant chaque déplacement aléatoire et périlleux, l'excès d'eau de pluie et la soif terrible des combattants, faute d'eau salubre, laquelle soif s'étanchait bien souvent par des rasades de vin. La fatigue, l'épuisement, les corps réduits en charpie, le bruit des canons, le sifflement incessant des obus. Sa condition ecclésiastique aurait pu procurer à Teilhard quelques avantages, ne serait-ce que dans l'ordre du confort. Il les refuse, exigeant de participer pleinement au sort de tous ses camarades. La seule réalité qu'il ne pourra partager avec eux, c'est le combat lui-même : en tant que prêtre, il ne peut faire la guerre. Mais s'il ne se bat pas, Teilhard participe d'une autre manière, très physique, au combat en allant rechercher les blessés et les morts frappés par les balles et les obus, en extrayant de la glaise les corps mutilés et en les traînant, à ses risques et périls, jusqu'à la ligne arrière, sous un déluge de feu, puis en leur donnant les premiers soins ou les derniers sacrements et, trop souvent, la bénédiction finale.

Dans les tranchées, ses compagnons sont sénégalais,

martiniquais, somalis, annamites, tunisiens et français. Il reçoit de plein fouet la différence de langues et l'abîme qui peut séparer les mentalités. Et chez ses compatriotes, il découvre l'anticléricalisme, l'égoïsme bourgeois, la petitesse, souvent même la cruauté à l'égard du prêtre qu'il est.

Par moments, la révolte le saisit, voire le dégoût pour sa fonction d'infirmier. Il déteste soigner. « J'ai un tempérament aussi peu hospitalier que possible », avoue-t-il dans son *Journal*. Les soins banals lui répugnent car ils choquent en lui un orgueil naturel en même temps qu'une pudeur ou une réserve physique héritées de sa famille. La fonction qui lui est impartie dans cette guerre lui donne parfois l'impression de perdre son temps et de ne pas concourir à la « Grande Œuvre » qu'est la guerre.

En juin 1915, à Moguéville, près de Verdun, il passe par une phase violente d'*acedia*, une sorte d'immense lassitude, d'ennui, de « rupture du ressort vital », qui semble le surprendre et le conduit à s'interroger pour la première fois sur ces maladies atteignant en nous la source même des activités et des croyances. Plus d'une fois dans sa vie, Teilhard connaîtra des périodes semblables au cours desquelles l'homme énergique et inspiré qu'il est ne ressent plus aucun point d'appui intérieur. Cette fois-là, sur le Front, il explique son étrange dépression par la vision concrète d'une inutilité radicale de tout effort humain face à l'imminence d'une destruction possible dont l'ombre s'est étendue sur lui jusqu'à le paralyser. Sensibilité extrême face à l'anéantissement, angoisse de la mort, qu'il exprime alors, dans un texte de 1918 :

« Vue dans l'avenir, la Mort est le résumé et le fond commun de tout ce qui nous effraie et nous donne le vertige... Il faut avoir senti passer sur soi l'ombre de la Mort, pour réaliser tout ce que la marche dans l'Avenir a de solitaire, de hasardeux et d'effrayant... Ceux qui n'ont pas failli mourir n'ont jamais aperçu complètement ce qu'il y avait devant eux [1]. »

Tant de questions se posent alors. Tant de confrontations difficiles avec des mentalités étrangères à la sienne. Mais Teilhard n'est pas homme à s'enfermer dans une tour d'ivoire, au contraire. Et du mélange des peuples qu'opère la guerre, il va extraire le suc de sa vision du monde. De la boue, il va faire de l'or, car il y a, en filigrane de toute son œuvre, une dimension alchimique qui reparaît régulièrement dans ses écrits.

Et d'abord, le mélange, il sait l'accomplir sur le terrain avec sa très grande douceur, sa patience, sa profonde bienveillance envers chacun. Il bénéficie d'un prodigieux pouvoir d'adaptation dans les conditions de vie les plus difficiles et d'une vigueur peu commune. Aucune des secousses physiques et morales subies tout au long de ces quatre années de guerre ne l'ébranle profondément. Appétit, sommeil, santé sont chez lui d'une solidité à toute épreuve.

Son courage quotidien, dépourvu de toute prétention, lui vaudra trois citations à l'ordre de l'armée, la croix de guerre et la médaille militaire. Leur intitulé mentionne « un mépris total du danger », « la plus grande abnégation », « modèle de bravoure, d'abnégation et de sang-froid », « s'est acquis par l'élévation de son caractère la confiance et le respect ». A la demande de son ancien régiment, il est fait chevalier de la Légion d'honneur en 1921 : « Brancardier d'élite, qui pendant quatre ans de campagne, a pris part à toutes les batailles, à tous les combats où le régiment fut engagé, demandant à rester dans le rang pour être plus près des hommes dont il n'a cessé de partager les fatigues et les dangers. »

---

1. *La Foi qui opère*, *Œuvres*, t. XII.

Un autre témoignage sur son courage nous vient du comte Max Begouën, le fils du préhistorien Henri Begouën, qui fait connaissance du caporal Teilhard sur le front au début de l'été 1915. Ils deviendront des amis pour la vie, partageant la même passion pour la préhistoire. Le frère de Max Begouën, blessé sur le champ de bataille en septembre 1915, vit soudain surgir la haute silhouette du brancardier Teilhard, imperturbable sous le feu, solitaire, recherchant les blessés pour les ramener au poste de secours. Il lui dut d'être soigné sur place et sauvé. Lui demandant comment il faisait pour garder un tel sang-froid dans la tourmente, il s'entendit doucement répondre : « Si je suis tué, je changerai d'état et voilà tout… » Son courage, dont la peur n'était pas absente, apparaît comme l'une des facettes d'une foi profonde, la disposition de l'âme d'un homme d'action qui note à cette époque :

« Plénitude de vie, en ces jours où j'eus, déployant quelque initiative, à ramener le cadavre du sergent du génie tombé dans les fils de fer au lever de brouillard – à descendre du crassier le tirailleur blessé –, à retirer du gourbi effondré les corps qu'on assurait ne pouvoir en être sortis[1]. »

Chaque moment de liberté à l'arrière du front, tous les quinze jours comme le veut le rythme de l'armée, permet à Teilhard de déployer une intense activité intellectuelle. Ignorant le repos, il s'affirme comme un travailleur infatigable, une puissante machine à penser, à écrire et à vivre. En témoignent les 400 pages du *Journal*, les très nombreuses lettres, entre autres à sa cousine Marguerite Teillard-Chambon, et la vingtaine d'essais jetés sur le papier aux rares moments de répit. C'est dire la profonde

1. *Journal*, 9 novembre 1915.

vitalité intellectuelle d'un homme confronté, corps et âme, durant quatre années, à l'imparable machinerie de mort que fut la guerre. A la manière d'un Balzac composant « comme sous un éboulement », Teilhard se hâtait d'écrire ses idées, ses intuitions, et de formuler le plus clairement possible les sensations dont il était passionnément investi, sachant bien qu'il suffirait d'une « marmite » pour interrompre à jamais le flux créatif.

Ce temps mort, ce temps de mort, fut pour lui un temps exceptionnel de découverte de l'humain et une période d'apostolat. Il continua d'exercer son ministère de prêtre, n'hésitant pas à participer à la vie des paroisses de villages où passe son régiment, rouvrant même les cures lorsqu'elles ont été abandonnées. A cet égard, certaines de ses réflexions ne sont pas dépourvues d'humour, comme ce jour où il se trouve contraint de célébrer des enterrements à la chaîne lors de son passage à Bagneux, près d'Anglure, en janvier 1917, le sort ayant voulu « que les vieux bonshommes du pays se soient donné le mot de défunter pendant mon passage ici ».

Dans ce magma de peuples où rares sont ceux qui pensent comme lui, Teilhard entame une réflexion qui va constituer une trame essentielle de sa pensée :

« J'ai rapporté de là une conviction très nette que la guerre, entre autres résultats, aura eu celui de mélanger et de forger ensemble, d'une manière que rien d'autre, peut-être, n'eût pu obtenir, les peuples de la terre [1]. »

Là encore, c'est le maître de forges qui parle, évoquant, dans sa langue limpide et ample, cette perception cosmique d'une fusion qui mènera à l'avènement d'un métal humain nouveau.

---

1. G.P., 8 septembre 1916.

La guerre fut aussi pour lui le moment d'une aventure intérieure qui marqua un tournant essentiel dans sa vie. Au contact prolongé des énormes masses humaines qui, de l'Yser à Verdun, s'opposaient alors dans les tranchées de France, naquit en lui « *comme un sens de plus* », un don de percevoir, sans les voir, la réalité et l'organicité des grandeurs collectives. Et Teilhard de décrire ces millions d'hommes affrontés, avec leur température psychique et leur énergie interne, comme une « gigantesque molécule de protéines ».

Sens, sensation chez lui sont extrêmes. « Tout ce que j'écrirai jamais ne sera qu'une faible partie de ce que je sens[1]. » Son sens cosmique, particulièrement aigu, annonce des disciplines nouvelles que seront l'ethnologie ou même la sociologie. « Il y a une philosophie qui n'a pas été bien faite encore c'est celle des Ensembles – ou des Etres collectifs – ou des individualités transcendantes. »

Déjà Teilhard s'affirme comme l'écrivain et le poète épique auquel nous devons tant de textes où une rare hauteur de vues se voit étayée par la beauté stylistique. Lorsqu'il trouve le temps d'échapper à l'entassement des tranchées ou des gourbis de fortune, la solitude dans la nature lui permet de décrire des paysages en la contemplation desquels il se ressource à ce qu'il aime le plus. Les plateaux de la Meuse, les crêtes de Champagne, les forêts de l'Oise, les dunes de Dunkerque, face à la mer, donnent lieu chez lui à d'admirables descriptions.

« Il y a quelques jours, j'étais assis dans les dunes, en face de la grande mer verte où les sous-marins glissent et où les mines dérivent ; à l'Est, sur Ostende et Dixmude, d'énormes nuages, frappés en plein par le soleil couchant, s'entassaient en floconnements à relief fantastique,

---

1. *Journal*, 5 mars 1915.

piqués de petits points d'encre. C'était très beau et cela donnait au cœur un grand besoin de vivre [1]. »

Et à Beurey-Meuse, en juin 1916 :

« Les grandes ondulations de terrain, à demi noyées dans les futaies où se croisent les pistes des ravitaillements et courent d'innombrables et mystérieuses lignes téléphoniques, ont une étrangeté captivante. C'est le "sentier de la guerre" partout [2]. »

Ecrivain, Teilhard le fut tout naturellement et sans relâche.

Lorsqu'il adresse le premier de ses essais à sa cousine, en avril 1916, il considère qu'il s'agit là de son « testament d'intellectuel ». Ce texte, intitulé *La Vie cosmique* exprime son amour de la Nature, la séduction et la magie qu'elle dispense, mais aussi la nécessité de replacer le sentiment panthéiste sous l'égide de la Transcendance et garder la conscience que chacun d'entre nous est un atome du Corps du Christ, conçu comme réalité à la fois mystique et cosmique.

Cet écrit, rédigé dans l'urgence, car sa vie peut à tout moment prendre fin, est de ceux où Teilhard parle comme s'il n'était déjà plus de ce monde. C'est ce qui fait l'aspect testamentaire de l'ensemble de ces textes de guerre. La plupart seront repris et développés par la suite. Deux cependant expriment de manière particulièrement originale la perception surgie en lui comme un sixième sens au cours de ces années bouleversantes. Il s'agit de *La Nostalgie du Front* et de *La Grande Monade*.

Immense capacité d'abstraction, alors, d'un Teilhard qui voit dans l'affrontement d'énormes masses humaines le long de la ligne, aussi symbolique que géographique, du Front l'émergence d'une réalité de dimension cosmique,

1. G.P., 27 juillet 1915.
2. G.P., 25 juin 1916.

d'une puissante énergie supra-humaine. Tout en avouant sa peur des obus, son impatience de la « relève », tout en dénonçant l'atrocité de cette guerre, Teilhard, grâce à une rare distance intérieure, extrait le suc de l'énorme affrontement et en perçoit avec une acuité de visionnaire la portée symbolique.

C'est l'occasion pour lui d'exprimer la vérité de son être. « J'ai besoin du Front parce que je suis, ainsi que tout humain doit l'être, un explorateur et un exotique[1]. »

Il s'agit pour lui du commencement d'une aventure intérieure dont l'expérience limite qu'est la guerre sert de déclencheur. Car la « Grande Guerre », comme on l'a appelée par la suite, fut pour lui, un peu comme la peste pour le héros agnostique de Camus, l'un de ces moments où le voile se déchire pour laisser entrevoir des abîmes de grandeur, de bonté, de liberté, inscrits en l'homme comme un sens inconnu et rarement mis à jour. Jean Guitton l'a bien compris, qui a écrit que « les plus pures pensées de Teilhard sont celles où il n'avait pour témoins qu'une âme soeur et la mort[2] ». Alors, chez lui, l'élément mystique dominait l'élément cosmique.

Ce texte nous apprend combien Teilhard réfléchit sur ce qu'il vit, sans jamais se laisser avaler par les circonstances, sans sombrer dans la brutalité de l'instant et les noires rumeurs du monde. A cet égard, il est déjà à trente-quatre ans un homme d'une envergure spirituelle étonnante, accédant peu à peu à son accomplissement humain par la participation au destin commun tout en sachant sauvegarder en pleine tourmente, on ne sait par quelles ressources mystérieuses de son être, son for intérieur. Au cours de cette guerre, il vit au quotidien ce qu'il pense et il pense sans relâche ce qu'il vit – or ce qu'il vit

1. *La Nostalgie du Front*, *Œuvres*, t. XII.
2. Jean Guitton, *Profils parallèles*, Fayard, 1970.

c'est, à ce moment-là, le contact avec les corps blessés, mutilés, les terreurs, les courages, les petitesses et les noblesses de ceux dont la vie ne tient plus qu'à la trajectoire d'un obus. Chair et esprit, chair à canon, âmes capables d'abnégation et de compassion, capables de réflexion.

« L'expérience inoubliable du Front, à mon avis, c'est celle d'une immense liberté [1]. » Tous les assujettissements de la vie quotidienne s'étant effondrés, survient en lui un sentiment de délivrance et de paix, et, fait particulièrement important pour lui, le sentiment d'un élargissement du champ de conscience jusqu'à la perception d'une supra-humanité, un sentiment qu'il retrouvera et affinera par la suite dans bien des circonstances de sa vie, en particulier au cours de sa vie chinoise.

« J'affirme, pour moi, que, sans la guerre, il est un monde de sentiments que je n'aurais jamais connus ni soupçonnés. Personne, hormis ceux qui y auront été, ne saura le souvenir chargé d'émerveillement qu'un homme peut garder de la plaine d'Ypres en avril 1915, quand l'air des Flandres sentait le chlore et que les obus coupaient les peupliers, le long de l'Yperlé – ou bien des côtes calcinées de Souville, en juillet 1916, quand elles fleuraient la mort. – Ces heures plus qu'humaines imprègnent la vie d'un parfum tenace, définitif, d'exaltation et d'initiation, comme si on les avait passées dans l'absolu. Tous les enchantements de l'Orient, toute la chaleur spirituelle de Paris ne valent pas, dans le passé, la boue de Douaumont [2]. »

Le réel, comment le limiter à la guerre ? Et comment la guerre, si longue et si atroce, aurait-elle été supportable

1. *La Nostalgie du Front*, *Œuvres*, t. XII.
2. *Ibid.*

sans un contrepoint affectif très fort ? La plupart de ses lettres du Front sont adressées à sa cousine, Marguerite Teillard-Chambon, son aînée de quelques mois, son alter ego féminin, son interlocutrice et plus que cela, son inspiratrice – sa « Béatrice », a dit Jean Guitton qui les a bien connus tous les deux. Il existe entre eux cette rare et intime compréhension distillée parfois à travers les liens du sang, en même temps que cette distance suffisante pour faire naître l'attrait amoureux. Marguerite est alors une jeune et brillante intellectuelle, d'une pensée intrépide, passionnée par la littérature et la philosophie. Plus tard, elle sera écrivain sous le nom de Claude Aragonnès. A l'époque de la guerre, elle décide de se consacrer à l'enseignement des jeunes filles et prend la direction de l'école Notre-Dame-de-Sion à Paris, ce qui est pour elle un engagement dans la bataille pour la reconnaissance et le développement intellectuel et spirituel des femmes de son temps, à une époque où subsistent bien des obscurantismes. L'amitié, amoureuse sans doute, qui l'unit à Teilhard établit entre eux une divine tension, un aiguillon pour leurs pensées respectives. Elle est aussi un profond soutien moral : « Tu as été beaucoup pour moi pendant ces quatre ans – plus même peut-être que tu n'imagines », lui écrit-il à la fin de la guerre[1].

Dans son *Journal*, Teilhard la cite souvent et il semble que ce soit elle qui l'ait amené à s'interroger sur la question de l'amour et de la chasteté, et plus généralement sur la femme. Jusqu'à quel point, se demande-t-il alors, peut-on aimer Dieu si l'on n'a pas aimé quelqu'un avant lui ? Et comment concilier l'amour du monde avec le renoncement chrétien ? Toute cette dimension affective,

1. G.P., 5 mars 1919.

cette sensibilité au féminin, entre à cette époque dans sa vision du monde pour la féconder. Il se refusera toujours absolument à endosser la vision traditionnelle de l'Eglise sur la femme « épouvantail de Satan ». Pas question non plus d'envisager le vœu de chasteté comme une restriction de son rapport au monde. Teilhard, à cet égard, repoussera très loin les limites, posées par son vœu, à la liberté d'aimer. Son *Journal* reflète un grand débat intérieur à ce sujet en même temps qu'une profonde réflexion sur l'amour qui s'inscrira très clairement dans sa conception de la vie spirituelle :

« Il y a l'évolution du cœur individuel, comme l'évolution de l'Amour à travers l'Humanité[1]. »

Il n'évitera pas l'amour mais, comme en d'autres domaines, cherchera comment en traverser l'étoffe physique et sexuelle pour en amplifier le champ spirituel. Gageure d'une vie, dont les conséquences seront parfois mal comprises de ses proches et interprétées comme de la cruauté ou de l'insensibilité.

Il semble bien que durant ces années de guerre et grâce à son dialogue avec sa cousine aient surgi en lui toutes les objections qui pourraient par la suite se présenter au triple vœu qu'il allait prononcer quelques années plus tard. Objections profondément liées à son goût de la terre, à sa dévotion pour le monde dans tous ses aspects – tous, y compris le féminin, y compris l'aspect sexuel des rapports humains –, objections auxquelles il donnera, non pas une réponse (« Découvrir un problème est plus important que le résoudre[2] ») mais qu'il situera dans une perspective extrêmement personnelle en même temps que nouvelle.

« Ma tendance : "Tout intégrer dans le Christianisme"

1. *Journal*, 9 mai 1915.
2. *Journal*, 6 décembre 1917.

ne signifie pas que je veux tout garder : j'admets essentiellement le renoncement, la ségrégation... dans la possession et la jouissance[1]. »

Ainsi se dégage le problème majeur de sa vie intérieure : la conciliation du progrès et du détachement, problème qu'il exprime dans une lettre émouvante au Père Victor Fontoynont, le 15 mars 1916 :

« La capacité d'aimer ne se sépare pas impunément de son objet naturel : à vouloir isoler maladroitement notre cœur de l'amour de l'univers, ne risque-t-on pas de le tuer ? [...] Encore une fois, *l'objet, la matière même* de nos passions humaines ne peuvent-ils se transfigurer, se muter en Absolu, en définitif, en divin ? – Je pense que oui. L'ivresse du panthéisme païen, je la détournerai à un usage chrétien, en reconnaissant l'action créatrice et formatrice de Dieu dans toutes les caresses et dans tous les heurts, dans toutes les passivités inévitables et irréductibles. »

Tel est l'enjeu d'une vie.

Ne rien rejeter mais allier le renoncement et l'acceptation en une dialectique qui, « poussant le travail dans le Multiple », englobe les contradictions et les traverse pour les amener, en avant d'elles-mêmes vers le haut, à leur point d'unicité, telle se dessine la mystique de Teilhard. Mystique d'inspiration profondément ignatienne, inscrivant le renoncement au cœur de l'attachement, la légèreté de l'âme au cœur de l'effort.

Sur le Front, Teilhard lit beaucoup. Ses lectures se déploient dans un large registre où se côtoient Hugues Benson, William James, Emile Mâle et Dante dont il apprécie la passion pour le réel. Toute lecture est support de sa quête spirituelle. Chez les auteurs anglosaxons, il rencontre plus souvent que chez d'autres des

1. *Journal*, 9 avril 1917.

traits familiers, des aspirations similaires aux siennes, quoique jamais exactement semblables. Benson représente l'un des pôles par rapport auxquels se situe sa propre pensée. Son influence littéraire s'exercera dans les écrits du temps de la guerre, en particulier dans les *Trois histoires comme Benson.* Paul Claudel, lui aussi, sera marqué par cet auteur anglais, prêtre et romancier apocalyptique. Chez Benson, le règne de Dieu s'obtient par l'insuccès humain – une conception très couramment admise dans le christianisme, une sorte de mystique de l'échec et de la perte. Teilhard, au contraire, conçoit le Royaume de Dieu comme traversant de part en part le royaume humain, l'intégrant et le dépassant sans jamais le ruiner ni le rejeter. Le monde n'a pas à être sacrifié à Dieu et toute son œuvre s'attachera, de toutes les manières possibles, à démontrer l'extrême fécondité spirituelle de la Matière, l'impossibilité d'en faire l'impasse, comme le voulait une longue tradition chrétienne, et l'urgence de recourir à elle pour élargir notre foi.

Cette conception le situe quelque peu en porte à faux par rapport aux positions de l'Eglise officielle. Il en est conscient : « N'est-ce pas une situation bizarre que la mienne de compter (et d'être) parmi les orthodoxes et de sentir avec les hétérodoxes[1] ? » Son mode de pensée ne passe ni par l'exclusion ni par la dichotomie. A cet égard, Teilhard n'a rien d'un manichéen ou d'un gnostique, comme l'a cru Jean Guitton. Son projet de penseur restera toujours nourri d'une vision intégrant tous les aspects de la vie.

Il ne sacrifie rien, mais cherche à définir une voie inverse de la grande tradition à laquelle nous sommes habitués, dont le registre se déploie dans le renoncement et le refus : une mystique de la passion de vivre et de

1. G.P., 14 janvier 1919.

grandir, d'investir tout l'espace spirituel possible offert à l'humanité. Le projet de Teilhard est aussi vaste que sa vision.

Des tout derniers textes de ses écrits du temps de la guerre, *La Puissance spirituelle de la Matière*[1] exprime une étape décisive de ce voyage intérieur que fut pour lui la guerre. Ce texte fondamental, d'une grande beauté lyrique, est inspiré par l'épisode du manteau d'Elie dans le Livre des Rois (2 Rois, 2). Teilhard souhaiterait le voir publié à titre anonyme, tant il considère exprimer là une vérité première et non le fruit d'une imagination personnelle. Harangue et hymne s'y développent en un poème à la Matière, nutriment de l'Esprit dans son effort ascensionnel. Ce texte audacieux insiste sur l'importance de ne pas passer à côté de la Matière, y compris dans ce qu'elle a de mauvais, de pesant, de régressif. Le Teilhard du « sens cosmique » s'y affirme :

« Baigne-toi dans la Matière, fils de l'Homme – Plonge-toi en elle là où elle est plus violente et plus profonde ! Lutte dans son courant et bois son flot ! C'est elle qui a bercé jadis ton inconscience ; – c'est elle qui te portera jusqu'à Dieu ! »

Ce texte révèle sans doute une expérience spirituelle intense. Il n'est pas sans rapport avec l'épisode de l'homme de la caverne chez Platon. Comme lui, son auteur revient d'une révélation qui a transformé sa vision de l'homme et du monde. Désormais il se sent autre, étranger, il a pris la « route du Feu », le retour en arrière n'est plus possible. Ce qu'il a entrevu le sépare à jamais de ses frères – « Même pour ceux qu'il aimait le plus, son affection serait une charge, car ils le sentiraient chercher invinciblement *quelque chose derrière eux.* »

Son rapport au monde s'est à jamais modifié. Il ne

1. *Œuvres*, t. XII et XIII (en appendice à *Le Cœur de la Matière*).

craint pas de s'engager dans la brèche ouverte devant lui :

« *Il eut pitié de ceux qui s'effarent devant un siècle, ou qui ne savent pas aimer plus loin qu'un pays.*

Tant de choses qui l'avaient troublé ou révolté autrefois, les discours et les jugements des docteurs, leurs affirmations et leurs défenses, leur interdiction à l'Univers de bouger...

[...] Tout cela lui parut ridicule, inexistant, comparé à la Réalité majestueuse, ruisselante d'Energie, qui se révélait à lui. [...]

Un lourd manteau glissa de ses épaules et tomba derrière lui : le poids de ce qu'il y a de faux, d'étroit, de tyrannique, d'*artificiel*, d'*humain*, dans l'Humanité. »

Ce texte de jeunesse peut servir de refrain à tout le parcours de sa vie.

Teilhard a côtoyé la souffrance et la mort, il n'est plus le jeune séminariste optimiste et confiant. Il est passé par l'une des épreuves les plus graves qui soient : la guerre. Deux de ses frères, Gonzague et Olivier, et de nombreux amis, y ont laissé la vie. Sa connaissance de l'humain s'est élargie et affinée, sa douleur aussi.

Tel est l'homme qui, le 26 mai 1918, au cours d'une permission, prononce ses vœux solennels de Jésuite à Sainte-Foy-lès-Lyon. Il s'engage, pour la vie, à la pauvreté, à la chasteté et à l'obéissance – cette dernière étant l'une des composantes essentielles de la condition de Jésuite depuis la fondation de l'ordre par saint Ignace de Loyola. A la fois pleinement conscient de ce à quoi il s'engage et des difficultés inhérentes à son triple vœu, Teilhard dit à l'un de ses proches :

« Je vais faire vœu de pauvreté : jamais je n'ai mieux compris à quel point l'argent peut être un moyen puissant pour le service et la glorification de Dieu. Je vais faire vœu de chasteté : jamais je n'ai mieux compris à quel point l'homme et la femme peuvent se compléter pour s'élever à Dieu. Je vais faire vœu d'obéissance : jamais je n'ai mieux compris à quel point Dieu rend libre dans son service. »

Liberté et obéissance seront chez lui un seul et même sillon creusé au soc de la foi.

Teilhard est démobilisé le 10 mars 1919. Une fois revenu à la vie civile, il reprend ses études scientifiques afin de passer sa licence ès sciences naturelles (géologie, botanique et zoologie) à Paris. Ensuite, sur les conseils de Marcellin Boule, il entreprend son doctorat sur les mammifères de l'Eocène inférieur, un sujet dont il trouve les matériaux au Muséum où un médecin de Reims, le docteur Victor Lemoine, a déposé le remarquable produit de ses fouilles. Teilhard se rendra plusieurs fois sur le terrain, dans la montagne de Berru, près de Reims. En mars 1922, il obtient sa thèse avec la mention « très honorable ». Elle fait autorité dans les milieux scientifiques de l'époque.

Par l'intermédiaire de l'abbé Breuil, il rencontre l'abbé Gaudefroy, un éminent minéralogiste, professeur à l'Institut catholique, lequel lui propose d'occuper la chaire de géologie à ses côtés. Voici donc Teilhard de Chardin professeur à l'Institut catholique, prêtre et chercheur. Il habite alors sous les toits, au 13 de la rue du Vieux-Colombier. De grandes amitiés philosophiques et scientifiques se dessinent dans sa vie, non seulement à Paris où il se lie avec Alfred Lacroix, professeur de minéralogie au Muséum, avec Paul Rivet, le futur fondateur du Musée de l'Homme, et surtout avec Edouard Le Roy, professeur au Collège de France, dont la fraternité intellectuelle s'avérera essentielle dans les années à venir.

En Belgique, le directeur du Muséum royal d'Histoire

naturelle de Bruxelles, Louis Dollo, lui demande de venir revoir les collections du Muséum. C'est ainsi qu'un nécrolémuridé du Sparnacien d'Orsmaël, en Belgique, prend le nom de *Teilhardina belgica Teilhard* !

Les études en laboratoire ne lui suffiront jamais. Teilhard est un homme de terrain. La méthode stratigraphique qu'il emploie lui permet de mettre peu à peu en lumière l'évolution des faunes et des flores à travers les âges et les couches du sol. Progressivement, il devient expert en l'art de déchiffrer la grande écriture naturelle déposée par l'humanité dans les strates de notre terre. Et là, force lui est de constater que la théorie de l'évolution, largement admise dans les milieux scientifiques depuis *L'Origine des espèces* de Darwin, ne cesse d'être confirmée par les découvertes.

Or la théorie de l'évolution, en même temps qu'elle s'impose aux savants du monde entier, reste incompatible avec certains dogmes et idées admis par l'Eglise. Divergence ? Immaturité ? En tous les cas, pour Teilhard de Chardin, prêtre et savant, il y a là un problème à affronter. Il va s'y employer sans délai et sans concessions ni à l'Eglise ni à la rigueur scientifique qui l'habitent également.

Deux textes, l'un daté de juillet 1920, *Chute, rédemption et géocentrie*, l'autre du printemps 1922, *Note sur quelques représentations historiques possibles du péché originel*[1], font état des difficultés rencontrées en tant que scientifique face au dogme.

« Plus nous ressuscitons scientifiquement le Passé, moins nous trouvons de place, ni pour Adam, ni pour le Paradis Terrestre. » Un seul homme, puis un homme et une femme, à l'origine de l'humanité, et en un seul lieu, cela ne coïncide pas avec la découverte simultanée en

1. *Œuvres*, t. X.

plusieurs endroits du monde de philum humains. Ce que l'on appelle le « monogénisme » ne tient plus face aux découvertes de la science. Quant à la notion de péché originel de ce premier homme hypothétique, et quant à la survenue du Mal dans le monde, Teilhard en émet une conception liée à la perspective évolutionniste : « Le péché originel, pris dans sa généralité, n'est pas une maladie spécifiquement terrestre ni liée à la génération humaine. Il symbolise simplement l'inévitable chance du Mal [...] attachée à l'existence de tout être participé. Partout où naît de l'être in fieri[1], la douleur et la faute apparaissent immédiatement comme son ombre, non seulement par suite de la tendance des créatures au repos et à l'égoïsme, mais aussi (ce qui est plus troublant) comme accompagnement fatal de leur effort de progrès. Le péché originel est l'essentielle réaction du fini à l'acte créateur. Inévitablement, à la faveur de toute création, il se glisse dans l'existence. Il est l'*envers* de toute création. » Ce qui prolonge ce qu'il écrivait dans son *Journal* en février 1915 :

« A chaque phase de progrès du monde correspond une certaine profondeur nouvelle de mal, et de puissance malfaisante qui s'intègre avec l'énergie libre croissante pour le bien. »

Dans un autre texte, intitulé *Les noms de la Matière* (1919)[2], il évoque la « Matière inversée », sorte de part maudite, de *massa damnata* appelée à tomber d'elle-même comme un lest et, ce faisant, à libérer l'Univers. De cette matière-là, celle des ténèbres extérieures et des âmes perdues, Teilhard dit qu'il s'agit d'un « redoutable mystère ». Cette conception du Mal comme retombée de l'Evolution lui sera beaucoup reprochée.

---

1. En devenir.
2. *Œuvres*, t. XII.

Teilhard en appelle, non sans naïveté, semble-t-il, à un revirement de l'Eglise en faveur des préhistoriens croyants et à une véritable métamorphose de la notion de péché originel qu'il ne conçoit pas comme lié à la génération humaine mais comme le symbole de l'action du Mal dans le monde et contrecoup inévitable de l'évolution.

Il ne sera pas entendu et le second des deux textes, ainsi que des conférences prononcées devant des étudiants de la rue d'Ulm, lui vaudront une dénonciation à la Curie romaine où sévissait alors le terrible cardinal Merry del Val, le même qui fit condamner le Sillon de Marc Sangnier. Commence alors pour lui une longue série de démêlés avec son ordre et avec l'Eglise qui n'est nullement prête, à cette époque, à dégager ses dogmes du géocentrisme.

Depuis la crise « moderniste » des années 1910, l'Eglise est en état de siège. Un réseau de surveillance a été mis sur pied par de petits groupes que Benoît XV désignait sous le nom d'« intégristes ». Ceux-ci s'attribuent la mission de surveiller l'application des mesures antimodernistes du Vatican. Leurs délations parviennent à Rome en dehors du contrôle de l'épiscopat français. C'est ainsi que les textes de Teilhard sont arrivés entre les mains de leurs censeurs.

Rompre ? L'idée lui en a souvent été suggérée dès cette époque. Teilhard l'écarte vigoureusement, sans chercher à se masquer les difficultés qui l'attendent, dans une lettre intitulée *Sur mon attitude vis-à-vis de l'Eglise officielle*[1].

« L'Eglise représente une canalisation tellement puissante, tellement enracinée (dans tout le passé humain) de ce qui est la sève morale et “ sublimante” des âmes [...] que j'aurais conscience d'être infidèle à la Vie si j'essayais

1. *Œuvres*, t. XIII.

de lâcher un courant organique tel que celui-là. Malgré le désir inavoué et instinctif que j'ai pu éprouver, à certaines heures, de trouver une raison positive de "tout laisser tomber", je ne puis m'empêcher de voir ceci : "Ce serait, pour moi, une bévue biologique de quitter le courant religieux du Catholicisme". »

Il justifie plus loin ce choix d'une conciliation dans la divergence en tenant compte de cette vérité « essentiellement orthodoxe », dit-il, que « l'Eglise possède et transmet, de siècle en siècle, une vision (ou expérience, ou vie) du Christ dont elle est incapable, à aucun moment, *d'exprimer complètement la figure définitive et la richesse.* Tous les théologiens sont forcés de l'admettre : le Pape et tous les Evêques ensemble sont *impuissants* à nous dire exactement tout ce qu'il y a dans le Christ. Le Christ (sa vie, sa connaissance) sont déposés dans toute l'Eglise (fidèles et pasteurs) de *tous* les temps. Pour que le Christ soit enfin compris, il faut l'effort de tout ce qu'il y aura de chrétien jusqu'à la fin des temps. »

Saint Paul, son grand inspirateur, n'est pas loin, Newman non plus…

« Je crois que l'Eglise est encore une enfant. Le Christ, dont elle vit, est démesurément plus grand qu'elle ne se l'imagine ; et pourtant, dans des milliers d'années, quand le vrai visage du Christ se sera un peu plus découvert, les chrétiens d'alors réciteront encore, sans réticence, le Credo. »

On imagine quelle fenêtre Teilhard ouvrait ainsi en mettant en perspective tous les fixismes de l'Eglise, au lieu de penser que la Révélation avait stabilisé et cristallisé le monde à jamais. Ailleurs, il écrit : « Jésus est au contraire un principe d'inquiétude, de développement ultérieur "*ut vitam abundantius habeant*", en tous ordres[1]. »

1. *Journal*, 28 février 1916.

Rompre serait plus qu'une erreur biologique, si l'on se place du point de vue où il regarde le monde, ce serait une imposture. Croître avec l'Eglise, pour le prêtre qu'il est, ouvre la possibilité d'un dépassement que ne donnerait pas la rupture ou l'évitement. Il y a une cohérence profonde dans cette fidélité, torturée, certes, et qui lui fut souvent reprochée, mais à laquelle il s'est tenu. Rompre, en effet, serait quitter le courant du fleuve, sortir de la réalité même de cette Eglise qu'il espère amener à dépasser ses scléroses de l'intérieur. L'une des données élémentaires de sa spiritualité n'est-elle pas cette mystique de la transmutation – traversée et mutation – si particulière, qui perdrait tout intérêt et toute valeur si elle cessait de passer par la boue du Monde, dont les faiblesses ecclésiastiques sont un aspect.

Ainsi c'est bien au nom de l'évolution que peut se préserver une fidélité nourrie de la certitude qu'il y aura des formes nouvelles et plus larges.

3

Dans les Ordos

« Viens pour un an. Quand partir ? Teilhard. »

Le télégramme est envoyé de France en février 1923. La réponse est laconique : « Arriver 15 mai. » Elle provient de Chine, de Tien-Tsin, près de Pékin, où se trouve le centre de la mission jésuite de Champagne. Celui qui l'envoie est le Père Emile Licent. Docteur ès sciences, géologue, naturaliste, ethnologue, il explore depuis 1914 le bassin du Fleuve Jaune en chercheur intrépide. Ses collections se sont accumulées ; il a créé un petit musée à Tien-Tsin pour les abriter : le musée Hoang-Ho Pai-Ho (du nom du plus grand et du plus petit des fleuves de Chine du Nord, le Fleuve Jaune et le Fleuve Blanc). Au cours de ses investigations dans les provinces du Kansou et du Chensi, il a découvert d'importants gisements fossilifères dont il a envoyé des fragments au Muséum de Paris où Marcellin Boule les a confiés à Teilhard. C'est ainsi que les deux Jésuites ont fait connaissance et que le Père Licent a invité Teilhard à venir le retrouver en Chine. Proposition séduisante qui se transforme en « Mission

Paléontologique française », financée par le Muséum en 1923.

Emile Licent est un missionnaire aventurier, autodidacte, colérique, grand collectionneur, fort jaloux de ses trouvailles et de son musée, mais peu apte au classement et aux synthèses scientifiques en lesquels Teilhard excelle. Sa connaissance de la Chine, son extraordinaire ingéniosité, son art de voyager seront précieux à Teilhard, même si ces vertus s'accompagnent de graves défauts de caractère. Une mésentente profonde ne tarde pas à s'installer entre les deux hommes, sécrétée essentiellement par la jalousie de Licent. Teilhard gardera toujours un flegme bienveillant par rapport à son difficile compagnon. Comme il n'est pas homme à se laisser persécuter, il se liera très vite avec les équipes scientifiques suédoises, américaines et chinoises du *Geological Survey* de Pékin, tissant une solide collaboration avec elles, prenant en quelque sorte la « tangente », ce qui a le don d'agacer Licent. Pékin va très vite devenir sa base intellectuelle.

En ces années-là, la ville a encore son allure impériale. Elle est plus qu'une cité ordinaire, la projection dans la pierre d'une vision cosmique et spirituelle du monde, comme l'a fort bien décrite, dans son essai *Ombres chinoises*, l'écrivain Simon Leys, qui l'a connue avant sa destruction par le régime maoïste. En 1923, année où Teilhard la découvre, Pékin est entourée d'une triple muraille d'enceintes rose sombre. Ses portes monumentales et ses *pailou*, ces arcs triomphaux qui enjambaient les artères de la ville, rythment soigneusement les alentours de la Cité interdite à laquelle personne n'a accès. Elle est l'une des plus belles villes du monde lorsque Teilhard la contemple du haut de la Colline de Charbon :

« Les légations se serrent à l'intérieur d'une enceinte

fortifiée. Tout le reste est absolument Mandchou et Chinois. A l'intérieur d'une immense enceinte de murailles crénelées, les petites maisons à un étage s'alignent le long des rues tracées géométriquement Nord-Sud et Est-Ouest, tellement ombragées de saules, de thuyas et d'acacias (souvent séculaires), que, vue d'une certaine hauteur la ville ressemble presque à une forêt. Un huitième de Pékin, environ, est occupé par l'immense Palais Impérial dont les portes monumentales et les pavillons successifs dessinent une grande croix (toujours orientée suivant les points cardinaux), bordée encore sur une moitié de sa longueur par un large fossé plein de nénuphars. Portes et pavillons avec leur faîte arqué, leurs tuiles vernissées, leur décoration de plus en plus flamboyante, leur coloration jaune et rouge font, sous le clair soleil de Pékin, un effet extraordinaire, surtout quand on le voit d'ensemble, du haut d'une petite colline artificielle élevée au milieu de l'ancien parc impérial, avec, au premier plan, de vieux arbres et un grand lac d'eaux dormantes [1]. »

Au début, le déracinement, la multitude de rencontres et de sensations nouvelles, le laissent déconcerté. Il éprouve un sentiment de débordement face à l'immensité disparate du Monde qu'il découvre sous de nouvelles perspectives. La masse humaine, le matérialisme inhérent à la société chinoise, le poids considérable de la tradition et des rites, l'accablent et provoquent chez lui un réflexe de sévérité et de rejet – une réaction qui resurgira en Inde. Trop souvent, au cours de ses débuts en Chine, il éprouve l'impression de se trouver au cœur d'un continent usé où ne se décèle aucun espoir de renouvellement.

---

1. L.V., 8 juin 1923.

« Ce coin d'Asie (et même de la Chine au-dedans de la Grande Muraille) me fait l'effet d'un réservoir vidé[1]. »

Par bonheur, il fait très vite connaissance du géologue écossais George Barbour, enseignant à l'université de Tien-Tsin. Entre les deux hommes va se nouer une amitié indéfectible, toute mêlée de respect chez Barbour, ainsi que d'un sentiment de responsabilité à l'égard du fin et mystique savant. L'éclairage qu'il jette sur Teilhard en Chine permet de mieux comprendre comment était perçu le Jésuite géologue dans un pays aux traditions ancestrales dont les mutations radicales commencent à se dessiner. En 1923, la République chinoise avait douze ans et le pays commençait à s'ouvrir au monde. De jeunes universitaires revenaient d'Occident comme d'une autre planète, imprégnés d'idées nouvelles, tant sur le plan de la littérature que des sciences.

La première chose à faire, pour tout étranger arrivant dans le pays, est d'acquérir un nom chinois. L'anagramme de son nom – *Teh Jeh Tchin* – se traduit en Père « Vertu de l'Aube »... et ce sera tout pour l'intrusion de Teilhard dans la langue mandarin. Sans doute trop attaché au français et au latin, sans doute aussi peu désireux d'investir autant de temps et d'énergie dans l'apprentissage du chinois, mais surtout convaincu d'être seulement de passage en Chine, Teilhard n'apprit jamais la langue. Il n'éprouva jamais un sentiment de permanence, ni en Chine, ni ailleurs. Il n'eut pas, au cours de sa vie, l'opportunité de s'installer en quelque lieu de son choix, pas plus en Orient que sur la terre de ses ancêtres. Ce qui lui fit dire plus tard :

« Nous devons, dans une certaine mesure, chercher un havre stable. Mais si la Vie nous arrache sans cesse, sans

1. L. Inéd., 16 juillet 1923.

nous laisser nous fixer nulle part, il y a peut-être là un appel et une bénédiction : le Monde n'est compris et sauvé que par ceux qui n'ont pas où reposer leur tête. Personnellement, je demande à Dieu de me faire mourir (au moins métaphoriquement) sur le bord d'une route[1]. »

Passant dans l'âme. C'est là une dimension spirituelle constitutive de son être.

Dès le mois de juin, il entreprend une première expédition dans les Ordos, un vaste plateau de Mongolie occidentale. Le voyage commence en train, par Kalgan, au bord de la Grande Muraille, et Koci-Hoa-Tcheng, la Ville Bleue, à partir de laquelle s'organise la caravane. Après des tractations subtiles, Teilhard et Licent obtiennent du mandarin de la région l'autorisation de pénétrer dans les Ordos. Compris dans une boucle du Fleuve Jaune, ce plateau austère et désolé est battu par les vents. Famines, épidémies et brigandages le rendent très dangereux à parcourir. Les deux Jésuites accomplissent un long voyage à dos de mulet à travers la steppe immense, bordée de hautes chaînes de montagnes. Ce sont des semaines de campement sous la tente au milieu d'un désert dont la sécheresse est aggravée cette année-là par l'absence totale de pluies. Ils atteignent la région des fossiles à partir de San-Tao-Ho.

Par George Barbour, encore, nous savons comment pouvait être perçu un géologue en terre chinoise.

Frapper les rochers avec un marteau n'était pas alors, en Chine, un acte innocent. En troublant l'ordre cosmique, en dérangeant les esprits des montagnes, le géologue risque d'apporter le malheur là où il exerce sa fâcheuse manie. Mais il existe un contrepoison, en quelque sorte, à

1. Ac.H., 13 septembre 1935.

son activité : en Chine, où les « os de dragon » (fossiles) sont fort prisés pour leurs vertus curatives, le chercheur de fossiles inspire le plus grand respect. Aussi, ces deux hommes blancs, qui s'aventuraient dans les régions les plus reculées de la Mongolie pour en ramener les précieuses reliques, étaient-ils finalement craints, sinon respectés, faute de savoir quelle incidence leur présence pourrait avoir sur les récoltes et les santés. Et Barbour d'ajouter que « les Révérends Pères du Musée devaient faire une bonne petite affaire »... La pharmacopée chinoise a ses mystères.

Les lettres fréquentes de Teilhard à l'abbé Breuil nous renseignent très précisément sur ses impressions personnelles et scientifiques. La caravane de dix mulets s'enfonce dans les steppes de Mongolie peuplées de pasteurs vivant sous des yourtes. Ces nomades sont peu à peu évincés par des colons chinois qui abîment le pays et détruisent les vieux sols des steppes sans pour autant les mettre en valeur.

Le 25 juillet, Licent et Teilhard mettent à jour un foyer d'hommes fossiles de l'époque paléolithique dans un dépôt stratifié des Ordos, à une soixantaine de kilomètres de Ning-Hia-Fou. C'est la première découverte de ce genre faite en Chine. Quelques semaines plus tard, au cours d'une période de campement au bord du Chara-Ousso-Gol, une petite rivière coulant au fond d'un profond cañon, de nouveaux vestiges paléolithiques apparaissent dans les strates des parois. Un mois plus tard, sur un autre site du nord du Chensi, ils découvrent encore des outils paléolithiques de première importance.

Le bilan de cette expédition de trois mois sera la mise à jour de l'existence de l'homme paléolithique en trois points distincts sur une bande de 350 kilomètres au nord de l'Himalaya et un butin scientifique de 60 caisses d'échantillons, redescendues sur une grande barque le long du Fleuve Jaune jusqu'à Pao-Teou. Ensuite, les spécimens seront envoyés à Paris, dans les laboratoires du Museum où Marcellin Boule, les trouvant un peu envahissants, rouspétera : « Les "os du Père" vont bientôt nous mettre dehors ! »

Outre son aspect scientifique passionnant, ce voyage est pour Teilhard un moment de profonde méditation sur le monde, comme en témoigne cette lettre du 7 août 1923 :

« Dans les grandes solitudes de Mongolie (qui sont, humainement, une zone figée et morte), je vois la même chose que jadis, sur le "Front" (qui était, humainement, la zone la plus vivante qui fût) : une seule opération est en voie de se faire au Monde, qui seule peut légitimer notre action : le dégagement de quelque Réalité spirituelle, à travers les efforts de la vie. Quand je chemine à mulet, des journées entières, je répète, comme autrefois – à défaut d'autre messe –, la "messe sur le Monde" que vous connaissez, et je crois la dire avec plus de lucidité et plus de conviction encore que jadis. Quelle belle hostie que cette vieille Asie – hostie morte, pour le moment (je crois), mais qui porte, dans sa poussière, les vestiges d'un si long travail, dont nous profitons maintenant [1]. »

Poussière… l'infinie grisaille des paysages chinois, comme si plaines et collines avaient été saupoudrées de cendres – ou de sang, lorsque le manganèse et l'ocre se mêlent à la terre. Usure des vieux sols s'envolant en bourrasques vers les vallées. Poussière de loess apportée en rafales par les terribles vents jaunes de Mongolie qui obscurcissent en plein jour le ciel de Pékin. Particules de charbon dont l'air des villes est saturé jusqu'à vous faire

1. Claude Cuénot, *Teilhard de Chardin*, Coll. Ecrivains de toujours, Le Seuil, p. 46.

suffoquer. Poussière rose du soleil levant sur le Gobi enneigé. Que voit Teilhard sous ce linceul ?

Dans les admirables paysages des Ordos, au cœur de ces steppes ondulant à l'infini, éprouvant l'infinie liberté du voyageur, ses perspectives se sont déplacées, intériorisées et recentrées. La beauté du monde et la fascination qu'il éprouvait pour le passé lui apparaissent soudain comme des mirages si on les met en perspective avec la vie à venir. Surprenante mutation chez un savant dont la tâche est, au fond, de scruter le lointain passé. A cette période, Teilhard a l'intuition, décisive pour son œuvre, de l'espace comme une « tunique sans couture » dont les promesses de renouvellement meurent en un lieu donné et renaissent en un autre lieu dans le même temps.

« Le mot secret que j'attendais de la Chine, je l'ai entendu, peut-être, la veille de mon départ, alors que, accoudé aux créneaux de la petite chrétienté fortifiée de Belgaçoum, je regardais le soleil descendre dans le ciel ardent de la steppe. [...]

Je fixai l'astre d'or, qui baissait lentement, entraînant avec soi, derrière les dunes, l'innombrable coloris des choses. Et alors, il me sembla que, devant moi, il n'y avait plus le soleil de feu, mais le foyer même de la Vie Terrestre, qui se couchait sur le désert mongol, – pour se lever *chez nous*. Et, de toute l'Asie qui s'endormait dans la nuit, je crus entendre monter une voix qui murmurait : “Maintenant, frères de l'Ouest, à votre tour ! ”

A notre tour. – Oui, repose-toi, vieille Asie, aussi lasse dans tes peuples que ruinée dans ton sol. A l'heure qu'il est, la nuit tombe, et la lumière a passé en d'autres mains. Mais, cette lumière, c'est encore toi qui l'as allumée et qui nous l'as donnée. Sois tranquille : nous ne la laisserons pas défaillir. Tu n'auras pas travaillé en vain. Du reste, abritée au cœur de quelques sages, ta vie (ta vie propre – pas celle que nous voudrions t'imposer) n'est pas éteinte. Elle brillera encore demain, peut-être, sur tes plateaux démantelés[1]. »

Dans les Ordos naît une seconde fois sa *Messe sur le Monde*, déjà composée sur le Front, ravivée par les grandioses paysages de Mongolie. Messe sans pain ni vin, magnifique poème en lequel s'expriment plus que jamais sa foi en le monde et sa foi en le Christ, Feu central, Foyer d'où rayonnent toute énergie et toute vie.

« Influence secrètement diffuse au sein de la Matière et Centre éblouissant où se relient les fibres sans nombre du Multiple ; Puissance implacable comme le Monde et chaude comme la Vie ; Vous dont le front est de neige, les yeux de feu, les pieds plus étincelants que l'or en fusion ; Vous dont les mains emprisonnent les étoiles ; Vous qui êtes le premier et le dernier, le vivant, le mort et le ressuscité ; Vous qui rassemblez en votre unité exubérante tous les charmes, tous les goûts, toutes les forces, tous les états ; C'est Vous que mon être appelait d'un désir aussi vaste que l'Univers : Vous êtes vraiment mon Seigneur et mon Dieu[2] ! »

Vision semblable à celle des sculpteurs du Moyen Age, vision cosmique dont la substance est passée dans les grands poèmes de pierre des tympans romans où le Christ en gloire occupe l'espace central, rayonnant sur les astres, les ondes et les feuillages, sur les saints et les païens, et sur tous les peuples, connus ou mythiques, de la terre. Pantocrator couronné par les saisons et les travaux des jours, animant le cosmos des éclairs lancés de ses mains démesurées, « feu fondamental et personnel » sous l'effet duquel toute matière est incarnée et spiritualisée.

La référence à saint Paul est très claire : « Et lorsque toutes choses lui auront été soumises, alors le Fils lui-

1. L.V., octobre 1923.
2. *Œuvres*, t. XIII.

même se soumettra à Celui qui lui a soumis toutes choses, afin que Dieu soit tout en tous » (saint Paul, 1 Cor. 15, 28).

Sa source est là et il le rappellera souvent :

« Il m'est impossible de lire saint Paul sans voir apparaître sous ses paroles, d'une façon éclatante, la domination universelle et cosmique du Verbe incarné [1]. »

Le théologien Hans Urs von Balthazar a noté la parenté étonnante de Teilhard avec certains pères grecs, dont Maxime le Confesseur, et avec le philosophe et poète russe Vladimir Soloviev [2].

Christocentrisme, au sein duquel l'univers est vu comme une chair à consacrer, la souffrance et la mort comme le sang même en attente de consécration. Ce texte annonce le grand texte spirituel de Teilhard, *Le Milieu divin.*

D'avril à juillet 1924, il repart en campagne dans le désert de Gobi à dos de mulet avec le Père Licent. La sauvage Mongolie est parsemée de signes immémoriaux dont le caractère sacré le touche profondément :

« De loin en loin, une lamaserie, et sur chaque pointe rocheuse remarquable, des tas de pierre appelés obo (à la fois autel et repère pour la route) où le fidèle Mongol ajoute une pierre en passant. A un kilomètre du camp, un de ces obos, complet et compliqué, compte une dizaine de tas de pierres surmontés chacun d'un fagot que le vent d'ouest a rabattu, comme la flamme d'une torche.

Ces symboles muets, ces autels toujours déserts, disséminés dans la solitude, sont vraiment quelque chose de mystérieux, de sauvage et d'impressionnant. Les nuits,

1. *Mon Univers*, *Œuvres*, t. IX.
2. Voir à ce sujet Henri de Lubac, *Teilhard posthume*, p. 93-95.

quand notre caravane est seule aux puits, sont d'une couleur et d'une majesté merveilleuses[1]. »

Au cours de cette seconde expédition, Teilhard ne fera aucune découverte majeure. Ses lettres à Léontine Zanta révèlent son extraordinaire curiosité intellectuelle en même temps que sa quête intérieure.

Une grande amitié est née entre lui et cette personnalité du féminisme français. Il a connu Léontine Zanta chez sa cousine Marguerite Teillard-Chambon qui a été son élève. « Mademoiselle Zanta » approche de la cinquantaine. Elle est d'une beauté remarquable avec sa chevelure d'un blanc de neige et ses yeux bleus. Disciple de Bergson, elle a été l'une des premières femmes en France à atteindre le grade de docteur en philosophie, avec une thèse sur « La renaissance du stoïcisme au XVIe siècle ». Figure éminente du christianisme de son temps, elle est aussi une militante de la cause des femmes, professeur de philosophie, conférencière et journaliste. Son appartement de la rue de Madrid est un lieu de rencontre pour les religieux, les philosophes et les artistes.

Léontine Zanta fait partie des Equipes sociales, ce mouvement, issu de la haute bourgeoisie catholique, destiné à aider de jeunes ouvrières à s'instruire. Son fondateur, Robert Garric, déjeuna un jour chez Léontine Zanta avec trois éminents religieux : l'abbé Brémond, l'abbé Mugnier et le Père Teilhard de Chardin, qu'il décrit ainsi : « La haute tenue de gentilhomme religieux, démarche vive de coureur de piste ; l'ascèse burinait ce visage, tout illuminé de vie intérieure. »

Léontine Zanta est l'auteur d'un essai sur la *Psychologie du féminisme*. Ses échanges épistolaires avec Teilhard commencent dès l'arrivée de celui-ci en Chine, au mois

1. L.V., 10 juin 1924.

de mai 1923. Ils se poursuivront jusqu'en 1936. Convergence de pensée, émulation, reconnaissance d'une fraternité dans la recherche spirituelle, les lettres que Teilhard adresse à sa cousine Marguerite et à Léontine Zanta du fond de la Chine ont aussi l'aspect d'un fil ténu que maintient un exilé avec l'un des membres de sa communauté – lien nécessaire avec une France de l'intelligence et de la foi, qu'elles incarnent toutes les deux pour celui auquel manque profondément le « mouvement d'âme si profond qui fait la vie de Paris ».

Dans le même temps, sa perception de la Chine évolue. Des rencontres nouvelles lui permettent d'exprimer et d'approfondir les questions que lui pose le choc des cultures. Teilhard est un chercheur. Il ne s'en tient jamais à une première impression. A Ning-Hic, sur le Fleuve Jaune, il fait connaissance d'un missionnaire belge, grand connaisseur du Tibet, le Père Schram, de l'ordre des scheutistes. Celui-ci lui entrouvre « le voile épais d'engourdissement et de matérialisme » sous lequel se cache « ce vieux fond d'intuitions lumineuses accumulé par les mystiques d'Extrême-Orient ». Teilhard envisage les perspectives ouvertes par le mysticisme bouddhiste et fait le rapprochement avec notre religion catholique trop absorbée par des considérations morales (« trop confucianiste », dit-il), qui gagnerait beaucoup à perdre un peu de ce qu'elle a de spécifiquement méditerranéen pour devenir un peu « plus bouddhiste ». Il lui importe de « découvrir enfin un Christ qui ne soit plus seulement un modèle de *bonne conduite* et d'*humanité* mais bien l'être *sur-humain* qui, en formation depuis toujours au sein du Monde, possède un être capable de tout faire plier, de tout assimiler, par domination vitale », écrit-il à Léontine Zanta[1].

1. L.Z., 3 octobre 1923.

Cette année d'éloignement l'a convaincu qu'il n'y a plus rien à attendre du passé *en soi* ni des paysages qui autrefois le comblaient. Ses recherches paléontologiques étayeront sa quête des traces de l'évolution de l'Homme vers sa spiritualisation croissante. Teilhard ne sera jamais un collectionneur de fossiles.

« Je voudrais, dans un cadre descriptif, faire passer cette idée que l'exploration du passé et de l'espace, en soi, est vide et décevante, la véritable science étant celle de l'avenir réalisé graduellement par la Vie [1]. »

Ce qui importe ici, c'est la recentration de ses intérêts sur l'« Humanité de demain ».

De France lui parviennent d'inquiétantes rumeurs sur le mouvement intégriste qui secoue l'Eglise. Léontine Zanta elle-même est en butte aux critiques de certains religieux encore persuadés que l'intelligence va contre la foi – critique ô combien répandue alors au sein d'une Eglise encore marquée par les séquelles du XIXe siècle.

Teilhard souffre de son éloignement, aspirant à rentrer en France et à retrouver ses interlocuteurs scientifiques et spirituels. Plus sa vision du monde s'intensifie, plus il éprouve le besoin de la communiquer à ses pairs. Aussi est-il heureux de pouvoir s'embarquer à Shanghaï en septembre 1924. A la mi-octobre, il est à Marseille, d'où il regagne Paris.

Dès son retour, il reçoit une lettre de son provincial, le Père Costa de Beauregard, qui le convoque d'urgence à Lyon. Ses textes sur le péché originel ont beaucoup déplu. On tente de lui faire promettre qu'il ne *dira* ni *n'écrira* jamais rien contre la position traditionnelle de l'Eglise en

1. L.V., 30 septembre 1923.

matière de péché originel. Cette demande le plonge dans l'angoisse :

« C'est à la fois trop vague et trop absolu... Je crois devoir, en conscience, me réserver : 1° le droit de recherche, avec les professionnels (*ex jure naturali*) ; 2° le droit de secours, vis-à-vis des inquiets ou des désemparés (*ex jure sacerdotali*). J'espère arriver à faire commuer la formule qu'on me demande de signer en quelqu'une de ce genre : "Je m'engage à ne pas répandre (à ne pas faire de prosélytisme pour) les explications particulières contenues dans ma note"[1]. »

Teilhard, sur les conseils de ses supérieurs qui tentèrent toujours de le protéger vis-à-vis des hautes instances catholiques, dut signer. Mais, désormais, il est discrédité aux yeux de la Curie romaine.

Il reprend néanmoins ses cours à l'Institut catholique et ses conférences à l'Ecole normale supérieure de la rue d'Ulm et à Saint-Cloud. L'une d'elles porte sur le roman de Gide, *Les Nourritures terrestres.* La lecture, hautement spirituelle, qu'il fait de ce livre très controversé, à l'époque, marque beaucoup l'un de ses jeunes auditeurs, Gabriel Germain, qui l'évoquera dans son livre *Le regard intérieur.* « Toute sensation est d'une présence infinie », affirma Teilhard au cours de cette séance. Une réflexion dont eut connaissance Marguerite Yourcenar, qui en fut touchée puisqu'elle l'évoque à plusieurs reprises dans sa correspondance avec Gabriel Germain. A-t-elle assisté à la conférence sur Gide ? Ou bien a-t-elle seulement lu, ou entendu, des comptes rendus ? Il y a là, en tous les cas, une convergence intéressante, quoiqu'indirecte, entre deux esprits éminents de ce temps. Ainsi va la pensée, semant ses graines à tous vents et fécondant les créations les plus diverses.

---

1. L.I., 13 novembre 1924.

A Paris, Teilhard a retrouvé son ami Edouard Le Roy, professeur de philosophie au Collège de France, lequel, très marqué par la philosophie de Bergson, a reçu un blâme de Rome pour son ouvrage *Dogme et Critique* (1907) – l'ouvrage a d'ailleurs été mis à l'Index. Celui-ci est une grande figure spirituelle de son temps. Il se passionne pour une synthèse qui permettrait de jeter un pont entre la science, la philosophie et la théologie. Teilhard et lui se voient tous les mercredis soirs rue Cassette et discutent longuement. L'interaction entre eux est si forte qu'Edouard Le Roy n'hésite pas à lancer le terme de « Noosphère » (enveloppe pensante de la terre), une notion créée par Teilhard, à la tribune du Collège de France. Le Jésuite trouve auprès du philosophe à la fois la compréhension et la confiance en ses intuitions. Edouard Le Roy sera jusqu'à sa mort l'un de ses plus grands amis.

« Il est peu d'hommes que j'aie admirés et aimés autant qu'Edouard Le Roy. Si serein, si complètement humain – et si profondément chrétien[1] », écrira Teilhard au moment de la disparition de son ami.

Mais déjà Teilhard est inclassable, déroutant sous sa sagesse apparente. Sa pensée a été marquée au fer rouge des grandes solitudes d'Asie centrale, où l'espace et le temps s'étirent à l'infini. Une osmose s'est produite entre ces géographies illimitées et l'envergure d'une réflexion passionnée sur le monde. Elle est irréversible, comme si un « pas » avait été franchi dans son évolution spirituelle. Sa vision d'un christianisme en devenir, travaillé de l'intérieur par l'évolution, commence à susciter des adhésions enthousiastes qui le rendent suspect. Son goût du dialogue avec des personnalités en marge de l'Eglise, des francs-tireurs, des libres penseurs, des agnostiques, correspond

1. C.C., p. 82.

mal au souci romain de ne pas inquiéter le peuple catholique par des questions jugées trop fondamentales. Mais on ne jugule pas si facilement la sainte liberté de penser, ni le « devoir sacré de la recherche ».

Ses supérieurs lui demandent de se retirer de l'Institut catholique et de s'éloigner de France. Quant à son œuvre, il sera tenu de la limiter désormais aux publications scientifiques.

A la suite de ce texte qui lui est reproché, l'ébranlement est profond dans ses rapports avec l'Eglise et avec son ordre. Teilhard traverse à cette époque une grave crise quant à sa vocation.

« J'ai fait bonne figure ; mais intérieurement, c'est quelque chose qui ressemble à l'agonie ou à la tempête, écrit-il au Père Auguste Valensin. Je crois voir que, si je me séparais ou me rebiffais d'une manière quelconque (humainement, ce serait si simple et si "doux"...) je serais infidèle à ma foi en l'animation de tous les événements par N.S., et en sa valeur à Lui, supérieure à celle de tous les éléments de ce Monde[1]. »

Désarroi devant les critiques qui lui sont formulées, mais aussi incertitude quant à la nécessité d'obéir à son ordre et à l'Eglise en s'éloignant une nouvelle fois de Paris et en cessant d'enseigner. Il se demande si, en obéissant, il ne sera pas finalement pris au piège de ce contre quoi il s'élève.

« Je me dis qu'il n'y a pas contradiction, c'est-à-dire qu'en laissant démolir sans révolte mon édifice de recherche, je travaille encore à prêcher l'Evangile de la recherche. Mais est-ce que je ne suis pas victime précisément de ce que j'ai toujours cherché à combattre : le formalisme

1. L.I., 16 mai 1925.

– la fausse mécanisation de l'esprit ? –, est-ce que je n'obéis pas à cette idolâtrie qui fait que les ordres particuliers, de l'Eglise, s'érigent en absolus, et font de la fidélité à leur cadre le premier des Commandements de Dieu ?... – Oh ami, dites-moi que je ne suis pas infidèle à mon idéal en obéissant... »

Dilemme intérieur, bien plus qu'extérieur, car en réalité Teilhard ne remet nullement en question son appartenance à l'Eglise, conscient que sa fidélité est le plus sûr garant de la force de ses idées. Ce qui ne l'empêcha pas de murmurer qu'il avait affaire à des « sots » et à des « ignorants ». Son ami l'anthropologue Paul Rivet, fondateur du Musée de l'Homme, lui en voulut beaucoup de n'avoir pas quitté cette Eglise ennemie de la science et du monde. Il eut l'occasion de le lui reprocher publiquement, le 15 mars 1946, à la tribune de l'Assemblée nationale, lors d'un débat sur l'école privée :

« Malgré l'estime que j'avais et que je garde à ce grand prêtre et à ce grand savant qu'est le Père Teilhard, je ne voterais plus pour lui s'il était candidat à une charge publique, parce qu'il est impossible d'admettre qu'un homme de science obéisse à des injonctions qui lui sont données par des sots et par des ignorants [1]. »

1. Cité par Jean Lacouture in *Les Jésuites*, t. 2, ch. XI, « Teilhard et l'obéissance », Le Seuil, 1992.

4

Exil illimité

Avril 1926. Au large de Bonifacio, à bord de *L'Angkor*, un beau navire des Messageries maritimes, Teilhard se rend en Chine pour la seconde fois. Ce jour-là, la mer est grise, agitée, et au fond de lui quelque chose s'est cassé. Tous déchirements, passions et révoltes mêlés, il s'est plié à l'« exil illimité » conseillé par son ordre – conseil qui valait en fin de compte condamnation, même si celle-ci venait de plus haut. Quant à sa chaire à l'Institut catholique, elle est fortement compromise malgré les protestations auprès du Vatican de Mgr Baudrillart, son recteur. Teilhard prend le large, au sens propre.

Combien de fois devra-t-il le prendre, le large ? Dans l'espace ouvert par les géographies, certes, mais surtout dans l'espace intérieur de l'âme, où s'offrent, à celui qui y consent, toutes les aventures. Le « large » constitue le tissu de sa condition humaine, son milieu naturel et son réflexe le plus spontané. Espace dont le développement, on le verra, ne se perd jamais en lignes de fuite ou d'évasion, mais épouse plutôt le mouvement en spirale d'une évolution, se révèle comme le lieu d'une métamorphose de substance.

Cette aptitude à mettre toujours en perspective son propre destin le sauvera de bien des situations humaines périlleuses et le conduira à traverser la vie aussi passionnément que légèrement.

Une légèreté psychologique, une souplesse mentale, chez un homme aussi perceptif ne pouvait être seulement le fait d'un stoïcisme chrétien, mais constituait, en fait, une véritable dimension de sa spiritualité et de sa mystique. Ce qui ne l'empêche pas d'éprouver douloureusement, au cours de cette traversée vers l'exil, le sort qui lui est réservé. Une épreuve angoissante a commencé. Ceux qui l'ont bien connu ont décelé chez lui à cette époque un état d'anxiété qui ne le quittera plus guère.

Dans sa cabine, à bord de *L'Angkor*, il écrit à sa cousine une longue lettre dans laquelle il exprime son état d'esprit :

« J'ai certainement vieilli depuis trois ans, même depuis dix-huit mois. Les idées ne naissent plus en moi avec la même exubérance, avec la même ivresse pérenne qu'autrefois. [...] Plus froidement, presque sans joie, c'est bien la même possession du Monde que je cherche. Vingt-cinq ans d'expérience m'ont appris à mieux définir la nature et le sens du charme que je sentais confusément flotter dans la Matière. Je vois plus clair, j'adhère plus ferme. Seulement, je sens moins. C'est le même charme, sans son charme, que je poursuis maintenant.

La lumière, autrefois, faisait étinceler pour moi toute la surface des choses, et je jouissais immédiatement de tout. Maintenant, elle s'est comme enfoncée. La pellicule des couleurs et des lieux m'ennuie à pleurer. Ce que j'aime ne se voit plus. Et c'est ainsi sans doute que dans tout homme se prépare la migration d'une sphère à l'autre. [...]

L'étonnement devant la forme et le vol merveilleux de

la mouette. Comment s'est fait ce vaisseau-là ? La pire faiblesse de notre esprit est de ne pas sentir les plus grands problèmes, parce qu'ils se présentent à nous sous les espèces les plus proches. Combien en ai-je vu, combien de gens ont vu des mouettes sans distinguer le mystère qui flotte avec elles ? [...]

Que Dieu me donne d'entendre toujours et de faire entendre aux autres jusqu'à la griserie l'immense musique des choses [1]. »

A bord de *L'Angkor*, au milieu des habituels colons et missionnaires, des pasteurs suivis d'épouses austères et des touristes milliardaires, se distingue un couple original vers lequel le porte tout de suite son instinct. L'homme a un profil d'aigle, une allure aristocratique, un bagou extraordinaire pour raconter ses aventures sur terre et sur mer, quant à la femme, sa gravité sereine lui est immédiatement sympathique. Ce sont deux habitants de Neuilly dont l'un, le mari, passe dix mois de l'année à courir la mer Rouge sur son boutre, comme un Arabe, pendant que sa femme vit seule au milieu des Somalis de la côte africaine. « Deux tempéraments indépendants, humains, artistes [2]. »

Il s'agit d'Henry de Monfreid et de sa femme, Armgart, tous deux en route pour l'Ethiopie où Henry se livre à de multiples trafics, plus ou moins clandestins, d'armes et de hachisch, peut-être aussi d'esclaves. L'amitié entre le Jésuite philosophe et le « Loup des mers » est immédiate. Les deux hommes parlent la même langue. Ils partagent une même passion de la vie et, sans aucun doute, un même anticonformisme. Deux aventuriers, deux citoyens du monde se sont reconnus.

---

1. L.V., 26 avril 1926.
2. A Edouard Le Roy, 15 mai 1926.

Plus tard, dans l'un de ses récits, *Charas*, Henry de Monfreid tracera un portrait de Teilhard de Chardin au moment de leur rencontre : « Longue figure énergique et fine où les traits accentués de rides précoces semblaient taillés dans le bois dur. L'œil pétillant et vif avait quelque chose de rieur sans être ironique. Il parlait avec la vivacité et l'animation de ceux qui se passionnent. Sa parole était prenante, elle allait jusqu'à l'âme, avec cette puissance persuasive de celle des apôtres... »

L'échange fut profond et fructueux entre les deux hommes. Teilhard fut en effet de ceux qui incitèrent Monfreid à écrire les récits de ses aventures en mer Rouge. Par son intermédiaire, Monfreid fera la connaissance de l'abbé Breuil et de Paul Vaillant-Couturier, l'un des dirigeants du mouvement communiste international, rédacteur en chef de *L'Humanité*, mais aussi mystique et poète, dont la femme, Ida Treat, fait des études de paléontologie au Muséum.

Toute la traversée jusqu'à Djibouti, où les Monfreid descendent, se poursuivra en conversations sans fin. Monfreid, qui côtoie depuis des années les populations du Yémen et d'Abyssinie, développe sa thèse de l'indigène corrompu par la civilisation occidentale. Tous les deux s'interrogent sur la capacité pour les Occidentaux de comprendre vraiment des mentalités et des modes de vie aussi différents. L'un se pose la question de la conversion des peuples exotiques, l'autre celle de la perversion contenue dans la civilisation apportée par les Blancs.

Amitié surprenante par certains côtés, car Teilhard n'est pas sans savoir à quels trafics se livre Henry de Monfreid, ni quelles sont les sources de sa fortune. Mais chez lui le refus, ou l'incapacité, d'envisager la petitesse est un trait de caractère dont on retrouve les ramifications jusque dans sa philosophie. Dans une lettre à Armgart, il écrit : « Je fais confiance à Henry sur ce qui se raconte, mais plus vraiment encore, je vous aime, vous et lui. Je ne songe même pas à me demander ou à chercher ce qu'on peut bien dire autour de lui. Tout ceci ne m'intéresse pas[1]. » Son amitié indéfectible ira jusqu'à convaincre Vaillant-Couturier d'intervenir auprès du gouvernement soviétique pour que Monfreid puisse entrer au Turkestan chinois afin d'acheter une cargaison de hachisch. Il lui arrivera aussi de rapporter à Monfreid de l'opium de Chine pour son usage personnel. Et lorsque le fils d'Henry, Marcel, se trouvera tout seul et malade à Saigon en 1927, c'est Teilhard qui ira lui rendre visite et tentera de faire le lien entre le père et le fils dont les rapports sont difficiles.

Monfreid et sa femme débarquent à Djibouti. Teilhard, lui, continue le voyage jusqu'en Chine. Les deux hommes se font de chaleureux adieux. Monfreid invite le Jésuite à venir le voir en Abyssinie pour y faire des fouilles. Leur rencontre, on le verra, aura des conséquences importantes sur le plan paléontologique. En attendant, il semble que cette amitié nouvelle ait un peu adouci les douleurs de l'exil. Monfreid, qui n'était pas un sentimental, a écrit après la mort de Teilhard de Chardin : « Ainsi naquit à l'entrée de la mer Rouge, sous le ciel empourpré d'un matin tropical, une amitié que la mort même n'a pu rompre, tant son souvenir resplendit dans l'ombre de mon crépuscule[2]. »

Arrivé à Tien-Tsin le 10 juin 1926, Teilhard retrouve le Père Licent et se remet au travail : il s'agit pour lui de faire l'inventaire des nombreux fossiles recueillis en son absence. Puis les expéditions sur le terrain reprennent en

1. Daniel Grandclément, *L'incroyable Henry de Monfreid*, Grasset, 1990.

2. *Cahiers du Rocher*, p. 258.

compagnie de son difficile collègue. L'une les mènera vers le Kansou, en bordure du Tibet chinois, l'autre au nord-ouest de Pékin, dans la vallée du Sang-Kou-Ho, en Mongolie orientale. Au cours de ces voyages à dos de mulet, les deux Jésuites logent souvent chez l'habitant, dans des familles villageoises dont il note la sérénité face aux pillages des bandes de soldatesque qui infestent la Chine. Des guerres civiles locales les empêchent parfois de mener à bien leurs recherches. C'est le cas dans le Kansou, une province où ils ne parviendront finalement pas à pénétrer. Ses fouilles de cette période sont de nature géologique et portent essentiellement sur le Quaternaire chinois. Elles feront date dans les recherches de ce type.

Cette fois, c'est une autre Chine qu'il aborde, celle de l'intérieur : la Chine rurale des populations misérables, opprimées par les soldats-bandits, abruties de travail, écrasées par le poids des traditions. La grande misère du peuple chinois dans ces années-là est telle qu'au voyageur occidental cette zone du monde fait l'effet d'une « couche anthropologiquement inférieure de l'Humanité », comme si une immense poussière avait recouvert les êtres et les choses d'un suaire de plomb sous lequel tout effort de vie et de progrès paraît impensable. Il est probable que la crise que traverse Teilhard atteint aussi le regard qu'il porte sur la Chine.

Au mois d'octobre, Teilhard redescend du Sang-Kou-Ho pour la durée de l'hiver, trop rigoureux pour être passé sur le plateau mongol. Il retrouve son logement aux Hautes Etudes industrielles et commerciales, *Race Course Road*, à Tien-Tsin, face à un doux paysage de champs et d'étangs partiellement asséchés en lequel il trouve un certain apaisement. Sa vie se partage entre le travail au musée Hoang-Ho Pai-Ho où il prépare au microscope des petits fossiles, et, le soir, les écrits personnels et la correspondance.

Bouteilles à la mer que ces écrits du bout du monde, médités sur les hauts plateaux, rédigés dans la solitude de l'exil chinois avant d'être lancés vers la lointaine France, en témoignages de fidélité au christianisme, et reçus là-bas non pour ce qu'ils sont, mais pour ce qu'ils risquent d'être : la peur qui les accueille entretient une grave incompréhension à leur égard.

Quant à la correspondance, elle lui permet d'être continuellement relié à ses intimes et de faire avec eux le point sur sa vie intérieure dont il ne cache aucun tourment ni aucune révolte. Les lettres au Père Valensin de cette époque rendent compte de la grave crise qu'il traverse vis-à-vis de l'Eglise. A sa foi chrétienne plus vive que jamais s'est ajoutée une lucidité sereine sur sa situation à la lisière du christianisme. Situation paradoxale puisque, malgré lui, il se trouve dedans par toutes les fibres de son être et dehors par son aversion pour les expressions données à la foi.

« Je ne pense pas que jamais je sois vraiment tenté de m'émanciper. – Et voilà qui me rassure. – Mais à côté de cela, je ne puis me dissimuler qu'il va, se développant en moi, une opposition native et profonde pour ce qui est regardé habituellement comme la forme, les espérances, et les intérêts chrétiens. Que voulez-vous : dans le “monde chrétien” tel qu'il se présente à nous dans les documents ecclésiastiques et les gestes ou conceptions catholiques, “j'étouffe” absolument, physiquement. Nous avons donné, il y a mille ans, un tour de compas qui prétendait encercler le monde des possibilités physiques et morales ; – et maintenant toute la réalité est au-delà. Nous ne sommes plus “catholiques” en fait ; mais nous défendons un système, une secte. Alors, comme je vous le disais déjà, je crois, à ma première arrivée en Chine, le christianisme m'apparaît maintenant beaucoup moins comme un ensemble fermé et constitué que comme un axe de progression et d'assimilation. Hors de cet axe, je ne vois au monde aucune garantie, aucune issue. Mais, autour de cet axe, j'entrevois une immense quantités de vérités et d'attitudes auxquelles l'orthodoxie n'a pas encore fait de place[1]. »

Quelques mois plus tard, après plusieurs voyages au cœur de la Chine, dans une lettre au Père Valensin datée du 31 décembre 1926, il fait une sorte de bilan de sa vie intérieure à ce moment précis de sa vie. Bilan contrasté, car il avoue ne plus croire à une foule de croyances littérales, de préoccupations et de méthodes propres à l'Eglise. On ne sent guère l'orgueil dans ces lignes, mais plutôt une sorte de constat qui n'implique aucunement un désir de rupture. « A certains moments, j'ai tellement l'impression d'étouffer dans l'atmosphère “catholique”, je sens si lourdement peser sur mon esprit le poids du corps ecclésiastique, que je me sens traversé par des éclairs de révolte comme si l'esprit de mon grand-oncle Voltaire (je prie souvent pour lui !) se prolongeait curieusement en moi. »

De nouveau, il se demande si sa soumission actuelle n'est pas tout simplement de la part de l'Eglise une « ultime et illégitime emprise ». Question à laquelle il répond par un assentiment profond : « Instinctivement, depuis dix ans surtout, je me suis toujours offert à N.-S., comme une sorte de champ d'expérience, pour qu'Il y opère, en petit, la fusion entre les deux grands amours de Dieu et du Monde. »

Cette sombre lucidité a sa contrepartie dans une foi renforcée par la centration sur le Christ. Plus que jamais, Teilhard voit d'immenses possibilités religieuses à venir, sa peine étant seulement de constater qu'il arrive à l'Eglise de participer aux forces qui les entravent. Sa vie

---

1. L.I., 27 juin 1926.

à cette époque s'oriente résolument sur la mystique conçue comme « la seule puissance capable de synthétiser les richesses accumulées par les autres formes de l'activité humaine[1]. »

C'est dans un tel état d'esprit, à la fois révolté et confiant, désolé et serein, qu'il conçoit un ouvrage dans lequel il exposerait le plus simplement du monde son point de vue religieux, l'essentiel de sa perception du christianisme dans ses rapports avec la vie humaine. *Le Milieu divin* est en gestation.

« J'écris un petit Traité spirituel, *Le Milieu divin* (!), qui, je l'espère, sera orthodoxe. »

Le petit traité en question devient l'une des œuvres spirituelles majeures de Teilhard de Chardin et l'un des grands écrits mystiques du XXe siècle. Il se présente comme un « essai de vie intérieure » dédié à ceux qui aiment le monde. Il s'adresse « aux mouvants du dehors et du dedans », à tous ceux qui, troublés par l'extension des sciences du réel et voyant s'accroître le champ des interactions entre les éléments de l'univers, se posent la question de savoir si la connaissance du monde ne va pas faire éclater la religion, à tous ceux qui ne parviennent pas à se reconnaître dans une Eglise de plus en plus fixiste. Ce livre, cependant, ne leur offre aucune réponse, ni théologique, ni apologétique – Teilhard se défendra toujours d'être un théologien ou un métaphysicien. Il propose simplement une accommodation du regard à ce qui est en train de se passer sous nos yeux.

Il nous invite à partager une vision. A cet égard, son approche du monde relève de la plus pure mystique.

« Voyez ! »

Voyez la Présence de Dieu dans la moindre parcelle de

---

1. L. Inéd., 9 septembre 1923.

l'Univers, dans la plus petite de nos actions comme dans nos passivités les plus élémentaires. Aimez votre action et votre présence dans le monde comme une participation au Milieu divin. Car c'est bien à aimer le monde et les œuvres de l'homme, à *voir* l'imprégnation divine dans les choses, dans la vie humaine tout entière, dans les actes les plus naturels comme dans les actes les plus sacrés que nous invite Teilhard. « Rien n'est profane », écrit-il. C'est un constat de la divinisation de nos œuvres, de la centration de toutes nos actions et de tous nos êtres, chacun pris en particulier, sur le Christ. Un appel au « devoir sacré de la Recherche » qu'il exprime magnifiquement en ces termes : « Sondons toutes les murailles. Essayons tous les chemins. Scrutons tous les abîmes. *Nihil intentatum...* »

Un texte auquel fera écho, des années plus tard, cette réflexion de *L'Avenir de l'Homme*[1] :

« Plus fort que tous les échecs et tous les raisonnements, nous portons en nous l'instinct que, pour être fidèles à l'existence, il faut savoir, savoir toujours plus, et pour cela chercher, chercher toujours davantage, nous ne savons pas exactement quoi, mais quelque chose qui, sûrement un jour ou l'autre, pour ceux qui auront sondé le Réel jusqu'au bout, apparaîtra. »

Constante, dans *Le Milieu divin*, est la référence à saint Paul, lui qui considérait « Dieu aussi répandu et tangible qu'une atmosphère où nous serions baignés » et le Christ « aussi vaste que le monde de tous les temps ». A cet égard, Teilhard s'oppose résolument à la conception trop morale du Christ telle qu'on le conçoit souvent dans le catholicisme :

« Je n'aime pas l'évangélisme qui se confine dans l'exaltation des qualités purement humaines, morales, de

1. *Œuvres*, t. V.

Jésus. Si Jésus n'était pour nous qu'"un père, une mère, un frère, une sœur", je n'aurais pas besoin de Lui ; je crois que je trouverais mieux à aimer auprès de moi ; et puis en un sens, le passé ne m'intéresse pas[1]. »

Cependant, si les incidences morales demeurent limitées dans *Le Milieu divin*, ce qui maintient sa réflexion sur la vie intérieure à l'altitude requise, aucun écueil, dans ce domaine, n'est pourtant esquivé. Teilhard avoue sa difficulté à aimer l'autre – non pas tant ceux avec lesquels s'est instaurée une relation privilégiée, mais tous ces autres anonymes, proches ou lointains, trop étrangers pour que se nouent des liens affectifs, et cependant trop proches pour être ignorés. Comment aimer ceux que nous n'aimons pas ? Un religieux, ici, pose la question.

Mais avant tout, c'est au Pantocrator des vieilles basiliques, occupant tout l'espace intérieur des coupoles, au Christ en gloire, qu'il en appelle, comme à l'aboutissement, au terme d'une lente transmutation, de toutes les énergies et de toutes les passivités humaines.

« Le Royaume de Dieu est au-dedans de nous-mêmes. Quand le Christ apparaîtra sur les nuées, il ne fera que manifester une métamorphose lentement accomplie, sous son influence, au cœur de la masse humaine. »

C'est aussi la perception de la pâte humaine en évolution, travaillée de l'intérieur par un puissant ferment de convergence et d'unification par l'amour. Chaque effort humain participe de ce vaste mouvement, aussi irréversible qu'irrésistible, qui conduit la matière à se spiritualiser.

« En vertu d'une merveilleuse puissance montante incluse dans les choses [...], chaque réalité atteinte et

1. L.I., 30 octobre 1926.

dépassée nous fait accéder à la découverte et à la poursuite d'un idéal de qualité spirituelle plus haute. »

Mais il y a l'autre versant du Milieu divin, celui de nos passivités et de nos maux. Teilhard nous invite à une profonde méditation sur le Mal et la mort, sur tous ces handicaps, accidents, maladies, ces « passivités de diminution » qui nous freinent et nous entravent, nous font toucher du doigt ce qu'il peut y avoir d'impossible dans une vie humaine, dont la mort est la résultante : « La mort est le résumé et la consommation de toutes nos diminutions : elle est le *mal*... »

C'est là, il le reconnaît, l'un des mystères les plus troublants de l'Univers, un mystère lié, tout au long de la vie, à l'union : « S'unir, c'est, dans tous les cas, émigrer et mourir partiellement en ce qu'on aime. » Il y a une acceptation active du Mal en laquelle peut s'opérer un mystérieux retournement du Mal en Bien. A cet égard, Teilhard rompt résolument avec cette passivité devant le Mal qui a nourri le culte de la souffrance chez des générations de catholiques. Il se refusera toujours à attribuer la moindre valeur au sacrifice ou à la souffrance pour eux-mêmes.

Ainsi Dieu se découvre partout : « Le Divin nous assiège, nous pénètre, nous pétrit. Nous le pensions lointain, inaccessible : nous vivons plongés dans ses nappes ardentes », profondément immergés en lui, sans pour autant perdre notre différenciation, mais au contraire ajoutant, chacun d'entre nous par la plus infime de nos fibres et par la moindre de nos énergies, quelque chose à sa substance divine.

Une grande sensibilité à la genèse des choses émane de ce texte. Ni le monde, ni Dieu n'ont achevé de se former. « Dieu, éternelle Découverte, éternelle croissance », dit Teilhard ; Dieu méritant la fidélité, malgré les formes passagères décevantes, méritant aussi notre collaboration passionnée. En filigrane de ces pages se lit un appel au courage – celui d'agir, celui de chercher et celui, le temps venu, de subir, ou souvent le courage de subir au sein même de l'action.

Quant au rythme, il est inhérent à l'évolution, il est au cœur de la vie mystique. Il y a un temps pour tout : un temps pour agir et un temps pour pâtir, un temps pour l'attachement et un temps pour le renoncement. Ces temps de l'âme, chez Teilhard, ne sont pas linéaires, mais plutôt inscrits dans une spirale concentrique. Ils s'engendrent et se reprennent les uns les autres – comme en musique les divers moments de la fugue – par une métamorphose naturelle. En familier des *Exercices spirituels* de saint Ignace, Teilhard évoque la grande ascèse grâce à laquelle le mystique parvient à établir une « indifférence supérieure » au cœur même de son action, de ses attachements et de ses recherches. Ce rythme donne sa grâce à la vie intérieure, en offrant toujours une issue qui n'est pas une échappée : une issue dans la traversée et l'adhésion totales au Milieu divin. Chérir la vie dans ses « pleins » comme dans ses « vides » forme le cœur de la méditation sur le Mal et la mort inscrite dans ce texte essentiel. La réalité du Milieu divin, tel que le conçoit Teilhard, s'exprime en termes émouvants dans cette prière :

« Après vous avoir aperçu comme Celui qui est un "plus moi-même", faites, *mon heure étant venue*, que je vous reconnaisse sous les espèces de chaque puissance, étrangère ou ennemie, qui semblera vouloir me détruire ou me supplanter. Lorsque sur mon corps (et bien plus sur mon esprit) commencera à marquer l'usure de l'âge ; quand fondra sur moi du dehors, ou naîtra en moi, du dedans, le mal qui amoindrit ou emporte ; à la minute douloureuse où je prendrai tout à coup conscience que je suis malade ou que je deviens vieux ; à ce moment dernier, surtout, où je sentirai que je m'échappe à moi-même, absolument passif aux mains des grandes forces inconnues qui m'ont formé ; à toutes ces heures sombres, donnez-moi, mon Dieu, de comprendre que c'est Vous (pourvu que ma foi soit assez grande) qui écartez douloureusement les fibres de mon être pour pénétrer jusqu'aux moelles de ma substance, pour m'emporter en Vous. »

Le Jésuite Henri de Lubac, l'un des théologiens les plus marquants de notre siècle, fut un ami précieux pour Teilhard qui rencontra toujours chez lui une compréhension profonde, accompagnée de la critique théologique sérieuse dont il avait besoin. Celui-ci voyait dans son œuvre entière une vaste méditation sur la mort. Outre la crainte de l'extinction physique, qui en représente l'aspect le plus évident, il est, aux yeux de Teilhard, bien d'autres morts plus redoutables qui apparaissent sous le visage de l'inconsistance du réel, de l'extrême précarité de la vie, et, au cœur de la vie même, de la fragilité de notre goût de vivre, du risque d'une dissolution dans le tout et de la menace de dépersonnalisation induite par les grands mouvements d'assemblage de l'humanité. Ce sont toutes ces morts-là qu'il confrontera, de toute la puissance de son intelligence et de sa foi, jusqu'à son dernier souffle, les mettant en perspective avec le sens profond de l'histoire sans leur ôter leur tragique existentiel.

Ce texte peut nous transporter très loin avec lui dans la vision d'un monde pétri de divin dans la moindre de ses fibres, d'une humanité en marche vers une unicité et une convergence supérieures. Est-il permis cependant de s'arrêter un peu avant lui, lorsqu'il affirme qu'il n'y a qu'un seul centre, en avant et en haut de nous tous, pauvres humains, et que ce centre est le Christ Universel, ne faisant qu'un avec le Point Oméga, terme de l'évolution ? Là, l'esprit sceptique se demandera si Teilhard ne se livre pas à une sorte d'apologétique, apportant une belle réponse intellectuelle à toutes nos interrogations.

Il s'est lui-même posé la question à plusieurs reprises, notamment dans son autobiographie spirituelle :

« Eussé-je été un incroyant et laissé aux seules impulsions de mon Sens de la Plénitude, il me semble que, de toutes façons, j'eusse abouti au même sommet spirituel de mon aventure intérieure[1]. »

Une interrogation subsiste : voulons-nous encore des réponses projetées dans l'avenir en cette fin d'un siècle lassé par tant de grandes solutions aux issues désastreuses, ou simplement des questions vigoureusement formulées ? Un certain finalisme n'a-t-il pas perdu de son impact aujourd'hui où nous sommes en droit de rester sceptiques sur les avènements annoncés, où la foi en l'avenir a trop souvent servi de couverture à un sacrifice du présent et du réel ?

---

1. C.M., *Œuvres*, t. XIII.

5

Chou-Kou-Tien

Sa vie chinoise a repris son cours. Teilhard se rend chaque fois qu'il le peut à Pékin où il retrouve les membres du *Geological Survey* et les très nombreux hôtes de passage dans la capitale chinoise : hommes politiques, scientifiques, artistes, parmi lesquels Bertrand Russell et Rabindranath Tagore. Pékin est alors une plaque tournante internationale. Des congrès scientifiques y réunissent des savants du monde entier. A cette époque, Teilhard fait connaissance de Sven Hedin[1], topographe suédois, grand explorateur de l'Asie centrale, d'Henry Fairfield Osborn, créateur de l'*American Museum* de New York. Il se lie aussi pour la vie avec le géologue Amadeus W. Grabau, chef du département de paléontologie du *Survey*, et avec le Dr Davidson Black, un anthropologue canadien, homme plein de charme et de vitalité, qui va devenir l'un de ses meilleurs amis en même temps qu'un remarquable et chaleureux collaborateur.

---

1. Voir chez le même éditeur *Trois ans de lutte dans les déserts d'Asie*, de Sven Hedin.

Grâce au professeur Barbour, avec lequel il mène de nombreuses expéditions, nous avons un très vivant portrait de Teilhard de Chardin « sur le terrain », ayant changé sa soutane et son col dur contre une tenue d'exercice kaki et une veste à quatre grandes poches extérieures soigneusement garnies :

« Dans celles de son pantalon, il avait un canif, une loupe, une boussole, de la monnaie en vrac. La clef du cadenas de sa cantine, enfilée sur une ficelle formant collier, se trouvait dans sa poche de montre. Les billets de banque et le passeport allaient dans une poche intérieure de la veste, car celle de l'extérieur en haut et à gauche contenait toujours son bréviaire, tandis que dans celle de droite se trouvaient les allumettes et un paquet à moitié écrasé de cigarettes Job ou Macédoine. Dans la poche inférieure du côté droit, il y avait son carnet noir et brillant aux pages quadrillées. Le contenu de la poche gauche variait selon les occasions : une carte pliée, un morceau de ficelle, un éclat de lave, un fossile empaqueté dans du papier journal, ou même un bout de chocolat enveloppé dans du papier d'argent[1]. »

La mince silhouette de cet homme élancé s'avançait d'un pas alerte sur les crêtes dénudées, le long des chemins poussiéreux, repérant, grâce à sa vue perçante, tout ce qui pouvait avoir un intérêt scientifique. Le soir, à l'étape, il entretenait son compagnon de ce qui lui tenait le plus à cœur. De ces conversations très intimes sous la Voie lactée, au plus profond de la Mongolie ou de la Chine centrale, sourdront ses grands textes, bien plus souvent conçus dans le décor grandiose des steppes et des hauts plateaux que dans celui des bibliothèques de nos capitales occidentales.

---

1. George Barbour, *Teilhard de Chardin sur le terrain*, Le Seuil, 1965.

Teilhard s'enracinait-il vraiment en Chine ? Là n'était pas son objectif. Cependant son attitude a quelque peu changé par rapport à son dernier séjour. Son travail au *Geological Survey* l'a mis en rapport avec des personnalités chinoises étonnantes, parmi lesquelles le Dr V.K. Ting, géologue, politicien et grand lettré. Ting est l'un des chefs du mouvement de Renaissance littéraire – un mouvement qui s'est donné pour tâche d'ouvrir la Chine à la culture occidentale tout en favorisant l'accès à l'enseignement pour tous. Son collègue, le Dr Wong, a fait ses études à Louvain et parle parfaitement le français. Quant au docteur C.C. Young, il a travaillé au laboratoire géologique de Munich avant d'œuvrer à celui de Pékin. Tous trois seront des interlocuteurs et des amis très précieux pour Teilhard. Et plus que cela encore. Toujours en quête des possibilités humaines à venir, Teilhard s'interroge sur cette Chine en proie à de grands mouvements internes, en laquelle, dans les moments de doute, il ne voit qu'une immense puissance de stagnation, voire même d'entropie : « Il se dégage de leur masse un invincible pouvoir de nivellement et de “dissolution”. Tout ce qui tend à s'éliminer parmi eux est immédiatement ramené à zéro. Tout ce qui vit longtemps au milieu d'eux est psychologiquement amoindri, énervé[1]. » Aussi la rencontre de Ting et de ses amis amorce-t-elle pour lui un nouveau regard sur le pays, nourri de l'espoir que ces individus exceptionnels portent en germe un avenir. Parlant de Ting, il écrit : « Nous nous entendons admirablement, lui et moi. Lui est un esprit remarquablement ouvert – géologue, historien, philosophe ; il est profondément chinois, sans être du tout xénophobe. Il me paraît représenter par ses idées l'axe suivant lequel la Chine est appelée à se regrouper et à avancer[2]. »

1. Ac.H., 6 avril 1927.
2. Ac.H., 24 mars 1927.

Avec ces jeunes savants, Teilhard va pouvoir aborder la question qui le passionne, celle de la mystique. Il commence à pressentir dans l'Empire du Milieu un ferment de bonté et de beauté réels, existant en dehors des Eglises, mais dont les potientialités ne contredisent pas nécessairement celles du christianisme. Ses rencontres nombreuses avec les sommités intellectuelles de la capitale chinoise lui feront alors mesurer l'abîme qui sépare le monde des théologiens romains du monde des savants et des lettrés qu'il côtoie, dont le positivisme n'est pas exempt, bien souvent, de dispositions mystiques en lesquelles Teilhard voit une *terra incognita* ouverte à l'évangélisation. « Oh que voilà des Indes qui m'attirent davantage que celles de saint François Xavier[1] ! »

Ting lui fera mieux comprendre et admettre la nature pragmatique et agnostique du Chinois. Ces échanges prépareront sa réflexion sur les spiritualités orientales et sa rencontre avec l'abbé Monchanin qui aboutiront à définir sa propre conception de la mystique.

Grâce aux travaux de Ting et de Wong, Pékin est devenu un centre de recherches géologiques à part entière. Les autorités chinoises affirment doucement leurs prérogatives par rapport aux chercheurs internationaux : elles tiennent à contrôler la destination des fouilles opérés en terre chinoise et rendent plus difficiles certaines missions occidentales en Chine. Teilhard, qui a su se faire apprécier des chercheurs chinois – il a adopté dans l'ensemble une attitude prochinoise – est souvent amené à faire le lien entre eux et les Occidentaux. Ses conseils seront précieux à Sven Hedin lors de son expédition dans le Turkestan chinois.

1. L.V., 19 juin 1926.

Ces rencontres répondent en lui à la recherche d'un esprit nouveau. « L'"esprit" est un bien plus grand destructeur que la violence, et il construit du même geste qui renverse. Oh, que j'aimerais pouvoir vivre, comme un fou ou un lama, l'Humanité que je découvre[1] ! » Toute sa vie, il gardera ce goût des collaborations internationales entre humains de tous horizons œuvrant à une même recherche, par-dessus frontières et cloisons, travaillant à construire cette enveloppe pensante de la terre qu'il appelle désormais la Noosphère.

La cohérence est grande dans cette vie tissée d'amitiés, d'aventures et de pensées aux dimensions de l'Univers.

Cependant, Teilhard désire encore profondément rentrer à Paris où il peut avoir un rayonnement et s'exprimer dans sa propre langue, ce qui est essentiel pour l'écrivain et le penseur. Il tient à ces retours, même irréguliers, considérant Paris comme son foyer intellectuel et spirituel – professionnel aussi.

L'idéal serait de pouvoir un jour associer Paris et Pékin et de réaliser ainsi un équilibre entre les richesses complémentaires de l'Orient et de l'Occident. Quant à la géologie, à laquelle le renvoie son ordre en lui demandant de se cantonner à des travaux scientifiques, Teilhard est très clair à ce sujet :

« La Géologie est pour moi comme une racine, qui me chasse, par sa sève, vers les questions humaines : unification, prospection et organisation (surtout psychologique) de la couche humaine. Je ne puis pas vivre hors de là[2]. »

La science pure ne suffit pas, mais il s'y consacre comme à une tâche sacrée, sachant que par elle il accède à une meilleure connaissance de l'évolution. Les milliers

1. Ac.H., 30 avril 1927.
2. Ac.H., 6 avril 1927.

de pages de ses observations scientifiques sur les sols du vieux continent témoignent aujourd'hui de la prodigieuse activité déployée par Teilhard dans ces années-là.

Le 7 mai 1927, il écrit à son amie Léontine Zanta : « Je vais probablement partir, la semaine prochaine, pour un petit voyage de deux à trois mois au nord-ouest d'ici – voyage modeste, dans un pays médiocrement intéressant, mais où je pourrai au moins ramasser quelques documents nouveaux. »

Le « petit voyage » en question le mène vers le Dalaï-Nor, au sud-est du désert de Gobi, et prend la forme de chevauchées interminables dans des chaos de montagnes difficiles d'accès. L'expédition parcourt environ 40 kilomètres par jour – lenteur relative qui permet à Teilhard d'étudier soigneusement la structure géologique du pays, d'autant que les importants déboisements opérés par les colons chinois facilitent la tâche. Mais le moment le plus « actif » pour lui, avoue-t-il, est celui où chaque matin il célèbre sa « Messe sur le Monde », l'enrichissant chaque fois d'apports, de méditations et de prières nouvelles que lui inspirent les pays traversés ou les personnes rencontrées. Quels que soient les lieux et les circonstances, dans sa longue traversée de la vie, le prêtre qu'il est porte sa maison sur son dos avec cette prière.

« Puisqu'une fois encore, Seigneur, non plus dans les forêts de l'Aisne, mais dans les steppes d'Asie, je n'ai ni pain, ni vin, ni autel, je m'élèverai par-dessus les symboles jusqu'à la pure majesté du Réel et vous offrirai, moi, votre prêtre, sur l'autel de la Terre entière, le travail et la peine du Monde…

Recevez, Seigneur, cette hostie totale que la création, mue par votre attrait, vous présente à l'aube nouvelle. Le pain, notre effort, il n'est de lui-même, je le sais, qu'une désagrégation immense. Le vin, notre douleur, il n'est encore, hélas, qu'un dissolvant breuvage, mais au fond de cette masse informe vous avez mis un irrésistible et sanctifiant désir, qui nous fait tous crier, depuis l'impie jusqu'au fidèle : "Seigneur, faites-nous un !" »

Au début de juillet, on le trouve du côté de Weitchang, au nord-est de Pékin, sur un immense plateau basaltique planté de sapins, de bambous et de magnifiques poiriers, où pousse une flore variée lui rappelant son Auvergne natale : lis jaunes et rouges, primevères écarlates, rhubarbes à panache blanc, larges pivoines, orchidées « sabots-de-vénus », iris… Et Teilhard glane des roches et des fossiles, il s'affaire à fouiller la terre, y ramassant de multiples échantillons qu'il enverra à son ami Alfred Lacroix – secrétaire perpétuel de l'Académie des sciences à Paris – qui le soutient dans ses travaux et avec lequel il entretient une collaboration chaleureuse. Du côté du Museum, les relations se sont un peu distendues avec Marcellin Boule. Celui-ci a interrompu les subsides, considérant que Teilhard ne travaillait plus suffisamment et exclusivement pour le Museum, mais un peu trop, à son goût, pour le mouvement géologique chinois. Evolution inévitable des recherches pour l'un, impression de perte pour l'autre. Ce léger différend s'éclaircira rapidement lors d'une entrevue à Paris.

L'expédition, comme les précédentes, est rendue difficile par les remous politiques chinois. Les années 1926-1927 sont fort troublées dans l'Empire du Milieu. Depuis la mort de Sun Yat Sen en 1925, Chiang Kaï-Chek a pris la tête du Guomintang. A partir de 1926, il a lancé une grande expédition vers le nord pour la reconquête du pays. Ses alliés du jeune parti communiste de Mao Tsé Toung commencent à le gêner dans ses ambitions politiques. C'est pourquoi, en avril 1927, il a ordonné le massacre des militants syndicalistes communistes de Shanghaï, ses anciens amis. La répression anticommuniste s'est étendue à toutes les provinces tenues par les armées nationalistes et un gouvernement central a été institué.

Teilhard est, si l'on peut dire, « aux premières loges ». Ses lettres rendent compte des troubles politiques. Evoquant l'échec communiste du mois précédent, comme étant la faillite d'une « internationalisation *par la haine* », il souhaite néanmoins que la répression conservatrice ne soit pas trop brutale, ni trop durable, sachant qu'autour de lui on parle de « fascisme chinois ». Teilhard ne rejette pas d'un bloc l'*éveil* communiste, y discernant des efforts et des éléments allant dans le sens d'une internationalisation par la sympathie et l'entraide, puissances qui s'apparentent à l'amour.

« Ce qui me paraît clair, c'est qu'il faut favoriser cette “naissance” d'un nouveau groupe humain que rien ne saurait empêcher. On verra ensuite ce qu'il est possible de faire avec l'enfant [1]. »

Dix ans plus tard, il affirmera éprouver une sympathie pour la « foi » totalitaire des fronts populaires, tout en étant bien conscient que leurs formes « impersonnelles » d'idéal ne peuvent mener l'évolution qu'à une impasse [2].

A-t-il bien mesuré, à ce moment-là, la dimension nationaliste du communisme chinois ?

De retour sur Pékin au mois d'août 1927, l'expédition passe par Jéhol, l'actuelle Chengde : un paradis de bois, de lacs, de pavillons, de collines parsemées de temples à doubles toits vernissés, dont les courbes spirituelles semblent taquiner le ciel. Dans ce palais d'été à la mongole, baptisé « Hameau de Montagne pour fuir la chaleur », les empereurs, à partir du XVIIe siècle, venaient passer la belle saison, loin des grands vents jaunes et des chaleurs

1. L.Z., 7 mai 1927.
2. Ac.H., 28 juin 1937.

accablantes de l'été pékinois. Ils fuyaient la canicule en convois somptueux, en palanquins damassés, suivis de leur cour. Cette splendeur dans son écrin de montagnes s'atteignait après une semaine de voyage. Il fallait franchir plusieurs cols, comme des sas, au cœur d'un moutonnement infini de cimes rondes, ravinées jusqu'à l'os.

Chine du nord. Terre brute, caressée à rebrousse-poil par les vents sibériens, si sèche qu'on la dirait oubliée des nuages. Terre à vif, sans la médiation des arbres ou de l'eau, heurtant l'ocre de ses crêtes au bleu du ciel. Yin et Yang sans concessions entre lesquels se glissent les maisons de torchis, toujours basses comme si elles voulaient se faire oublier de cette confrontation cosmique. Dans ces paysages, où la Grande Muraille court à l'infini, brodant les sommets d'un labyrinthe crénelé, les voyageurs ont toutes les peines du monde à passer à cause des bandits qui infestent le pays. Ils doivent leur salut à l'escorte d'un convoi militaire.

Teilhard rentre en France en août 1927. Il y restera jusqu'en novembre 1928. A Paris, il collabore à diverses revues scientifiques, reprend ses conférences aux normaliens, fait de nouvelles connaissances, notamment celle de Paul Valéry et celle de l'abbé Bruno de Solages, lequel deviendra son plus fidèle soutien à l'intérieur de l'Eglise. C'est au cours de ce séjour parisien d'une année qu'il commence à écrire *Le Phénomène humain*, ouvrage sur lequel il reviendra à plusieurs reprises.

Puis il repart, envoyé par son ordre pour une période limitée en Chine – mais il n'a aucune idée de la durée que pourra prendre le terme « limitée ». Sur le chemin du retour en Chine, une grande aventure s'offre à lui. Et comme chaque fois qu'il a l'occasion d'étendre son champ d'investigation et de sonder le possible, Teilhard la saisit. Il accepte l'invitation qu'Henry de Monfreid lui a lancée une année auparavant de venir le voir en Ethiopie. Le temps est venu pour lui d'explorer cette partie de l'Afrique dont les sols n'ont pas encore livré leurs mystères sur le plan géologique et anthropologique. L'un de ses collègues géologue, Pierre Lamare, l'accompagne.

Le « Loup des mers » les attend à Obock, sur la Côte française des Somalis, où il les reçoit dans sa grande maison en bordure de mer. Monfreid vit là en famille, avec sa femme, Armgart, et ses enfants, Amélie et Daniel. Monfreid est une sorte de seigneur féodal dans la région. Ami des indigènes, il cabote sur son boutre en se livrant au trafic d'armes, ce qui est plutôt mal vu des autorités locales. Hôte et compagnon passionnant, sa connaissance parfaite de la région va se révéler précieuse pour Teilhard. Monfreid le conduira dans des zones de cavernes encore inexplorées et lui fera partager sa vie de « pirate ». Cette existence enchante Teilhard. Ses lettres en rendent compte comme un moment de grand bonheur.

« Déserts brûlés de la côte, brousse de l'Afar, encore peuplée de grandes antilopes, haut plateau de l'Harrar (2 000 mètres) où il faisait presque froid, la nuit, sur les champs de doura et les grandes euphorbes grasses en candélabres, vallée de l'Errer (sud de la ville de Harrar), où je suis resté un mois, parmi les caféiers, les bananiers, les papayers, les perroquets, les toucans et les singes, face à la grande brousse, encore bien mystérieuse, du Sud[1]. »

Les paysages, toujours... Arpenter le monde en décrivant précisément les pays traversés. Désert absolu, semé de petits mimosas en parasols, autour d'Obock ; lac couvert d'oiseaux aquatiques avec, à l'horizon, une grande

1. L.Z., 24 janvier 1929.

chaîne de montagnes violettes, une végétation de grandes euphorbes en forme de cactus, des merles bleus et des moineaux écarlates, sur le plateau du Harrar, du côté d'Araoui où Monfreid possède une autre maison. « Je suis plongé en plein exotisme et en plein pittoresque. Tous les types : déserts bordant la mer Rouge, haut plateau Somali (2 000 mètres), brousse de l'Aouache et brousse de l'Harrar. J'ai habité un peu partout. Et, vraiment, en plein hiver, il est amusant et curieux de vivre aussi peu vêtu que possible (sauf la nuit sur le haut plateau), parmi les oiseaux, les singes multicolores, les mimosas, les caféiers. Je ne suis pas encore blasé sur cette vie africaine, si différente de l'austère Mongolie[1]. »

Parfois, Teilhard croit retrouver l'Auvergne, mis à part les huttes à toits de chaume. Mais au-delà des paysages, c'est l'humanité qu'il cherche en ses promesses d'avenir.

Il se plaît à cette vie sauvage et libre – à cette immense liberté qu'il chérit. « Au fond, je suis un homme des tropiques. » A Araoui, les journées se passent à boire du café, à manger des oranges et des papayes en écoutant Monfreid raconter ses aventures. La beauté des peuples indigènes, les Tankalis, les Hissas, les Gallas, le fascine – « de magnifiques corps bronzés qui font partie du paysage comme les gazelles et les oiseaux multicolores. Il serait captivant de connaître leurs mœurs et leurs usages, mais je doute profondément qu'ils arrivent jamais à faire partie de l'aile marchante de l'humanité[2]... » – une réflexion dont il corrige la dureté dans une lettre à ses amis Max et Simone Begouën quelques jours plus tard : « Plus je regarde et plus je réfléchis, plus je ne vois aucune autre issue à la pensée et à l'action que la foi obscure en

1. L.V., 8 janvier 1929.
2. L.V., 28 décembre 1928.

la marche de la Pensée (de l'Esprit, si vous voulez). Laquelle est une puissance insatiable et dévastatrice de tout ce qui a fait son temps[1]. »

Sur le plan scientifique, le séjour est fructueux. Près de Diré-Daoua, Monfreid le conduit – à grand-peine, car une nuée d'énormes guêpes maçonnes les attaque – vers une grotte ornée de peintures pariétales à l'intérieur de laquelle se trouvent des outils paléolithiques. Teilhard s'en tire avec d'innombrables piqûres au visage qui le rendent méconnaissable. Mais il a découvert ce qu'il cherchait ! Dans une autre caverne, il recueille des ammonites, fossiles encore inconnus en Abyssinie. Par la suite, il incitera l'abbé Breuil à venir prospecter dans cette région, et leurs recherches conjointes aboutiront à une meilleure connaissance des âges de la pierre dans la Corne de l'Afrique orientale.

En compagnie de Monfreid, Teilhard fait encore une grande excursion au fond du golfe de Tadjourah. Une photo le montre à bord du boutre de Monfreid, en veste et pantalon élimés, l'air concentré et heureux, assis sur le bastingage à côté du petit Daniel de Monfreid.

« Monfreid et moi n'avions plus rien de l'Européen. s'amuse Teilhard. On jetait l'ancre, le soir, au pied des falaises basaltiques où croissait l'encens. Les hommes allaient en pirogue pêcher les poissons bizarres sur les coraux. Un jour, des Hissas nous ont vendu un chevreau avec du lait de chamelle. L'équipage en a profité pour "consacrer" le navire. Le vieux nègre recuit qui a servi Monfreid dans toutes ses aventures a teint de sang le gouvernail, le mât, l'avant, puis, tard dans la nuit, ç'a été le chant du Coran au milieu d'une épaisse fumée d'encens[2]… »

---

1. L.V., 8 janvier 1929.
2. L.V., 28 décembre 1928.

Une dernière expédition les mène au lac Assal, situé à 200 mètres au-dessous du niveau de la mer, recouvert d'une croûte de sel dont la chaleur est telle que les animaux qui s'y aventurent meurent sur place.

Une invincible détermination à aller aux limites géographiques et spirituelles du monde, une passion pour la liberté, voilà les bases sur lesquelles s'était construite cette amitié peu commune qu'Henry de Monfreid a évoquée en termes émouvants :

« La nuit, couchés sur le pont de mon navire, Teilhard et moi avons médité devant l'infinité des étoiles. Et ainsi, loin des vanités humaines et de l'éphémère décor de la nature qui marque nos saisons, dans ce cadre immuable où plus rien n'évolue, la parole de cet homme sublime m'a éclairé et m'a fait comprendre l'inéluctable pérennité de l'âme humaine. J'ai mesuré l'immensité qu'elle porte en elle et compris son essence divine, tandis que nos regards, perdus aux profondeurs du ciel, emportaient nos esprits aux confins des espaces où gravitent les mondes. Et dans cette sublime rêverie où deux amis peuvent se comprendre et communier dans le silence, j'ai compris pourquoi Teilhard regardait les hommes avec indulgence quand ils s'agitent en vain et si souvent contre toute logique : il avait confiance en leur avenir et il les aimait comme les aime le Christ, parce qu'il avait compris que leur âme enclôt l'Univers entier[1]. »

De Djibouti, l'*André-Lebon* le ramène à Tien-Tsin en février 1929. Durant la traversée, il lit *Les Conquérants* d'André Malraux :

« L'atmosphère, les bruits, les impressions chinoises sont évoqués là-dedans avec une vérité et une intensité extrêmes, mais c'est la tonalité du livre qui m'a enchanté.

---

1. *Cahiers du Rocher*, p. 260.

La tension et l'énergie dans une œuvre contestable, mais conçue comme grande : la poursuite d'un grand idéal dans un effort suprêmement tangible. Point faible : l'individualisme anarchique de Garine. On ne voit pas en quoi le Canton dont il rêve serait supérieur au Hong-Kong qu'il détruit. Mystique curieuse et complexe que celle de la destruction[1]... »

En retrouvant sa chambre dans la résidence des Jésuites de la *Race Court Road*, à Tien-Tsin, face aux marais, Teilhard se sent comme un vieux lutteur à l'âme usée. Il semble qu'une grande lassitude se soit emparée de lui à cette époque devant l'incompréhension qu'il rencontre à l'intérieur de son ordre. Sa chaire de géologie lui a été définitivement retirée, cette fois, à l'Institut catholique et son séjour en Chine semble devoir se prolonger, alors qu'il reste profondément nostalgique de la vie à Paris dont on l'a manifestement éloigné pour l'empêcher de professer ses idées. Il espère beaucoup une publication du *Milieu divin*, livre auquel il tient par-dessus tout comme expression de sa spiritualité. Ses « réviseurs » de Louvain se disent « très favorables » à sa publication en juillet 1929, mais un an plus tard, l'ouvrage n'est toujours pas imprimé et Teilhard se fait à l'idée qu'il ne verra jamais le jour : « J'ai tant mis de moi-même dans ces pages que je les aimerais mieux posthumes[2]. »

Elles seront cependant imprimées de son vivant, bien plus tard, en tirage privé... à Beyrouth.

L'action. L'amitié. La science. Telles sont les constantes de sa vie à cette époque en Chine, où sa situation de chercheur se développe. Amitié et action mêlées au nom de la science. Action et science mêlées sous les auspices

1. L.V., 19 janvier 1929.
2. Lettre du 6 décembre 1929, in C.C., p. 150.

de l'amitié très chaleureuse qui le lie à ses collègues américains, chinois et suédois du *Geological Survey*. Ceux-ci l'ont invité à se charger de toute la partie des recherches concernant les mammifères fossiles, immense champ d'investigation, en vérité. Il a désormais un bureau à lui à Pékin, à partir d'octobre 1929. Par ailleurs, il devient correspondant de l'Institut national de Recherches de Nankin. Il est alors invité à participer aux fouilles menées depuis 1921 dans les collines de Chou-Kou-Tien dont le sol calcaire, traditionnellement exploité pour les fours à chaux de la région, est réputé pour sa richesse en « os de dragon » qui font le bonheur des apothicaires chinois.

Situé à une cinquantaine de kilomètres au sud de Pékin, le gisement est célèbre. Il a été minutieusement sondé depuis qu'Otto Zdanski a trouvé en 1921 une dent fossile d'hominidé dans l'une de ses brèches fossilifères, laquelle s'est avérée être une ancienne caverne habitée.

Le 17 décembre 1929, en réalisant un dernier sondage avant la fermeture du chantier de Chou-Kou-Tien pour l'hiver, le jeune Chinois Wang-Choung-Pei découvre la calotte d'un crâne enfoncé dans le travertin. Avec mille précautions, pour ne pas le briser, il rapporte son trophée à Davidson Black à Pékin.

Le 28 décembre 1929, Teilhard et Davidson Black envoient le télégramme suivant à Marcellin Boule :

« Vœux nouvelle année. Récupéré Chou-Kou-Tien crâne Sinanthropus adulte non écrasé, entier sauf face. Lettre suit. »

Une grande partie du crâne d'un homme ayant vécu près de 500 000 ans auparavant dans la caverne venait d'être mise à jour. Découverte capitale dans l'histoire de la paléontologie, car elle représentait un chaînon essentiel entre l'Homme et les Préhominiens, et la première trace de l'existence de l'homme paléolithique en Chine.

Celui qu'on allait appeler « le Sinanthrope de Pékin » – et que Teilhard désignerait familièrement comme « le vieux » – est en effet à peu près de la même taille que le Pithécanthrope, quoique ses bosses frontales et pariétales soient distinctes, et sa visière sus-orbitaire soit plus forte que chez le Néandertal. Le fossile établissait une transition entre le Pithécanthrope et l'Homme de Néandertal : il apportait la preuve de l'origine animale de l'homme, déjà pressentie avec le Pithécanthrope de Java, et il étendait de façon incontestable la théorie de l'évolution à l'humanité. « Un bon pavé dans la mare aux théologiens », dit tout de suite Teilhard. Quelques semaines auparavant, il écrivait : « J'ai été tout à fait "*excited*" par les trouvailles faites cet automne dans les fissures de Chou-Kou-Tien : mâchoires et fragments de crânes d'un très curieux anthropoïde ou Hominien ; dentition tout humaine, forme de la mâchoire typiquement simiesque, crâne à dimensions tout humaines (?). Si ce dernier point se confirme, c'est le coup de grâce donné aux adversaires du Transformisme étendu à l'Homme [1]. »

Cette découverte était le fruit d'intenses recherches collectives où Davidson Black et George Barbour eurent aussi leur part. L'intervention de Teilhard semble avoir été décisive à ce moment-là pour relever les traces d'activité pensée autour du lieu de gisement du crâne du Sinanthrope. C'est lui, en effet, qui a dirigé l'étude stratigraphique, paléologique et archéologique des fouilles. La chance pour lui fut d'être là, certes. Mais Teilhard avait « du métier » ; aussi, lorsqu'il retrouva son ami Pei au laboratoire et que celui-ci lui montra un petit fragment de quartzite provenant des fouilles, Teilhard l'identifia tout de suite : « Ceci est très important. Voici une pierre

1. L.V., 16 septembre 1929.

taillée. » Ce qui prouvait que le Sinanthrope était déjà un *homo faber*.

Cette découverte fut décisive pour sa vision du monde. Elle apportait la preuve que l'évolution n'est pas seulement une loi de la nature, mais qu'elle s'applique aussi à l'homme, chez lequel elle se manifeste par une complexité croissante du cerveau, entraînant une conscience croissante. Dès lors, l'évolution se montrait sous un jour nouveau : son champ s'élargissait. L'homme prenait place au sein de la nature dont il représentait la flèche montante vers un centre et un terme qui la justifient en l'accomplissant. Ainsi étaient découverts des prolongements humains à la géologie qui jusque-là n'avait pas inclus l'homme dans ses préoccupations. Désormais, l'homme pouvait être considéré comme le grand phénomène terrestre. Le lien était fait entre cosmogenèse, biogenèse et noogenèse. L'unicité du monde se confirmait.

Les années 1929 et 1930 seront celles de voyages incessants à travers la Chine. Teilhard passera rarement plus de quinze jours à Tien-Tsin. Il est difficile d'imaginer quelle vie épuisante peut mener cet homme de cinquante ans, sans cesse en déplacement dans des conditions de confort et de climat très pénibles, capable de s'adapter aux circonstances les plus insolites, comme durant cette campagne de trois mois le long du Fleuve Jaune au cours de laquelle il se nourrit exclusivement d'œufs frits, à raison de trois par repas. Remarquable faculté d'adaptation, souplesse d'esprit autant que de corps, une résistance physique marchant de pair avec la passion qui l'anime – corps et âme à l'unisson : n'est-ce pas là sa philosophie première ?

En mai 1929, on le trouve en Mandchourie avec le Père Licent pour un mois. De juin à septembre, il entreprend un grand voyage entre le Chensi et le Chansi avec l'un de ses collègues chinois, Young. Ce périple suit la grande boucle du Fleuve Jaune, dans les énormes massifs calcaires du Chansi, « à travers l'extraordinaire manteau de terres rouges (pliocènes) et jaunes (loess) qui caractérisent ces peu hospitalières régions ». Teilhard et son compagnon pénètrent en pays mongol jusqu'à Chungar où le roi local les reçoit somptueusement dans sa ferme-château au milieu des sables.

Il y retourne au début de l'année 1930 avec son ami, le géologue écossais George Barbour. En mai, il est dans le Gobi avec un groupe de géologues chinois. Et en juin, il participe à la mission américaine Centre Asie, toujours dans le désert de Gobi, mission dirigée par Roy Chapman Andrews. Il apprécie fort la gaieté de ses compagnons, même lorsque les intempéries bouleversent leur campement :

« Nos tentes bleues sont dressées au bord d'une falaise fossilifère, face aux immenses surfaces horizontales de Mongolie, dont les plans étagés, uniformément teintés de gris et de vert tendre deviennent merveilleux sous la lumière rasante des soleils couchants. Rien en vue, sauf quelques yourtes isolées au bord des sources. Nous vivons et nous travaillons dans une solitude absolue, en compagnie des loups, des aigles et des gazelles, ces dernières formant toujours la part la plus solide de notre alimentation. Au camp, toujours la même gaieté et le même esprit de famille. [...] Vers le 23, après une nuit où nos tentes avaient été en partie déracinées sous une pluie glaciale, nous étions tous en fourrure [1] ! »

Au cœur de cette activité incessante, une transformation s'accomplit en lui. L'aventure spirituelle l'a conduit sur des chemins solitaires. On peut penser aussi que son

1. L.V., 29 juin 1930.

voyage en Abyssinie auprès de Monfreid l'a encore éloigné de ses pairs, l'aidant tout naturellement, par la confrontation d'un esprit suprêmement libre, à secouer les restes de chaînes qui le liaient à l'esprit clérical parisien.

« Cet hiver, j'ai passé par une crise assez forte d'anti-ecclésiasticisme, pour ne pas dire d'anti-christianisme. Et puis ce sursaut se fond maintenant dans un sentiment plus large et plus paisible. Puisque ma seule règle d'appréciation et de pratique tend à devenir de plus en plus celle-ci : “Croire à l'esprit”, ce serait bien injuste de regarder précisément l'Eglise comme la seule chose au Monde qui n'en aurait pas. Je tends à croire que la source de la plupart de nos faiblesses est à chercher dans ce fait que nous ne “croyons”, ni jusqu'au bout, ni sur assez large : s'arrêter de croire une seconde trop tôt, ou croire à un objet de pas assez, peut suffire à ruiner tout l'édifice que nous construisons [1]. »

Quelques mois plus tard, en juillet, une grande lettre au Père Valensin, un ami autant qu'un confident de sa vie intérieure, fait le point sur ce moment critique pour lui :

« Il est certain que j'ai traversé une crise durant laquelle je ne savais plus exactement ce qui restait de solide ou d'ébranlé au fond de moi-même. Mais maintenant, il me semble que la poussière se dissipe, et que je reste en présence d'un fond jésuite et chrétien solide, encore qu'un peu modifié. Une fois encore – par la bonté de Dieu et les prières amies sans doute –, je suis forcé de reconnaître que, quelque envie instinctive que j'éprouve souvent de rompre (de *me sentir le devoir* de rompre) ce que j'appelle la “carapace” chrétienne, je me sens de moins en moins le droit intérieur de le faire. Je n'éprouve plus – depuis longtemps en fait – ni pour l'Eglise, ni pour la Cie, cette sorte d'attachement naïf et filial (l'ai-je *jamais*

1. L.Z., avril 1929.

éprouvé en fait ?....) qui est sans doute le trésor de beaucoup. Mais j'ai conscience de me sentir foncièrement lié à l'une et à l'autre pour des raisons supérieures et nouvelles, – en ce sens que je croirais trahir "le Monde", en m'évadant de la place qui m'a été assignée. En ce sens, je les aime l'une et l'autre, et je veux travailler, atomiquement, à les parfaire, *du dedans* – sans antagonisme. – Soyez donc très sûr que l'idée même d'une démarche pour quitter l'ordre ne m'a jamais traversé l'esprit (si peu, que je viens de lui donner le peu de fortune qui me restait). La seule éventualité à redouter serait un conflit, au cours duquel on me demanderait de dévier, intérieurement, de ce qui me paraît mon premier devoir. – Tout ce que je pourrais accepter, ce serait d'essayer de me taire. Mais, voyez-vous, il me semble qu'alors la Cie s'y prendrait mal avec moi. Je crois que je puis faire quelque chose pour elle. Qu'elle essaye donc de me diriger ou de m'utiliser, au lieu de me considérer, plus ou moins, en "suspect". Il me semble qu'on ferait tout ce qu'on veut de moi *par la confiance*. – En attendant, ma vie consiste, de plus en plus simplement, en une sorte d'acte de confiance énorme en l'Etre, sous la figure de N.-S. – Je me sens vieillir. Je tiens de moins en moins à aucun succès personnel (il me semble, du moins...). Sans être le moins du monde misanthrope, je n'ai aucun souci de l'estime de personne (ce qui ne veut pas dire que je n'aime pas beaucoup, et très tendrement). Il me semble que j'ai passé *à l'état de simple force* – qui va devant elle, sans trop savoir où, < sans *jouir* de rien > – mais avec une foi suprême en l'Esprit, et en l'Unité. – De ce côté, il me semble que vous trouveriez en moi des symptômes rassurants [1]. »

Sous l'effet de la lassitude morale, Teilhard avoue

1. L.I., 15 juillet 1929.

éprouver de moins en moins de joie, tout en se sentant propulsé en avant par une force imparable. Par moments, ce détachement, en lequel il puise l'énergie de poursuivre sa tâche, prend l'allure d'un désespoir sur sa propre situation d'éternel exilé : « Je continue, vous le voyez, à ne pas savoir où la vie me mène. Je commence à croire que ce sera toujours ainsi, et que la mort me trouvera errant, comme j'ai toujours vécu. Au fond, je crois que j'aimerais mieux cela que de finir à l'ancre[1]. »

Un désintérêt pour ses propres émotions le rend sourd et aveugle à ce qui se passe en lui, comme s'il avait, à cette époque de sa vie, abandonné un certain plan de son existence – celui du bonheur ou du malheur – pour laisser advenir une sorte de retournement vers « ce qui est réel au fond du réel ».

C'est « une puissante invasion intérieure », écrira-t-il à sa cousine Marguerite, qui, une fois la révolte dépassée, le dépose sur la rive d'une grande paix, dont il paraît presque s'étonner, une douceur qui n'empêche pas, mais favorise plutôt sa tension spirituelle. Il semble que Teilhard, à cette époque, ait accompli l'une de ses grandes « traversées » en réussissant à dépasser, sans l'éviter, la douleur causée par les entraves mises à un rayonnement qui serait un prolongement naturel à sa foi.

« Je me fais l'impression de passer à l'état de "force", comme si quelque chose m'avait chassé de moi-même, et pris ma place et me poussait maintenant en avant[2]. »

Dans cette spirale d'action, de recherches, de voyages, au cœur de cette secousse intérieure provoquée par l'incompréhension d'une partie de sa famille spirituelle, commence à émerger ce qui deviendra un pan essentiel de sa vision du monde – la notion de *Personne*.

1. L.V., 11 novembre 1929.
2. L.Z., 7 février 1930.

« Après l'idée du Spirituel, celle de "Personne" prend rapidement, dans mes vues du Monde, une importance extraordinairement croissante [1]. »

« Je m'aperçois de cette autre vérité élémentaire que l'esprit ne saurait s'achever qu'en personnalité (ou hyper-personnalité) [2]. »

Ainsi l'immense travail de concentration et d'évolution de l'humanité pourrait aller dans le sens d'un développement de la personne, dont le Christ serait le parachèvement, la justification et la fin. Avec cette notion, sa pensée, en se complexifiant, atteint un nouveau palier de recherche. A l'image de l'évolution, sa vie intérieure et sa pensée procèdent par sauts qualitatifs. En ces années où Teilhard ne peut plus espérer de rayonnement extérieur de sa vision spirituelle, se produit en lui le passage à une perception intérieure plus profonde.

La personne : telle sera la tâche des années à venir.

Nouvel alliage. Scories des espérances et compréhensions ratées. Ainsi procède la pensée de Teilhard, telle la fusion d'un haut fourneau.

En sourdine se fait entendre, une fois encore, le refrain de la méditation poétique de *La Puissance spirituelle de la Matière* :

« Un lourd manteau glissa de ses épaules et tomba derrière lui : le poids de ce qu'il y a de faux, d'étroit, de tyrannique, d'*artificiel*, d'*humain* dans l'Humanité. »

---

1. L.I., 15 juillet 1929.
2. L.Z., 23 août 1929.

6

La Croisière Jaune

Une nouvelle aventure s'offrit au géologue lorsqu'on lui demanda d'accompagner en territoire chinois la mission transasiatique Citroën – une grande croisière organisée par la firme automobile pour tester la résistance des toutes nouvelles autochenilles le long de la célèbre Route de la Soie. Périple magnifique, prévu en deux tronçons dont la jonction se ferait au cœur du massif du Pamir, dans les hautes solitudes du Turkestan chinois. Une équipe partirait de France, sous la direction de G.M. Haardt, et traverserait le Proche-Orient, l'Iran, l'Inde occidentale vers le Pamir – les plus hautes montagnes du monde et les plus inviolées, car aucun véhicule ne s'y était jamais aventuré. L'autre équipe, conduite par le lieutenant de vaisseau Victor Point, devait quitter Pékin, traverser les steppes et déserts de l'Asie centrale, entrer au Sinkiang – une région interdite aux étrangers – et rencontrer à Kashgar le premier groupe.

L'expédition se composait d'ingénieurs, de savants, parmi lesquels Joseph Hackin, archéologue et conservateur du musée Guimet, André Reymond, naturaliste, le peintre Iacovleff et le cinéaste André Sauvage ainsi que des médecins et des mécaniciens. Elle était parrainée par de grandes instances scientifiques, dont le Muséum d'Histoire naturelle et la Société nationale de Géographie de Washington. Prévu pour durer six mois, le voyage dura en fait un an en raison des obstacles aussi bien géographiques que politiques qu'il rencontra.

Ainsi Teilhard de Chardin allait-il participer, à titre purement scientifique, à l'une des grandes aventures du siècle. Au départ, il n'est pas enthousiaste devant cette perspective, doutant, tout au long de ce parcours mené à un rythme relativement rapide, de pouvoir se livrer à ses recherches en disposant du temps nécessaire. Il a finalement donné son accord et s'est rendu à New York au mois de février 1931 pour y mettre au point certains détails de la mission.

Ce premier contact avec New York, où il est fort bien reçu et considéré, lui apporte réconfort et surprise. Peut-être, après avoir lu le livre de Georges Duhamel, *Scènes de la vie future*, s'attendait-il à une vision d'horreur. Toujours est-il que les gratte-ciel lui semblent d'une échelle fort convenable. L'ardeur et la santé des étudiants de l'université de Californie, à San Francisco, le surprennent. L'Amérique lui ouvre ses portes en grand. Teilhard se sent réconforté de cette perspective professionnelle et de l'amitié qui se tient en filigrane dans toutes ses rencontres.

Durant ce séjour à New York, il rencontre Paul Claudel. Au cours de l'heure qu'ils passent ensemble, ni la sympathie, ni l'entente ne l'emporteront. Claudel est sans doute trop empli de sa conversion pour prendre en compte les nuances et aspirations universelles du christianisme de Teilhard. En fait, Claudel n'envisage aucun obstacle au christianisme. « Il s'imagine que plus rien n'existe de ce qu'il croit sommairement avoir anéanti par sa “conversion”, dira ensuite Teilhard qui, lui, “arpente le globe avec un souci d’explorer l’humain en toutes ses variétés” et “pense qu’il n’y a pas avantage pour le chrétien et surtout l’apôtre de nos temps modernes, à ignorer ou minimiser cette prodigieuse diversité des esprits et les difficultés qu’elle soulève, pour les amener à une même Foi”[1]. »

Le chercheur en face de celui qui a trouvé... L’inquiet – dans la plus noble acception du terme – face au comblé. Un sens cosmique différent, quoique puissant, passant, chez l’un, par la recherche passionnée, chez l’autre, par la poésie qui absorbe tous les contraires.

L’entretien n’eut pas de suites.

Au cours du voyage de retour à travers le Pacifique, à bord du *Président-Garfield*, il rédige *L’Esprit de la Terre*, un texte suggéré, sans doute, par toutes ses rencontres américaines, par l’atmosphère, aussi, régnant dans les grandes villes comme New York ou San Francisco.

« Par “sens de la Terre”, il faut entendre ici le sens passionné de la destinée commune qui entraîne, toujours plus loin, la fraction pensante de la Vie. »

Et l’on voit ici comment Teilhard présageait de ce que serait l’évolution du monde :

« L’âge des nations est passé. Il s’agit maintenant pour nous, si nous ne voulons pas périr, de secouer les anciens préjugés, et de construire la Terre. »

Romain Rolland, quelques années avant lui, voyait par-dessus les nationalismes la rencontre possible de la substance la plus pure des civilisations : le poète Tagore, les écrivains Boris Pasternak, Panaït Istrati, le Mahatma Gandhi. Tous les deux ont connu les fureurs déchaînées

---

1. L.V., février 1931.

contre cette manière de concevoir la vie, par-delà les frontières et les carcans – par-delà la guerre aussi. Il est intéressant, à cet égard, de relire la préface qu'écrivit Teilhard aux lettres adressées par Romain Rolland à Jeanne Mortier :

« Ce qui ressort avec évidence de cette correspondance, si empreinte de simplicité et de sincérité, c'est combien Romain Rolland était profondément, vitalement religieux, – ou même "mystique", si par ce mot on entend, comme il convient, l'exigence et l'aperception de quelque fondamentale Unité au cœur et au terme de l'Univers. Et voilà bien où se découvrent la cohérence et l'harmonie d'une existence, la sienne, au cours de laquelle chaque œuvre, chaque geste (quelles qu'aient pu être les critiques de l'heure) n'apparaissent plus que comme autant d'efforts pour faire régner sur Terre, non pas une idéologie, mais quelque adorable Réalité.

Par cette conscience dominante de l'unité secrète du Monde, Romain Rolland se rattache au courant de fond d'où ont historiquement émergé tous les grands initiés, toutes les grandes religions [1]. »

La Croisière Jaune commence au printemps 1931.

La caravane d'autochenilles quitte Pékin le 6 avril. Elle n'ira pas bien loin : au bout de 150 kilomètres, survient un accroc technique ! Les caoutchoucs des chenilles cassent, sans doute abîmés par le soleil brûlant. Teilhard, en attendant la réparation, écrit, prend des notes géologiques, et nous donne une jolie description de Pékin :

« Ce vieux Pékin, qu'une bonne pluie vient de laver du centimètre de loess accumulé par les derniers vents de poussière. Ciel bleu, toits jaunes en accent circonflexe,

1. Archives de la Fondation Teilhard de Chardin.

pêchers et lilas roses, pigeons qui passent avec leur sifflet. C'est toute la vieille Chine encore[1]... »

La caravane d'autochenilles s'est enfin mise en route. Elle traverse les steppes de Mongolie, immense étendue « sillonnée d'âpres crêtes rocheuses, peuplée de gazelles, piquée de lamaseries blanches et rouges, parcourue de Mongols aux vêtements sales et éclatants ». Les pistes difficilement carrossables rendent son avancée très lente : environ 80 kilomètres par jour. Au cours d'une halte à Pei-Ling-Miao, Teilhard décrit les files de chameaux chargés de peaux sous lesquelles sont dissimulées les caisses d'opium, objet d'un intense trafic entre les princes mongols, les gouverneurs chinois et les bandits qui sillonnent la région.

Ensuite l'expédition se dirige vers l'ouest, elle traverse les sables du désert de Gobi jusqu'au lac Gashum Nor, puis descend vers le sud, le long de la rivière Etsin Gol, jusqu'à Sou Tcheou.

« 1 200 kilomètres effectués dans les plus extraordinaires et austères solitudes que j'aie jamais rencontrées. Vents de sable, gazelles, moutons sauvages et surtout passionnant travail géologique[2]. » C'est en effet dans cette zone que le plateau du Gobi vient se fondre dans l'énorme arête des monts Nan-Chan (ou « Monts Célestes »), qui annonce la Haute Asie et ses montagnes vertigineuses.

L'entrée de l'expédition au Sinkiang sera difficile car il s'agit d'une région jalousement fermée aux étrangers. De plus, une guerre civile ensanglante le Turkestan chinois. Vers l'ouest, on se bat. Le 28 juin, l'expédition tombe en pleine bataille de Khami. La route est obstruée de cadavres d'hommes et d'animaux. Le docteur Delastre, assisté du Père Teilhard, panse les blessés. Pour certains,

1. L.V., 19 avril 1931.
2. L.V., 16 juin 1931.

il est trop tard, car les balles de plomb employées par les Chinois provoquent de terribles hémorragies.

Malgré tout, la Croisière Jaune se poursuit. Le 7 juillet, elle atteint Turfan. L'intérêt s'accroît de jour en jour. « Me voici au cœur d'une des régions les plus mystérieuses et les plus sacrées de la géologie. » Ses lettres précises et passionnées nous décrivent un admirable pays :

« Franchi des déserts plus déserts que ceux que je connaissais. Le pays devient plus grandiose dans toutes ses lignes. En parvenant, au terme de cette randonnée, aux oasis du Sinkiang, c'est la surprise de se trouver parmi des gens qui rappellent infiniment plus le Proche que l'Extrême-Orient[1]. »

L'expédition poursuit sa route dans une situation précaire, en pleine guerre entre musulmans et Chinois, quasiment prise en otage par les éléments asiatiques qui la composent, dont dépendent les négociations. Une fois encore, Teilhard, qui a la confiance des Chinois, joue le rôle de conciliateur. Cela n'empêchera pas la caravane, après avoir fait son entrée au Sinkiang, d'être immobilisée pendant deux mois à Urumchi, capitale de la province, au pied du versant nord du Tian-Shan dont les sommets impressionnants dominent la ville.

« L'apparition du jour est radieuse, et au soleil couchant les crêtes imbriquées d'où le sommet neigeux du Bog-Do-Ula s'échappe comme une fleur hors de son calice, s'enveloppent de mauves extraordinaires[2]. »

Le gouverneur de la province empêche la Croisière Jaune de repartir, interdisant au groupe dirigé par Haardt de passer par Kashgar et d'utiliser la TSF pour contacter le groupe Chine. Cette longue immobilité, dans cet admirable cadre de montagnes, ne sera pas vaine. Teilhard

1. L.V., 7 juillet 1931.
2. L.V., 27 août 1931.

utilisera ce temps libre pour rédiger un mémoire sur ses recherches géologiques. Il approfondira aussi sa notion d'« univers personnel » et sa réflexion sur l'état des religions dans le monde : occasion pour lui de se replonger dans ce qu'il appelle l'« Unique Nécessaire ».

Temps mort, en un sens, pour l'homme d'action qu'il est, mais dont il transformera la substance en un temps d'acceptation féconde de l'événement porteur du réel à venir. Le mystique fait son miel de tout ce qui advient. Sagesse ? Souplesse ?

Souplesse de la sagesse.

Finalement, fin septembre, après deux mois de halte forcée à Urumchi, la Croisière Jaune obtient l'autorisation d'aller à la rencontre de G.M. Haardt avec seulement quatre autochenilles. Pierre Teilhard fait partie des quelques élus de cette dernière expédition. Il traverse encore tout le Sinkiang en longeant le versant sud du Tian-Shan. Admirable voyage. Paradis pour le géologue et l'aventurier :

« Jamais aucune automobile n'avait fait la route, qui serait impossible pour des voitures à roues. Les chenilles ont traversé les passes rocheuses, les marais, les rivières et les sables.

Le Tian-Shan devient de plus en plus majestueux : plus de 7 000 mètres d'altitude à Aksu. Vers le Sud, l'immense dépression du Tarim se dessine avec une sauvagerie impressionnante. La vie humaine (on pourrait presque dire la vie tout court) se restreint à un chapelet d'oasis installées entre les marais du Tarim et les énormes nappes de graviers descendant des montagnes[1]. »

Le moment de la jonction avec l'équipe de Haardt se charge d'une émotion intense, tant la route fut difficile

1. L.V., 24 septembre 1931.

pour les uns comme pour les autres. Les retrouvailles ont lieu à Aksu, le 8 octobre. Le groupe Chine et le groupe Pamir sont enfin réunis !

« Sous les pieds des chevaux monte une poussière dorée dans un chemin taché d'ombre bleue et que borde un ruisseau. Près du ruisseau, un pêcheur en salopette, manches retroussées, lâche sa canne, lève les bras, accourt :

– Vous tous, enfin !.... On vous attendait depuis un bon moment, vous savez !

– Mon Père... mon cher et grand ami !....

Accolades. Chacun de nous met pied à terre et tire son cheval par la bride[1]. »

Le séjour forcé reprend à Urumshi où le groupe se voit contraint de prendre ses quartiers d'hiver. Teilhard a la joie de retrouver Norin, le géologue de son ami suédois Sven Hedin, qui travaille au Turkestan depuis quatre ans et prépare son départ en Inde. De chaleureux moments d'amitié resserrent ses liens avec M. Hackin, le directeur du Musée Guimet, et avec G. Le Fèvre, l'historien de la Croisière Jaune.

Les activités du géologue ne connaissent pas de repos. A chaque halte, à chaque panne, il descend de voiture pour prospecter aux alentours, marteau, loupe et carnet en main. Souvent aussi il collecte des échantillons de fleurs et de plantes. Flore, faune, minéraux remplissent sa besace de naturaliste. En route, les notes s'accumulent. Des occasions lui sont offertes. Ainsi, au mois d'octobre, quelques membres de l'expédition sont autorisés à aller explorer les cités mortes du Gobi : Kyzyl, près de

1. G. Le Fèvre, *La Croisière Jaune.*

Koutcha, Chorchouk, et la cité de Bäzäklik, à 40 kilomètres de Turfan, capitale d'un très ancien royaume : des grottes creusées dans les terrasses pléistocènes et une cité enfouie dans les sables subsistent de la civilisation gréco-bouddhique. Ces grottes ornées de peintures murales du VIe au VIIIe siècle de notre ère présentent le plus haut intérêt pour Joseph Hackin, l'archéologue du groupe, qui trouve là les traces de l'expansion du bouddhisme sur la Voie sacrée vers l'est, en plein désert du Gobi. Derniers vestiges de ces petits royaumes indo-scythes, qui représentèrent la synthèse entre la civilisation grecque amenée par Alexandre le Grand, les envahisseurs scythes venus du nord, et la civilisation bouddhiste venue de l'Inde.

Teilhard ne jettera pas un œil aux grottes ornées ! Prospection géologique pour les uns, archéologie pour les autres, et relevés des fresques pour le peintre de l'équipe, cette escapade de dix jours est l'un des temps forts pour l'intérêt scientifique de la Croisière Jaune.

D'autres occasions, cependant, sont manquées – celle d'atteindre Kashgar, ce qui ne permettra pas à Teilhard de « voir le raccord entre les formations continentales et marines du Crétacé et du Tertiaire ». Mais dans l'ensemble, il est très satisfait de ce long et difficile périple : « L'essentiel pour moi c'est que je puisse maintenant faire entrer l'Asie centrale dans mes constructions géologiques personnelles : ceci vaut bien une année de vie, même à cinquante ans[1]. » Il s'étonne, non sans bonheur, d'être le seul géologue au monde à avoir une conception personnelle et directe de la région s'étendant de Harbin à Kashgar.

Restait le retour. Il ne fut pas une mince affaire. Le parti fut pris de rentrer à travers le Gobi, véritablement

1. L.V., décembre 1931.

« dans le blanc de la carte ». D'immenses étendues, inconnues, désertes, glaciales (entre – 20° et – 30°) qui rendent impossible de s'arrêter pour la nuit par crainte que les radiateurs ne gèlent et que l'expédition ne puisse alors repartir. Le voyage terrible suit une piste chamelière retrouvée dans le désert grâce à Goumbô, le guide mongol de l'expédition. A la fin, le trajet passe par Khami et Suchow, comme à l'aller.

« Nous roulions alors vingt heures sur vingt-quatre. Peu à peu, la fatigue nous fit sentir plus cruellement les atteintes du froid. Chacun céda à un dangereux engourdissement. L'immobilité à laquelle nous étions condamnés nous glaçait, paralysait notre curiosité, nous plongeait dans une torpeur singulière. [...] Deux fois par jour, cependant, les repas se prenaient en plein air. Il fallait se dépêcher pour que la soupe distribuée brûlante dans les écuelles de métal et qui se refroidissait avant d'être avalée, ne s'achevât en sorbet. Nous la mangions debout avec avidité, et la nuit, muets, empaquetés dans des fourrures qui paralysaient tous nos mouvements, sans nous reconnaître, nous étions groupés autour de la voiture-popote comme d'étranges mannequins aux ombres déformées par la lueur des phares. [...] Sur cette piste chamelière qui fait enrager les mécaniciens et accable d'ennui la plupart des camarades – rien pour la caméra – rien pour la collection du naturaliste, rien qu'un oiseau qui passe, seule créature vivante en cinq jours – Pierre Teilhard trouve un champ privilégié pour la prospection : le sol est jonché d'outils préhistoriques (malheureusement les raids nocturnes sont inutilisables pour les observations).

Ses yeux avertis découvraient la moindre pierre taillée qui se détachait en rouge, sur la nudité grise du sol balayé par le vent. Il faisait arrêter sa voiture, descendait, ramassait un caillou, puis un autre. S'agissait-il d'un véritable foyer de culture paléolithique moyenne ? Non, mais plutôt de la limite méridionale d'une très ancienne vague humaine partie de Sibérie[1]. »

Après le Gobi, l'expédition n'est pas au bout de ses peines. Le 30 janvier, un peu avant Pao-Teou, terminus de la ligne de chemin de fer de Pékin, des soldats-bandits ouvrent le feu sur le convoi de la Croisière Jaune. Ses chefs ripostent immédiatement. Les attaquants brandissent un drapeau blanc. Mais il s'en faut de peu que quelqu'un ne soit blessé. Une fois revenu à Pékin, Teilhard écrit, non sans humour : « Nous avons fini par arriver à Pékin (le 12 février...) après une fin de voyage qui a été marquée par un temps magnifique, un froid modéré (pas plus de – 30° la nuit) et les incidents normaux d'un voyage en Chine (12 balles dans une de nos voitures sans accident)[2]. »

La Croisière Jaune, on l'imagine sans peine, ne fut pas simplement pour Teilhard une expédition géologique de première importance. On comprend à travers ses lettres qu'elle fut aussi une longue période d'épreuve pour l'homme de Dieu. A l'impossibilité de se recueillir, de trouver des moments de solitude physique, s'est ajoutée la profonde solitude spirituelle dans laquelle il se trouvait par rapport à ses compagnons – tous athées ou, du moins, sceptiques. Le groupe ne comptait pas un seul catholique pratiquant. Conditions de vie étranges, peu favorables au prêtre et au Jésuite qu'il était. Il lia cependant de durables amitiés avec certains de ses équipiers et, par son altitude d'esprit, sut dominer les sarcasmes ou les boutades anticléricales.

Le 1er janvier 1932, une photo prise par André Sauvage le montre entouré de tous ses compagnons de voyage.

1. G. Le Fèvre, *op. cit.*
2. L. Inéd., 21 février 1932.

On voit autour de Teilhard un groupe d'hommes de toutes conditions, mécaniciens, ingénieurs, médecins, chaussés de hautes bottes contre le froid, vêtus de pelisses, coiffés de chapkas, équipement de route en ce pays glacial, tous rassemblés, comme soudés autour de la haute stature de Teilhard de Chardin, et, dirait-on, faisant corps avec lui. Ce jour-là, il célèbre une messe à la Mission de Lian Tchéou. Tous les membres de l'expédition y assistent. L'un d'entre eux a conservé le texte de la petite allocution qu'il prononce en cette extrémité du monde.

« Mes chers amis, nous nous trouvons réunis ce matin – dans cette petite église – au cœur de la Chine –, pour commencer, en face de Dieu, l'année nouvelle. Dieu, pour chacun de nous ici, n'a sans doute pas la même précision, la même figure. Mais, parce que nous sommes tous des hommes, nous ne pouvons pas échapper, aucun d'entre nous, au sentiment et à l'idée réfléchie que, au-dessus et en avant de nous, une énergie supérieure existe, à laquelle nous devons bien reconnaître – puisqu'elle nous est supérieure – l'équivalent agrandi de notre intelligence et de notre volonté. C'est dans cette puissante Présence que nous devons nous recueillir un instant au début de cette année. A cette universelle Présence, qui nous enveloppe tous, nous demanderons d'abord de nous réunir, comme en un centre commun et vivant, à ceux que nous aimons et qui commencent, si loin de nous, la nouvelle année. Nous souvenant alors de Son omnipuissance nous la prierons d'animer favorablement pour nous, nos amis et nos familles, le réseau compliqué et en apparence si incontrôlable, des événements qui nous attendent au cours des mois qui viennent – que le succès couronne nos entreprises ; que la vraie joie soit dans nos cœurs et autour de nous ; – et que, dans la mesure où la peine ne saurait nous être évitée, cette peine se transfigure dans la joie supérieure de tenir notre petite place dans l'univers, et d'avoir fait ce que nous devions ! Voilà ce que Dieu peut réaliser autour de nous et en nous par son action profonde. – C'est pour que ceci arrive, que je vais lui offrir, pour vous tous, cette messe – la forme la plus haute de la prière chrétienne [1]. »

Il faut croire que ce moment fut celui d'une intense émotion pour tous ces hommes rudes et peu enclins au sentiment religieux, puisque G.M. Haardt en rendit compte dans la dernière lettre qu'il écrivit à sa femme :

« C'était un spectacle bien émouvant de voir réunis, dans cette petite chapelle perdue au cœur de la Chine tous ces hommes dans leur équipement de route se recueillant devant Dieu avant d'affronter à nouveau tout l'imprévisible qui les séparait encore de leurs buts, à l'aurore de cette nouvelle année.

Le Père Teilhard de Chardin est un Prince de l'Eglise mais il a, autant qu'il est possible de le posséder, l'esprit de l'expédition [2]. »

Sous « l'esprit de l'expédition » et sous la passion du géologue vit, toujours plus intense, l'homme intérieur. Celui-ci se reconnaît dans sa recherche incessante, dans sa méfiance instinctive du confort que la plupart des religieux trouvent au milieu de leurs semblables. Teilhard le reconnaît lui-même dans une lettre qu'il écrit à Léontine Zanta juste après son grand voyage : « J'y aurai constaté, une fois de plus, combien mon milieu "naturel" est le milieu "laïc". Mais je me suis remis, sans difficultés, dans le minimum de cadre ecclésiastique où la vie m'a placé. Je ne le prends plus assez "au sérieux" pour qu'il me fasse souffrir profondément. Et puis je me dis que,

1. L. Audouin-Dubreuil, *Sur la Route de la Soie*, Plon, 1935.

2. *Teilhard de Chardin, Images et Paroles*, album, Le Seuil, 1966.

moins profondément inséré dans l'Eglise, je serais moins apte à travailler pour la libérer[1]. »

Ses aspirations le portent naturellement vers ce qui est le plus étranger, le plus troublant, en un sens, parce qu'il sait pouvoir puiser là les ferment d'une avancée toujours plus vigoureuse vers les confins de la pensée et de l'Humanité. La vie intérieure porte l'homme à l'intranquillité : à ne pas se satisfaire de ce qui est là, mais à aller plus profond, plus avant, vers une conscience accrue, élargie, toujours plus universelle. L'instinct même de la vie intérieure est bien une aventure au-delà du cocon d'origine. Si Teilhard reconnaît chez les laïcs son milieu naturel, c'est peut-être en raison des questions qui s'y posent et des horizons laissés encore ouverts, alors qu'ils se sont trop souvent refermés en forme de réponses, données une fois pour toutes au cœur et à l'intelligence, dans le milieu clérical. Il est certain qu'aucun être spirituel – ou du moins l'être spirituel qui est en nous – ne peut se contenter des réponses car son chant se déploie dans ces zones de l'âme où il n'y a pas de réponse possible, quand bien même l'intelligence aurait pour vocation de pousser au plus loin l'éventualité d'explications et d'élargir toujours plus le champ de la raison et de la conscience.

1. L.Z., 20 mars 1932.

« Toutes les aventures spirituelles sont des calvaires. »

Georges BERNANOS.

7

Le Tournant

Au retour, la mort frappe à plusieurs reprises l'entourage de Teilhard. Au moment où il regagne Pékin, il apprend la nouvelle de la disparition de son père à l'âge de quatre-vingt-six ans. Un père auquel il doit son « goût des choses et le sentiment de l'empreinte du temps sur elles » ; un père dont il tient cet équilibre fondamental grâce auquel il put développer toutes les aventures géographiques et spirituelles. A partir de cette solidité reçue, l'expansion devenait possible.

La Croisière Jaune n'est pas terminée. Elle se poursuit vers Hanoi et l'Indochine, pour revenir ensuite par le Siam, la Birmanie, les Indes et retrouver à Hamadan, en Perse méridionale, la route de Bagdad qui la ramènera à son point de départ, à Beyrouth. Teilhard, lui, s'arrête à Pékin, où mille tâches l'attendent. L'expédition doit se scinder en deux : personnel et matériel embarqueront à Tien-Tsin pour gagner sans escale la côte indochinoise, tandis que le chef de la mission, G.M. Haardt, et ses collaborateurs, suivront par Shanghaï et Hong-Kong.

Dès son arrivée à Hong-Kong, Haardt, très fatigué et fiévreux, doit s'aliter. Le médecin diagnostique une forte grippe compliquée d'une pneumonie. Le malade, trop affaibli, n'y survivra pas. Trois jours plus tard, ses amis apprennent avec consternation son décès.

« Personnellement, cette disparition brusque d'un homme, dont le cœur et la générosité m'avaient gagné, me fait un vrai chagrin, qui s'augmente du regret de n'avoir pu être là au dernier moment. Tel que je connais Haardt, il se serait appuyé sur moi à cet instant-là et je le lui aurais sans doute adouci. Cela est la vraie peine pour moi[1] », écrit Teilhard.

Ces deuils, ajoutés aux énormes difficultés matérielles et techniques rencontrées au cours du voyage, ainsi qu'à la confrontation quotidienne de la misère endogène à la Chine, ne pouvaient le laisser intact. Son périple le long de la Route de la Soie a exercé sur lui une secousse très profonde, qu'il ressent comme un tournant de sa vie. A cinquante ans, Teilhard est encore en pleine vigueur physique. Il a atteint le meilleur de son rendement intellectuel, mais quelque chose lui souffle de se hâter : « J'ai un sentiment profond et constant que le soleil baisse rapidement à mon horizon. Il est 4 heures du soir, mettons[2]… »

Se hâter… A peine deux mois après son retour de la Croisière Jaune, Young et lui se rendent dans le sud-est du Chansi, un pays du plus grand intérêt pour les recherches géologiques et paléontologiques en raison de l'érosion qui le ravine. Commence pour lui une des périodes les plus passionnantes de sa vie sur le plan scientifique, où son rayonnement international est désormais acquis. Avec son ami Davidson Black, le directeur du *Geological Survey of China*, la collaboration est étroite et fructueuse,

1. L.V., 18 mars 1932.
2. L.Inéd., 26 mars 1932.

voire exaltante. Les deux hommes ont nourri le projet d'explorer toute la zone comprise entre le Hoang-Ho (Fleuve Jaune) et le Yangtze : immense territoire comprenant des provinces inconnues et d'un accès difficile.

La passion de la recherche l'emporte sur sa très grande fatigue physique et morale.

« J'envisage de nouvelles perspectives, mais probablement d'un autre type, plus conforme à mon âge et au genre de travail que je puis donner maintenant. En toute hypothèse, je crois que j'arrive à un tournant de ma vie. C'est justement pour ne pas manquer ce tournant que je me suis assujetti au présent voyage[1]. »

Pendant près de trois années, il va poursuivre son exploration systématique de la Chine en des voyages compliqués par la situation politique et la menace d'invasion japonaise, mais aussi par l'extrême isolement des contrées qu'il découvre.

Un séjour en France interrompt cette vaste campagne de recherches géologiques. Il accomplit le voyage de retour sur l'*Aramis* en compagnie de l'abbé Breuil qui est attendu en Abyssinie par Henry de Monfreid.

Sa pensée va en s'élargissant. A l'image du processus de l'évolution elle part en faisceaux dans diverses directions jusqu'au moment où elle franchit le « pas » d'une intuition nouvelle.

« En somme, je poursuis tout droit – et je poursuivrai tant que j'en aurai la force [...] ma ligne scientifique. Mais par-derrière, il y a toute une perspective religieuse du Monde, et de la recherche, qui s'est développée dans ma vie [...] ; – et c'est cela surtout que je voudrais diffuser à la faveur d'un peu de notoriété en sciences[2]. »

A son retour de la Croisière Jaune, il a appris qu'il

---

1. L.V., 11 juillet 1932.
2. 23 mai 1932.

était toujours vivement suspecté à Rome. *Le Milieu divin* ne voit toujours pas le jour et son essai sur *L'Esprit de la Terre* ne sera pas publié, malgré la forte impression qu'il a produite sur ses lecteurs, parmi lesquels se comptent l'abbé Monchanin et le Père Henri de Lubac. Dans le même temps, les nouvelles lui parviennent de la mise à l'Index de deux ouvrages de son ami Edouard Le Roy. Et c'est peut-être cela qui le frappe le plus, tant la réflexion du philosophe lui semble essentielle pour un renouveau de la pensée chrétienne. Aussi exprime-t-il une certaine colère sourde, quoique sereine :

« L'unique but de ma vie, à partir d'aujourd'hui, sera, plus uniquement encore, de travailler à briser le cercle où, par une ironie amère, les "enfants de lumière" ont enfermé l'Esprit[1]. »

Liberté. Le mot revient souvent sous sa plume à cette époque.

« Je suppose qu'il y a, dans le Monde, des gens dont la vocation est de préparer la venue d'un peu plus de lumière et de liberté en prenant une conscience de plus en plus aiguë de certaines obscurités et de certains esclavages[2]. »

Et de nouveau, à son retour de Paris :

« Vous dirais-je que ces rencontres répétées, s'ajoutant aux derniers échos de ma littérature, ont éveillé en moi une passion (ignorée jusqu'ici) : *libérer*[3]... »

Voyant l'inquiétude que suscite la pensée de Teilhard au sein de son ordre et les dangers que représente pour lui le perpétuel refus qui lui est opposé, son ami le Père Auguste Valensin décide d'écrire au provincial des Jésuites, le Père de Bonneville, dont dépend Teilhard, une lettre remarquablement nette à son sujet :

1. L.I., 20 octobre 1932.
2. L.Inéd., 22 mai 1932.
3. L.I., 26 février 1933.

« Le P. Teilhard a besoin d'être soutenu et de *se sentir soutenu.* Aussi, même si une démarche à Rome ne devait avoir aucun succès, il me semble que votre devoir de Père serait de toutes les façons de le tenter en avertissant l'intéressé de ce que vous faites, afin qu'il ait au moins le sentiment que toute autorité n'est pas contre lui, que ceux qui ont le droit de parler en sa faveur parlent, et que le courage existe. [...]

Le P. Teilhard est la droiture et la sincérité même ; il est aussi l'ardeur et le courage, enfin il a le sentiment d'avoir, de par ses études, ses relations, et ses dons mêmes, une espèce de mission scientifico-religieuse *in partibus infidelium.*

Dans ces conditions, sa loyauté et la conviction (erronée) d'un devoir pourraient, si on le presse trop ou l'étouffe, amener une situation tragique...

A l'époque du "Péché originel" il a fallu Le Roy et moi (Le Roy convaincu d'abord et stylé par moi) pour persuader au Père qu'il devait signer, *que ce n'était pas une lâcheté ni un mensonge*, et qu'il pouvait y avoir des vertiges de la sincérité. Que fût-il advenu s'il s'était obstiné ?

Il ne faudrait pas multiplier ces sortes de "tentations" autour d'un homme qui y est d'autant plus accessible qu'il a l'âme plus noble, que son genre de vie aussi fait plus vulnérable, ni rendre trop pesante autour de lui l'atmosphère. Jusqu'ici, aucune autorité ne lui a donné l'impression de comprendre sa valeur, d'apprécier ses travaux. Des barrières, des méfiances, des sommations. Vous êtes le premier qui, capable de le comprendre, puisse lui montrer l'Autorité comme une force qui *encourage* et qui au besoin ose défendre un de ses sujets contre une autorité supérieure : seule manière pour elle de se mettre en mesure de le défendre éventuellement contre lui-même. Belle tâche, tout amicale et paternelle, que la Providence vous a confiée.

Ce que vous pouvez faire, vous *le devez* faire. Voilà mon avis[1]. »

Malgré l'intervention du provincial, Rome restera sur ses positions, considérant que les idées de Teilhard ne sont pas sûres. On lui reproche de ne rien faire pour les changer, sous l'apparence de la docilité. Voilà qui déplaît.

De son côté, Teilhard ne s'émeut guère, avouant s'évader intérieurement de toute cette agitation dogmatique. « Cela n'a pas d'importance », répète-t-il souvent à son entourage. Cette disposition d'esprit se confirme lorsqu'il apprend par son général que Rome lui intime l'ordre de refuser toute situation ou titre qui lui serait offert à Paris, y compris de poser sa candidature à l'Institut où il était pressenti. Il avoue alors ne pas se tracasser plus d'une demi-journée de ce refus. Et il continue sa tâche, affirmant qu'il lui est impossible de changer ses idées, aussi bien psychologiquement qu'en conscience. Dès lors, il ne peut rien tenter d'autre qu'une synthèse entre ses propres vues et *le maximum* de ce que l'Eglise désire lui voir admettre. Ce refus l'amène à se détacher tout à fait – en son for intérieur – de la position officielle de l'Eglise. Un *non* radical à l'intérieur d'un *oui*, ou, comme l'a écrit Jean Lacouture, « divorce sans séparation de corps ». En tous les cas une sublime liberté à l'intérieur d'une obéissance parfaite. On lui suggère de se rendre à Rome pour se défendre, mais il n'en voit pas la nécessité :

« Je ne crois pas qu'on puisse s'entendre, au fond. Et tout pacte serait plus ou moins un leurre. Je ne crois pas que je puisse sincèrement m'associer à aucune action "catholique", présentement. La transposition des idées et des valeurs est trop complète et trop définitive en moi

1. L.I., aux alentours de mai 1933.

pour que je puisse sincèrement adhérer à aucun des courants religieux officiels d'aujourd'hui. Je ne saurais désormais être autre chose qu'une sorte d'aventurier spirituel. [...] Jadis, j'aurais aimé à sentir mon influence librement agissante, et clairement manifestée. Maintenant, je découvre une réelle béatitude dans la conscience d'agir obscurément[1]. »

Les raisons de cette désaffection sont encore une fois à trouver dans sa perception du monde et dans le fossé qu'il voit entre l'Eglise et le monde. Ses lettres de cette époque sont des cris d'alarme associés à un constat désespéré du fait que le christianisme perd de plus en plus son impact sur les forces vives de la société : du message évangélique *sur-humain* (et donc séduisant, dit Teilhard) les scribes et les pharisiens ont fait un message *in-humain*, c'est-à-dire « étranger aux vraies et hautes aspirations de l'*Homme continuellement naissant*[2] ».

« Nous avons *cessé* d'être contagieux parce que nous n'avons plus une conception *vivante* du monde à apporter. C'est une situation qui saute aux yeux dès qu'on sort des églises et des séminaires. Pour convertir, l'Eglise doit d'abord re-naître[3]. »

Ce sont des cris qui tomberont dans l'oreille sourde de Rome, mais seront entendus de bien des clercs et des laïcs. Ces cris sont animés par la certitude qu'un message seulement moral de l'Eglise n'est plus en mesure de toucher l'homme d'aujourd'hui, confronté à la réalité du progrès, de la technique, de l'universalité des échanges, à la brutalité du Mal à grande échelle, et qu'il y a quelque chose de désuet, de déplacé, voire d'indécent, à se canton-

1. L.Inéd., 14 juillet 1934.
2. L.I., 13 mars 1932.
3. L.I., 7 janvier 1934.

ner aux mièvreries issues du XIXe siècle. « Une religion de simple bienfaisance, douceur, charité de contact, ne me suffit plus. J'y étoufferais absolument[1]. »

Appel à un christianisme adulte, vigoureux, tournant résolument le dos aux dolorismes et aux pessimismes – aux moralismes aussi.

En retour, il est certain que cette rupture avec la forme prise par l'Eglise n'aurait pas lieu si elle n'était sous-tendue par une perception très aiguë de l'importance du christianisme dans l'évolution de l'homme. Pour Teilhard, en effet, l'Eglise est non seulement un facteur de développement de l'humanité, mais plus encore, elle est le « phylum » par lequel Dieu se révèle à l'homme, c'est-à-dire l'axe, la tige, le canal même de la pénétration de Dieu dans l'univers. Convaincu qu'il faut un terme personnel au monde et que le christianisme est la seule religion vivante à transmettre la notion d'un contact avec un Divin personnel, il se consacre à montrer comment le Christ des chrétiens, lorsqu'il est bien compris, est une réalité religieuse unique et irremplaçable.

« Je ne suis plus actuellement fidèle au Christianisme que parce que le Christ (bien compris) m'apparaît la seule issue ouverte en ce moment aux aspirations unitaires de l'Univers autour de nous[2]. »

Et bien plus... Car l'évolution étendue à l'Homme, comme le confirmait la découverte du Sinanthrope à Chou-Kou-Tien, prenait désormais une portée philosophique en conférant à l'homme sa place dans la nature. Partant de la personne du Christ, l'évolution a le mérite, en plaçant le Christ au cœur de l'univers, de redonner au chrétien le goût du monde et le goût du progrès – par

1. L.I., 8 octobre 1933.
2. L.Inéd., 14 février 1935.

lequel nous nous sentons si souvent laissés de côté – comme étant une participation à la cosmogenèse, à la croissance de la transcendance dans le monde.

Avec lui, la participation au progrès devient une tâche sacrée :

« Nous sommes à la veille de passer par un point critique, au-delà duquel ceux-là seulement continueront à chercher et à construire (c'est-à-dire à vivre) qui le feront *religieusement*[1]. »

La religion chrétienne comprise comme un lien : ce qui relie, sur tous les plans et dans tous les domaines de l'action et des passivités humaines. Nous rejoignons ici le *Milieu divin* : le religieux étendu à d'autres sphères que celles des Eglises… Sortant de ses chapelles pour entrer dans le grand courant de la matière, spirituelle par essence et par vocation.

On comprend alors que Teilhard ait été sensible au mouvement communiste qui prenait forme en Chine et en Russie. Il n'hésite pas à y voir, en 1933, le mouvement qui « représente et monopolise la vraie croissance humaine », ceci à prendre dans un sens purement psychologique et spontané, à une époque où effectivement le communisme était capable de monopoliser les hommes pour plus grand qu'eux.

Tandis que les nationalismes et les fascismes lui apparaissent de plus en plus comme une réaction « anormale, stérile, régressive et donc temporaire ». « Je hais les nationalismes, et leurs apparentes régressions vers le passé[2] », s'écrie-t-il dans une lettre au P. Valensin, son confident.

Ces considérations, il aura l'occasion de les reprendre en 1936 – pendant le Front populaire – dans un court essai intitulé *Sauvons l'Humanité* (Réflexions sur la crise

1. *Ibid.*
2. L.I., 28 décembre 1933.

présente), où il renverra dos à dos le communisme et le fascisme, l'un parce qu'il supprime virtuellement la Personne et ferme la porte à la possibilité d'une métamorphose spirituelle de l'Univers, l'autre parce qu'il se montre réducteur en voulant ignorer la transformation profonde de l'Humanité et les liaisons « irrésistibles » qu'elle tisse à une dimension planétaire.

Teilhard pouvait-il, à ce moment-là, prévoir les immenses ravages humains à venir de la part des deux idéologies qu'il dénonçait alors ? Il évoque en tous les cas une éventuelle perversion de l'avenir contenue en puissance dans le bolchévisme, capable de détruire à court terme des notions d'universalité et de personnalisme.

Sa perspective religieuse se précise et s'amplifie, sa pensée fait son chemin, recherchant toute occasion de dialogue. Plusieurs de ses ouvrages naîtront à la faveur de discussions intenses avec les intellectuels et les spirituels de son temps. C'est précisément le cas de l'essai sur la mystique comparée entre l'Orient et l'Occident, mûri dans le débat avec ses amis chinois, en particulier le jeune philosophe et lettré Hu-Shih, et dans l'échange de lettres avec l'abbé Monchanin, prêtre et ascète en Inde du Sud, dans le diocèse de Trichinopoly. Entre 1925 et 1938, les deux religieux se sont rencontrés plusieurs fois. Le Père Monchanin a assisté à Lyon à une conférence de Teilhard sur le Sinanthrope et il a lu *L'Esprit de la Terre* dont la pensée l'a vivement impressionné. De loin, il suit le parcours de Teilhard, considérant son exil constamment prolongé comme une preuve de la persistance du malaise de l'Eglise, car il l'admire grandement. Leur conception de la mystique orientale diffère cependant.

La Route de l'Ouest est l'un des textes spirituels essentiels de Teilhard, parce que c'est là qu'il définit, plus vigoureusement encore que par le passé, sa propre conception de la mystique Si la quête de l'Un est commune à toutes les mystiques – « Pas de mystique profonde en dehors de la foi en quelque unification de l'Univers » – les voies pour y parvenir divergent par leur forme et leur essence.

En Inde, plusieurs siècles avant le christianisme, la réponse orientale au désir d'unicité est passée par une sorte de négation du « moi » – du personnel – et par la destruction de tout ce qu'il y a en nous de dispersé, dit Teilhard. L'Inde a considéré le Multiple comme le domaine de l'incohérence et de l'agitation et elle a tracé les contours d'une mystique d'identification par dépersonnalisation et fusion dans le Tout. Quelques siècles plus tard, le christianisme offrait au monde une mystique de sublimation du Multiple. Du côté de l'Orient, donc, une absence de foi en la valeur du moi individuel, de l'autre, en Occident, un excès de cette même foi…

« Tout comme la voie orientale, la route de l'Ouest conduit donc par l'ascèse vers l'extase. Seul, "l'esprit" est changé – ce qui est tout. Le saint hindou se recueille et s'exténue pour secouer son vêtement de matière ; le saint chrétien pour le transfigurer et s'en pénétrer [...]. Le premier cherche à s'isoler du Multiple, le second travaille à le concentrer et le purifier[1]. »

Le Père Monchanin, qui était un grand connaisseur de la mystique orientale, ne se satisfit pas de la réponse de Teilhard, lui reprochant un certain schématisme. Selon lui, le bouddhisme n'était pas aussi négatif au sujet de l'action qu'il le pensait. Par ailleurs, sous bien des aspects aussi, le christianisme découle directement de la voie mystique orientale : le Sermon sur la Montagne, la Fuite au désert ne sont-ils pas des appels à un renoncement au travail et aux soucis du monde ? Certes, répondit Teilhard,

1. *La Route de l'Ouest*, *Œuvres*, t. XI.

mais n'est-ce pas là une trace de l'« ornière orientale » dont était entaché le christianisme à ses débuts ? Alors que déjà son aspect purement occidental voyait le jour dans la notion de Résurrection de la chair (« Et toute chair verra le salut de Dieu », Luc, III, 6). Un long effort a été nécessaire au christianisme pour reconnaître et départager en lui-même la voie orientale et la voie occidentale.

Il nuança par la suite son propos, expliquant qu'il avait surtout cherché à définir deux types essentiels, qui ne se rencontrent peut-être pas à l'état pur.

Mais Teilhard n'était pas un contemplatif. Il ne se reconnaissait pas d'attrait pour une mystique « ordonnée non à achever le monde, mais à permettre la *louange de Dieu* » comme la concevait Monchanin.

« Qu'est-ce que cela veut dire "louer Dieu" ?.... [...] Rien n'est, à mon avis, *plus spirituel* que la consommation de l'*Univers*. Toute spiritualité cherchée en marge de cet effort est verbalisme, atténuation, abstraction – triste piété des églises et des couvents [1]. »

S'anéantir ou sublimer ? Quelle que soit la valeur objective de chacune de ces deux voies et l'attrait qu'elles peuvent exercer sur chacun d'entre nous, ce ne sont ni l'une ni l'autre que retiendra Teilhard, mais une troisième voie, la « Route de l'Ouest », qu'il s'attache à définir. Celle-ci lui semble, en effet, correspondre davantage à l'âme moderne éprise de progrès et soucieuse d'unifier les efforts humains. C'est vers une immersion dans la « chair » du Monde, vers une transmutation du Multiple que tendent aujourd'hui toutes nos aspirations. C'est à une telle mystique que correspond profondément la démarche scientifique et spirituelle de Teilhard tout au long de sa vie.

Cette *Via tertia*, nouvelle et proprement occidentale, consiste pour l'homme à passer par le Multiple dont il ne

1. L.I., 29 avril 1934.

se libère qu'en le libérant avec lui. C'est là, on le voit, toute la spiritualité de l'Incarnation qui apparaît dans ses formidables potentialités. Tout le problème aussi que peut poser, dans l'ordre spirituel, la question de la médiation entre l'homme et Dieu. Une question brûlante aujourd'hui où l'on serait souvent tenté de fuir le monde bouleversant ou rebutant – un monde au sein duquel l'homme se voit entraîné dans une précipitation technologique capable de l'affoler s'il prend le parti de rester un témoin extérieur.

Ne dit-on pas en Chine : « Un petit taoïste se retire dans la montagne, mais un grand vit dans le monde » ?

On rejoint ici l'une des grandes perceptions de Teilhard selon laquelle aucun effort humain ne peut éviter un passage par le monde, car le monde est le lieu même de l'action divine. « Le Ciel ne s'oppose pas à la Terre : mais il naît de la conquête et de la transformation de la Terre. »

Cette troisième voie mystique s'offre comme un courage de prendre pleinement notre place dans la nature. Elle propose un amour de la création dans tous ses aspects, infimes comme infinis, un amour de la créature, et sans doute aussi un respect de soi, restauré ici dans son importance mystique. Qu'il soit permis de faire ici le rapprochement avec les dernières lignes du *Journal d'un curé de campagne* de Bernanos, même s'il existe des contrastes de sensibilité, en particulier pour ce qui touche au Mal, entre les deux auteurs :

« L'espèce de méfiance que j'avais de moi, de ma personne, vient de se dissiper, je crois, pour toujours. Cette lutte a pris fin. Je ne la comprends plus. Je suis réconcilié avec moi-même, avec cette pauvre dépouille.

Il est plus facile que l'on croit de se haïr. La grâce est de s'oublier. Mais si tout orgueil était mort en nous, la grâce des grâces serait de s'aimer humblement soi-même, comme n'importe lequel des membres souffrants de Jésus-Christ. »

Plus tard, dans son essai de 1947 intitulé *L'apport spirituel de l'Extrême-Orient*, Teilhard reprendra ces thèmes et donnera une brillante synthèse des mystiques de l'Inde, de la Chine et du Japon. Il les verra alors comme trois grands courants spirituels majeurs destinés à converger vers un point de rencontre en lequel ils se rejoindraient pour alimenter la nouvelle mystique (humano-chrétienne) en train de monter de l'Ouest. Et Teilhard d'entrevoir une véritable confluence spirituelle de l'Est et de l'Ouest, comme plusieurs fleuves se précipitant ensemble dans la brèche ouverte par l'un d'entre eux.

Lorsque Teilhard débarque en Chine, en janvier 1933, il retrouve les membres du *Survey* à Pékin. Ceux-ci sont en train de déménager précipitamment une partie des livres et des collections de la Société, par crainte d'une invasion japonaise imminente.

Durant l'été 1933, il se rend encore aux Etats-Unis pour participer au XVIIIe Congrès géologique international. Au cours de ce voyage, il retrouve Davidson Black, Amadeus Grabau et George Barbour. Il fait aussi la connaissance du jeune géologue allemand Helmut de Terra. De leur rencontre naissent une collaboration féconde et une grande amitié. Ce second séjour semble lui mettre du baume au cœur, non seulement par la chaleur des débats et l'accueil qui lui est fait, mais aussi par ce qu'il pressent de possible sur le plan humain aux Etats-Unis :

« L'Amérique est un pays de fraîcheur et d'épanouissement. J'y ai respiré positivement un air qui manque à la France. [...] Quelque chose est certainement en branle, comme une force commune, aux Etats-Unis [1]. »

1. L.V., 12 septembre 1933.

Quelques mois après son retour des Etats-Unis, survient un drame qui l'affecte profondément : son grand ami et collaborateur, Davidson Black, le directeur du service géologique de Pékin, meurt brutalement d'une crise cardiaque dans son laboratoire du *Survey*. Teilhard annonce sa disparition dans une lettre à l'abbé Breuil : « Il venait de causer alertement avec des amis, plein de projets, toujours. Un instant plus tard, on le trouvait mort, près de cette table, dans ce labo que vous connaissez, entre le Sinanthrope et le crâne de l'*Upper Cave*. Une belle mort, en plein élan. Mais un vide terrible. On va serrer les rangs pour continuer le travail [1]. »

Teilhard réagit violemment à cette perte. Son chagrin fait peine à voir, dit l'une de ses amies. Ressent-il la réalité de la mort d'un proche, ce sentiment aigu de l'aspect dérisoire de l'effort humain, plus intensément encore du fait qu'il côtoyait Black chaque jour ? Il existait entre eux une profonde fraternité humaine et professionnelle. « En face de cette fin prématurée – scandaleuse en apparence – et en présence de la vanité des regrets dont l'entourent ses amis, je me suis juré de travailler sans relâche à donner une "espérance" à la Recherche humaine [2]. » Quelque temps plus tard, il avoue à l'abbé Breuil : « Black me manque. C'est comme une ombre qui se fait continuellement en moi [3]. »

Un Allemand, le Dr Weidenreich, le remplace à la tête du *Geological Survey of China*.

Projetée par Davidson Black, l'expédition en Chine centrale se fera malgré tout au printemps 1934, en une série d'explorations du côté de Nankin et le long du Yangtze. Teilhard voyagera avec George Barbour et le

1. L.Inéd., 18 mars 1934.
2. L.I., 10 avril 1934.
3. L.Inéd., 18 juin 1934.

Dr Young dans des conditions des plus sommaires, à pied, en chaise à porteurs, en sampan, cette barque chinoise munie d'une voile.

Une première campagne les mène au sud-est de Nankin, dans les plaines gorgées d'eau du delta du Yangtze, là où péniches et petites embarcations se faufilent le long des canaux bordés de digues. Puis, ils remontent le fleuve en bateau à vapeur. Teilhard sur le pont observe les collines à la jumelle afin d'y déceler des affleurements intéressants au point de vue géologique. Parvenus à Kiukiang, les voyageurs débarquent et partent à pied faire l'ascension du Lushan, une verte et sainte montagne, toute couverte de lis et de rhododendrons en fleurs. Une marche de 30 kilomètres par d'étroits sentiers transformés, par endroits, en escaliers, les conduit sur des crêtes élevées, au pied de la cime du Saut du Lion, où vit un ermite, dans une petite maison de grès. Barbour dessine, Teilhard scrute le sol inlassablement. Ils dorment dans un bosquet sacré, à proximité d'un sanctuaire dédié à Chou Hsi, le premier « géologue » chinois, découvreur de fossiles au Xe siècle de notre ère. Redescendus à Kiukiang, ils réembarquent et atteignent le grand port de Hankéou.

Un mois plus tard, après être rentrés à Pékin, Teilhard et Barbour repartent en campagne, décidés cette fois à achever la remontée du Yangtze jusqu'à la province du Setchouan, dans le but de comprendre les étapes de la transformation des paysages de la Chine centrale et de la comparer à celle de la Chine du Nord. Ils accèdent ainsi à tous les lieux où ont été trouvés des fossiles d'un âge récent, afin de mieux situer le milieu géographique et climatique du Sinanthrope.

Cette navigation dans les gorges du Yangtze, dans des zones inviolées, est une splendide aventure : « Sur plus de cent kilomètres les eaux puissantes s'engouffrent entre des murailles profondes, semées de rapides, sur lesquelles on peut lire presque toute la géologie de la Chine. Passé les gorges, on entre dans le Szechouan, riche et verdoyante contrée où je découvre à chaque instant une Chine beaucoup plus chinoise que la Chine du Nord. Les pagodes sont plus brillantes et plus maniérées, les chapeaux plus grands et plus pointus, tout le paysage plus semblable à la Chine des livres [1]. »

La curiosité des voyageurs s'attache à chaque détail de ce monde inconnu des Occidentaux. De mystérieuses falaises se dressent à pic au-dessus du fleuve. Elles sont creusées à leur mi-hauteur d'habitations inaccessibles, anciens sanctuaires ou tombeaux. Quels étranges troglodytes déposèrent jadis leurs morts au fond de ces cavernes, hors de portée des humains ?

Les deux géologues n'ont, en principe, pas l'autorisation de dépasser le port de Chongquing. Mais l'occasion est trop belle d'atteindre Chengdu, au centre du Bassin Rouge, au pied des premiers contreforts du Tibet. 500 kilomètres à bord d'une vieille automobile. Ils filent à l'anglaise, laissant leur ami Young qui refuse d'aller plus loin sans autorisation. A Chengdu, le docteur Béchamp, un médecin, ami de Teilhard, leur réserve un chaleureux accueil. Les portes de la ville, ceinte de murailles, marquent la frontière avec la civilisation. Au-delà, commencent les montagnes vertigineuses. Ils redescendent ensuite sur le Yangtze et retournent à Pékin pour une cérémonie d'hommage à Davidson Black, leur ami.

Restait, pour boucler le vaste programme conçu par Black afin de couvrir toute la géologie de la Chine, à explorer les Tsin-Ling, la chaîne de montagnes séparant la Chine du Nord de la Chine du Sud, située dans la province du Henan, la « Fleur du Milieu ». Cette province, qui s'étend au sud du Fleuve Jaune, est considérée comme

1. L.V., 30 mai 1934.

le cœur de l'ancien Empire chinois. C'est là que se rendent Teilhard et Barbour à la mi-juillet 1934. Véritable épopée, facilitée par la présence du savant chinois Eddie Bien.

Les voyageurs descendent du train à Loyang où ils réunissent une caravane de mulets. Ils prennent des renseignements sur l'état des routes et la situation politique de cette région infestée de bandits jusqu'à l'intervention récente de Chiang-Kaï-Chek.

De Loyang, ils se mettent en route vers les Tsin-Ling orientaux, sous la protection de trois gardes armés – d'anciens bandits récemment reconvertis – et de leur compagnon et interprète chinois. « Notre troupe ferait pâlir le cirque Barnum », dit Barbour. Sur leur passage, les villageois accourent pour voir passer ces premiers « démons étrangers » à pénétrer dans la vallée.

A Yiying, un magistrat de la ville les convie à dîner en pleine nuit et tient avec eux une longue conversation sur le darwinisme.

Voyage passionnant pour le géologue qui peut ainsi relier sur le terrain les formations tertiaires et quaternaires du Nord et du Sud de la Chine, mais aussi pour le naturaliste faisant son miel de toute observation, soucieux d'identifier les espèces rencontrées : plaqueminiers, jujubiers, ou cet arbre *tung* dont l'essence sert à fabriquer de l'huile pour les vernis…

Quelques jours plus tard, à Lushi, se situe l'épisode que George Barbour a raconté dans ses souvenirs sur Teilhard de Chardin.

Ce jour-là, la petite troupe, après de longues heures de marche dans des conditions difficiles, attend l'autorisation de franchir un col. Teilhard est assis sur les marches d'un *yamen* et se repose en commentant pour ses compagnons l'inscription d'un poème classique chinois disant qu'« il est plus ardu d'atteindre le Sichuan que d'aller au ciel » – réputation faite à cette province, cachée derrière de hautes montagnes, seulement accessible par voie fluviale. Soudain l'une des mules de la caravane lui lance une ruade en pleine tempe. Une ecchymose noire apparaît. Le blessé est étendu sur un lit de camp. Barbour passe la nuit à le veiller, à lui lire des passages de son petit bréviaire en tamponnant l'hématome avec des compresses. « Mais Teilhard était seulement préoccupé de "ces pauvres gens" qui avaient préparé un repas avec tant de soin et n'avaient pas d'invités pour le manger. »

Le lendemain, Teilhard va mieux et il est prêt à repartir. Il faut toute la diplomatie amicale de Barbour pour le retenir un jour de plus avant le franchissement du col à pied et à dos de mulet. Le sentier, qui suit les lacets des gorges, est si étroit qu'à chaque tournant il passe de l'autre côté du torrent. Treize fois, les voyageurs doivent passer à gué avec de l'eau jusqu'à la poitrine. A tout moment, le chargement des mules risque de verser. Ce qui ne manque pas de se produire, noyant tout le contenu de la cantine de Teilhard. Quinze ans plus tard, en voyant pour la première fois le film de ce voyage au Museum de New York, Teilhard lancera à Barbour :

« Ne croyez-vous pas que, si le supérieur de mon ordre à Rome me voyait dans cette tenue au milieu d'une rivière, il me considérerait comme un défroqué prématuré ?... Mais dites-moi, George, avez-vous jamais trouvé l'eau aussi froide que celle de cette horrible rivière ? »

D'admirables paysages, toujours ; de magnifiques aventures au sein desquelles se poursuit la recherche scientifique. Et, au fond de ces périples, la continuité d'une vie intérieure. Le soir, après ces journées de marche épuisantes, à l'heure du repos, pris bien souvent à la belle étoile, allongé dans le noir sur son lit de camp, Teilhard parle à Barbour de ce qui lui tient le plus à cœur. C'est alors que viennent à la clarté ses idées les plus profondes, à l'heure bénie qui précède de peu le sommeil, à cette heure favorable à la pensée dégagée de toutes contingences. De ce voyage, de ces nuits dans les Tsin-Ling naîtra *Comment je crois*[1], le livre dans lequel, en faisant le point sur sa vie intérieure, il exprime ses raisons de croire.

Quelques mois plus tôt, le recteur de l'Institut catholique de Toulouse, Mgr Bruno de Solages, lui a commandé un essai sur sa foi chrétienne. Il souhaitait ainsi donner à Teilhard l'occasion de préciser la perspective religieuse qui sous-tend son travail scientifique. Il espérait aussi trouver dans ce livre les éléments d'une défense théologique de Teilhard vis-à-vis de ses détracteurs.

Teilhard s'y attelle en septembre 1934 et l'intitule *Comment je crois*. Le livre est une profession de foi dont les étapes s'ordonnent dans une sorte de dialectique convergente centrée sur la personne du Christ. Les strophes qui introduisent l'essai résument toute la philosophie de Teilhard :

« Je crois que l'Univers est une Evolution
Je crois que l'Evolution va vers l'Esprit
Je crois que l'Esprit s'achève en du Personnel
Je crois que le Personnel suprême est le Christ-Universel. »

Une note placée dans son ouvrage autobiographique de 1950, *Le Cœur de la Matière*, apportera une nuance à la troisième strophe : « Je crois que l'Esprit, *dans l'Homme*, s'achève en Personnel. »

La foi – « cette adhésion de notre intelligence à une perspective générale de l'Univers », dit Teilhard – opère une synthèse. Depuis la double donnée immédiate de sa conscience d'enfant, une passion naturelle, par tempérament, pour la terre et un attrait, par formation et par édu-

---

1. *Comment je crois*, *Œuvres*, t. X.

cation, pour le ciel, ces deux influences apparemment contraires, il les a laissées en lui réagir librement l'une sur l'autre. Ainsi s'est opérée au plus profond de lui la synthèse d'une foi alliant et dépassant ces contraires.

Depuis toujours a subsisté en lui le goût de l'Inaltérable, seul susceptible de mouvoir l'homme et preuve, par cet attrait même, qu'« il y a de l'immortel en avant de nous ».

« Pour mettre en branle la chose, si petite en apparence, qu'est une activité humaine, il ne faut rien moins que l'attrait d'un résultat indestructible. Nous ne marchons que sur l'espoir d'une conquête immortelle. »

Considération métaphysique dont les fondements sont avant tout psychologiques puisque la perspective d'une *mort totale* interromprait immédiatement tout effort et tout travail de l'homme dans le monde. Mais quel est cet Immortel, sinon « le meilleur de nous-mêmes » : « Ce que je parviens à faire d'incommunicable, d'*unique*, au fond de moi-même. Ma personnalité, c'est-à-dire le centre particulier de perception et d'amour que ma vie consiste à développer, voilà mon vrai trésor. »

Loin de se perdre dans l'union au Tout, ce que nous avons de plus personnel nous fait entrer dans l'Universel.

Une vérité si constamment vérifiée dans la création artistique.

« Je pense souvent que, pour notre Humanité devenue certainement plus adulte aujourd'hui qu'elle ne l'était il y a deux mille ans, il faut, en quelque manière, une "renaissance" du Christ, – le Christ se "ré-incarnant", pour notre intelligence et notre cœur, dans les dimensions nouvellement découvertes du Réel expérimental. Ces extensions presque démesurées, notre Christ doit être capable de les couvrir et de les illuminer[1]. »

---

1. Lettre du 4 février 1934, in C.C., p. 260.

Ainsi, le Christ n'est plus seulement celui dont le profil nous est inculqué dès l'enfance, celui dont le Nouveau Testament suit la trace pas à pas dans les rues de Jérusalem, au bord du Jourdain, et jusque sur la croix. Il est aussi le terme divin de l'évolution et la grande figure universelle justifiant les œuvres humaines. Le Christ de Teilhard est celui dont le cœur est la source de tout amour et le lieu d'accueil de la douleur humaine. Celui qui inspire et donne un sens, la Personne dont le cœur est le creuset de toute métamorphose spirituelle. Dans cette perspective, l'aventure humaine devient une épopée et l'homme, l'acteur d'un immense périple au sein duquel tout effort et toute inertie ont un sens et une importance, reçus du centre même vers lequel il converge. Assumant les pesanteurs historiques, sans les renier, le Christ est auréolé d'un rayonnement de gloire et d'énergie.

Un essai sur la foi ne pouvait ignorer la question du Mal et poser, de ce fait, celle de la bonté de Dieu. A celui qui croit en l'existence d'un terme personnel divin à l'évolution universelle, l'avenir devrait apparaître comme serein et illuminé, même en ce qui concerne la mort. Or il n'en est rien.

« Croire n'est pas voir, dit Teilhard. Autant que personne, j'imagine, je marche parmi les ombres de la foi. »

Et il ajoute :

« Les ombres de la foi... Pour justifier cette vérité si étrangement incompatible avec le soleil divin, les docteurs nous expliquent que le Seigneur, volontairement, se cache, afin d'éprouver notre amour. Il faut être incurablement perdu dans les jeux de l'esprit, il faut n'avoir jamais rencontré en soi et chez les autres la souffrance du doute, pour ne pas sentir ce que cette solution a de haïssable. [...]

Non, Dieu ne se cache pas, j'en suis sûr, pour que nous le cherchions – pas plus qu'il ne nous laisse souffrir pour augmenter nos mérites. Bien au contraire, penché sur la Création qui monte à lui, il travaille de toutes ses forces à la béatifier et à l'illuminer. Comme une mère, il épie son nouveau-né. Mais mes yeux ne sauraient encore le percevoir. Ne faut-il pas justement toute la durée des siècles pour que notre regard s'ouvre à la lumière ?

Nos doutes, comme nos maux, sont le prix et la condition même d'un achèvement universel. J'accepte, dans ces conditions, de marcher jusqu'au bout sur une route dont je suis de plus en plus certain, vers des horizons de plus en plus noyés dans la brume.

Voilà comment je crois. »

Conception du Mal bien éloignée du sens tragique d'un Bernanos ou d'un Mauriac. Elle situe Teilhard à l'autre pôle des pensées augustinienne et janséniste. Elle institue, en quelque sorte, la patience comme une vertu cardinale. C'est là une des difficultés de l'œuvre de Teilhard que cet optimisme eschatologique en un siècle où « l'avenir radieux » a donné lieu à tant de monstrueuses impasses. Mais Teilhard n'oubliera jamais de rappeler qu'il n'y a « rien de plus laborieux que la poursuite de l'union[1]. »

« Croire n'est pas voir »... Nous marchons dans la nuit. Plus que tout autre, il l'éprouve en son for intérieur.

Tout au sud de la Chine, restait une région à explorer. Au début de l'année 1935, Teilhard organise avec Wong et Peï une nouvelle équipée vers la province de Canton, le Kouang-Si et le Kouang-Tong.

Parvenus à Canton en bateau depuis Shanghaï, les trois chercheurs partent pour Nanning, tout près de la frontière du Viêt-nam. De là, ils se rendent dans la féerique région de Guilin où ils découvrent l'un des pay-

1. *Esquisse d'un Univers personnel*, *Œuvres*, t. VI.

sages les plus fantastiques de la Chine. Dans le plateau calcaire vieux de 300 millions d'années, l'érosion a creusé une multitude de karsts à tourelles au sommet arrondi : véritable forêt de pains de sucre couverts de verdure et creusés de grottes.

« Au point de vue pittoresque, nous sommes dans un des endroits les plus fameux et les plus étranges. Tout autour de Kweiling, et loin vers le sud, le pays est une forêt de hauts piliers ou aiguilles de calcaire (d'environ 80 ou 90 mètres de haut) formant un paysage des plus extraordinaires. Ce sont les restes d'un plateau calcaire profondément disséqué. Parmi des rocs fantastiques émergeant d'un sol rouge brique, court la rivière, une eau transparente d'un vert jade. Dommage seulement que le pays soit tellement déboisé. – Ici, la végétation n'est pas aussi tropicale qu'à Nanning. Plus de palmiers et de cycas dans les rocs. Mais nous sommes encore dans le pays des oranges, des mandarines et des pamplemousses. Le temps est couvert et presque froid. Les maisons, la plupart du temps, sont ouvertes et il n'y a pas de feu, sauf les petits braseros [1]. »

L'exploration des grottes révèle de très nombreux vestiges d'une industrie mésolithique et des dépôts argileux contenant des restes fossiles de faune. Pas encore d'humains... bien que Teilhard suppose leur présence en ces lieux, ce qui sera confirmé par la suite puisque dans les années 1955 des vestiges de Gigantopithecus furent découverts dans les grottes du Kouang-Si.

Cette fois, la boucle est bouclée. Ce voyage a permis d'unifier les découvertes et de faire le lien entre les couches à Sinanthropes de Chine du Nord et le Pithécanthrope de Java, de relier, en somme, le nord et le sud de la Chine.

---

1. L.S., 28 janvier 1935.

Ces recherches trouveront leur accomplissement dans la sphère spirituelle. Mais pour l'instant, de retour à Pékin, Teilhard a la joie de recevoir l'abbé Breuil et de le piloter sur les terrains qu'il connaît bien. Une photo les montre côte à côte devant l'un des grands mandarins de pierre du tombeau des Ming. L'abbé Breuil, petit homme corpulent, a la cigarette au bec et l'air gouailleur tandis que la grande silhouette aristocratique de Teilhard le domine de deux têtes. Tous deux sont coiffés de feutres. On sent une complicité professionnelle et amicale, une sorte de confiance entre les deux grands savants. Est-ce à ce moment-là que l'abbé Breuil, apprenant les difficultés de son ami au sein de son ordre, lui aurait lancé : « Vous êtes mal marié ! Divorcez ! »

L'une de leurs promenades la plus marquante sera la visite au « Bouddha de Jade », que Teilhard affectionne, dans un charmant temple bouddhique proche de la Cité impériale. Là, le petit « Pavillon qui Reçoit la Lumière » tend vers le ciel ses toits de tuiles vernissées jaunes et vertes, au milieu des pins multicentenaires baptisés « Général à la robe blanche » ou « Marquis de l'ombre ». A l'intérieur, dans la pénombre, un Bouddha, modelé dans la pierre la plus dure qui soit, est assis tranquillement sous le dais rouge et or. Il rayonne d'une présence sacrée. Une grande sérénité émane du visage d'une blancheur opalescente dans lequel naît un sourire.

« J'aime beaucoup cette tête parce qu'elle me dit quelque chose, elle me dit qu'il y a quelque chose que le christianisme devrait annexer[1] », confie-t-il à l'abbé Breuil.

Les deux savants rentreront ensemble en France par le Transsibérien.

1. C.C., p. 171.

L'appel du « terrain » se fit entendre à nouveau en septembre 1935.

L'Inde s'offrait comme un vaste territoire de recherches anthropologiques. En 1933, Teilhard avait fait la connaissance d'Helmut de Terra au Congrès international de Géologie de Washington. Il s'entend fort bien avec ce géologue germano-américain, auteur d'une biographie d'Alexandre de Humboldt et découvreur de l'homme fossile le plus ancien d'Amérique. Il apprécie en outre sa compétence.

« Le Père Teilhard fut mon ami, l'être humain le plus chéri et le plus révéré que j'eusse jamais rencontré [1] », a écrit H. de Terra.

Celui-ci se rendait en Inde pour y mener des recherches sur les civilisations paléolithiques et il souhaitait être accompagné par un membre de l'Institut géologique de Pékin. Sa destination était le Cachemire et la vallée de Salt Range. Le projet intéressait beaucoup Teilhard car il permettrait de rattacher la géologie indienne à la géologie chinoise et de tracer une grande ligne allant du Sinkiang à la vallée de la Narbada, en Inde centrale – région du Pléistocène et de découvertes paléolithiques importantes. Des peintures pariétales, rouges et noires, avaient été relevées sur des parois calcaires à proximité de la ville d'Hoshangabad. Un jour, en prospectant le long des berges de la Narbada, Teilhard découvre un « coup-de-poing » de type acheuléen, le premier de ce type découvert en Inde centrale.

En compagnie d'Helmut de Terra, l'expédition se déroule en camion, en car, à dos de chameau, en logements précaires sous la tente ou dans des bungalows de l'administration anglaise. De Terra a écrit un livre de sou-

1. *Ibid.*, p. 195.

venirs de ses voyages avec Teilhard. Il le décrit comme un homme aérien et infatigable :

« Je m'émerveillais de son endurance ; il avait accoutumé de marcher en souliers de tennis sur le sol rugueux en le touchant légèrement comme s'il dansait[1]. »

Un homme serein aussi quant à l'aboutissement de ses recherches dont il voyait volontiers le flambeau repris par d'autres après lui, en vrai savant qu'il était. De Terra reproche cependant à Teilhard de ne pas suffisamment prendre en compte, en raison de sa vision « finaliste », les facteurs de milieu et de climat dans l'évolution de l'homme. Il admire l'aptitude de Teilhard à replacer toute observation dans une relation à un système plus vaste, embrassant toute l'histoire de la terre, autrement dit à établir spontanément de grandes synthèses, comme s'il avait une compréhension intuitive du monde préhistorique. Il nuance cependant de cette remarque :

« On eût dit que ses observations n'étaient pas autre chose qu'une confirmation d'un monde d'idées préexistant en lui. »

Avec de Terra nous avons de brefs coups d'œil très vivants sur un Teilhard intrépide, confiant, facile à vivre, travaillant sans relâche et ne craignant jamais d'affirmer ses idées, « à temps et à contretemps ». Un grand sens de l'amitié liait les deux hommes. Il arriva, au cours de ces mois de voyage, que Teilhard reparte en pleine nuit, après une journée de marche épuisante, pour retrouver un carnet perdu par Helmut de Terra dans la brousse, afin de lui éviter un effort supplémentaire.

Un épisode évoque l'atmosphère de ces mois sur le terrain :

« Au cours de ces dernières journées que nous pas-

---

1. Helmut de Terra, *Mes voyages avec Teilhard de Chardin*, Le Seuil, 1965.

sâmes dans le centre de l'Inde, un incident particulier me laissa une impression ineffaçable. [...] Nous marchions au milieu d'un taillis épais ombragé par des arbres gigantesques quand soudain il me vint à l'esprit que c'était là un terrain de chasse bien connu, où nous pouvions à tout moment faire la rencontre d'une panthère. [...] Comme je me tournais vers mon compagnon pour lui faire part de mes craintes, je le vis debout, silencieux, les yeux fixés sur un buisson d'où s'élevait le bruit d'un violent craquement de branchages. Involontairement, je l'empoignais par le bras. "Cette forêt est comme l'océan, si pleine de vies cachées", dit-il en me regardant, les yeux rêveurs. Comment aurais-je pu me douter qu'au moment où j'étais plongé dans l'angoisse, cet homme n'éprouvait pas d'autre sentiment que celui d'une créature parmi d'autres créatures ! »

C'est ainsi que l'on aime se représenter ce grand homme, fin et robuste, l'âme remplie de sensibilités au monde, à la présence de Dieu dans l'univers, visionnaire de synthèses à venir et d'unions déjà visibles en filigrane des choses.

Une photo le montre en bras de chemise, le marteau de géologue à la main, le casque colonial sur la tête. Il regarde le photographe d'un air impérieux, affairé, comme s'il était dérangé dans sa tâche de scruteur de cailloux, comme s'il concédait cet instant à son chasseur avant de se remettre au travail. Teilhard à près de soixante ans pouvait marcher sept à huit heures par jour, dans des conditions parfois terribles, comme ce jour de chaleur étouffante à Java où l'équipe dut accomplir une marche exténuante pendant des heures le long d'un sentier embourbé. Et cela déjà en soi nous donne le « la » du personnage.

En novembre, il est au Penjab, à Rawalpindi, jetant les jalons d'une véritable préhistoire de l'Inde. Il se rend alors aux fouilles de Mohendjo-Daro – l'un des centres de la civilisation de l'Indus, laquelle remonte à près de trois millénaires avant le Christ.

« Plus de 3 000 ans avant notre ère, des gens vivaient là, qui jouaient avec des dés pareils aux nôtres ; pêchaient avec des hameçons comme les nôtres, et écrivaient avec des signes que l'on ne sait pas encore lire. Nous vivons parmi des idées et des choses infiniment plus vieilles que nous ne pensons. Et en même temps, tout bouge. L'univers est une immense chose, où nous serions perdus, s'il ne convergeait sur la Personne[1]. »

Cet enthousiasme scientifique a sa contrepartie dans un certain scepticisme sur la civilisation de l'Inde et sur la puissance créatrice du peuple hindou. Teilhard s'indigne du système des castes : « Il faut aller dans l'Inde pour mesurer ce qu'il y a d'engourdissant et de mortel dans une religion qui se charge de matérialisation et de rites[2]. »

Tourné vers l'avenir, il porte, une fois de plus, un regard sévère sur une civilisation qu'il juge trop figée pour être capable de répondre à la nécessité pour l'humanité de se porter en avant de soi-même par plus de travail et de conscience. En 1947, il écrira dans *Le Phénomène humain* : « L'esprit de recherche et de conquête est l'âme permanente de l'Evolution. »

En quittant Calcutta pour rentrer en Chine, Teilhard s'arrête en Birmanie, au bord de l'Irrawady. Il y reviendra en 1938 pour une tournée de deux mois. Il s'arrête également à Java, sur l'invitation du jeune et brillant professeur Von Koenigswald. Dans cette région viennent d'être découverts des restes de Pithécanthrope – une découverte d'une importance considérable pour la Préhistoire. Le pro-

1. L.V., 15 novembre 1935.
2. L.V., 19 décembre 1935.

fesseur von Koenigswald emmène Teilhard à Bandoeng où il a son bungalow. De là, les deux savants rayonnent dans le sud et le centre de l'île où von Koenigswald vient de découvrir une « magnifique industrie chelléenne ».

Le 7 février 1936, Teilhard, de retour à Pékin, apprend le décès de sa mère. Quelques mois plus tard, le 17 août, disparaît sa sœur, Marguerite-Marie, qu'il chérissait. Sa disparition le plonge dans une grande solitude. Avec elle il perd l'être le plus proche, s'il est possible, sur le plan de la vie intérieure, même si le destin les tint presque toujours séparés à partir de 1923. Sœur immobile, quand lui parcourait le monde. Sœur clouée au lit par une terrible maladie. Son antithèse physique et son complément spirituel.

« O Marguerite, ma sœur, pendant que, voué aux forces positives de l'Univers, je courais les continents et les mers, passionnément occupé à regarder monter toutes les teintes de la Terre, vous, immobile, étendue, vous métamorphosiez silencieusement en lumière, au plus profond de vous-même, les pires ombres du Monde.

Au regard du Créateur, dites-moi, lequel de nous deux aura-t-il eu la meilleure part [1] ? »

En mer, au cours de son voyage de retour en Chine, Teilhard a travaillé à un nouvel ouvrage.

Esquisse d'un univers personnel [2] voit alors le jour.

Partant toujours des découvertes de la biologie, du fait que la conscience ne cesse de grandir à travers le vivant et que l'homme, dans l'état actuel des choses, représente la forme la plus extrême de cette conscience, Teilhard expose comment, selon lui, l'univers est en voie de per-

1. *L'Energie spirituelle de la souffrance*, *Œuvres*, t. VII.
2. *Œuvres*, t. VI.

sonnalisation et comment l'énergie physico-morale qui construit cette marche est celle de l'*amour* – et plus particulièrement de l'amour de Dieu.

Peu de temps après avoir écrit ce texte qui représente une synthèse de cette grande étape de sa pensée, il écrivait à Henri de Lubac :

« Ce m'est une grande force en tout cas de reconnaître que tout l'effort de "l'évolution" est réductible à la justification et au développement d'un amour (de Dieu). C'est déjà ce que me disait ma Mère. Mais il m'aura fallu une vie pour intégrer cette vérité dans une vision organique des choses. J'imagine que c'est cet effort d'intégration que le Monde doit faire pour se convertir : dans l'ensemble, notre Monde nie le Personnel et Dieu parce qu'il croit au Tout ! Tout revient à lui prouver que, au contraire, il *doit* croire au Personnel parce qu'il croit au Tout [1]. »

Clamer la nécessité du Personnel n'était pas une fantaisie, mais la perception d'une menace réelle que court l'homme dans un univers en voie de convergence. La personne, flamme fragile, ferment de toute croissance, aiguillon de tout amour, ne peut-on la désigner sous un autre nom : l'âme ? Lorsque Teilhard l'évoque et la met au centre de sa cosmogenèse, n'est-ce pas la dimension spirituelle de l'homme qu'il présente comme l'Unique Nécessaire, d'où partent toutes les synthèses possibles. Il conjure alors, par avance, la déshumanisation, le nivellement, l'arasement de l'âme, tels qu'ils ont été mis en pratique par les sociétés totalitaires et matérialistes d'Orient et d'Occident au cours du XXe siècle, y compris par le totalitarisme commercial d'aujourd'hui, dont la menace, quoique plus insidieuse, n'est pas moindre. La Personne… L'âme du monde.

---

1. L.I., 15 août 1936.

8

L'Energie humaine

A ses amis, Teilhard donnait l'impression de vivre avec des bottes de sept lieues, enjambant les océans avec une facilité déconcertante, toujours prêt à partir. « Le monde était son laboratoire », dit Helmut de Terra, son confrère géologue. Aussi, lorsque celui-ci l'invite au Congrès de Préhistoire qu'il organise à Philadelphie au printemps 1937, Teilhard accepte-t-il sans hésiter, voyant là une occasion d'exposer ses découvertes sur les origines de l'homme en Chine, heureux aussi de la perspective de retrouver là-bas ses amis savants, le Dr von Koenigswald, Henry Fairfield Osborn, le Dr Roy Chapman Andrews et George Barbour.

Le voici s'embarquant sur *L'Empress of Japan*, en classe touriste par souci d'économie – jamais il n'oublie son vœu de pauvreté. A bord, il fait connaissance du Rajah de Sarawak et de sa femme, deux Anglais que le destin a transformés en « rajah du siècle dernier ». De ces contacts naît l'idée d'aller pousser ses recherches, un jour, du côté de Bornéo...

Au cours de ce séjour américain, le collège catholique de Villanova, à Philadelphie, décerne à Teilhard la médaille Gregor-Mendel – un prix scientifique de renom. Malgré les mises en garde d'Helmut de Terra contre un exposé trop franc de ses idées devant un auditoire peu préparé à les entendre, Teilhard prononce une conférence, toute imprégnée de la notion d'évolution, sur les origines et la destinée de l'homme. Mauvais tacticien, fort peu diplomate, son ingénuité naturelle, son incapacité à feindre l'amenèrent souvent à commettre des provocations involontaires. A Philadelphie, il surprend son public. Pour aggraver encore la situation, deux articles, l'un dans le *New York Times* du 19 mars 1937, l'autre dans un journal canadien, mettent l'accent sur le côté sensationnel de ses idées en les déformant. Teilhard y est présenté comme « le Jésuite qui tient que l'homme descend du singe ». L'Homme de Pékin devient le « chaînon manquant » entre le singe et l'Homme. Teilhard est accusé de « darwinisme ». Il n'en fallait pas plus pour qu'il devienne suspect.

Quelques jours plus tard, invité à l'université catholique de Boston pour être nommé docteur *honoris causa*, il est averti dès son arrivée que cette distinction lui est finalement refusée.

L'Amérique, en ces années-là, est violemment anti-évolutionniste, particulièrement dans les milieux protestants où l'idée que l'homme descende du singe – caricature de l'évolutionnisme – est considérée comme « anti-biblique ». En témoigne le procès retentissant qui fut fait en 1925 à un professeur de sciences naturelles, John Thomas Scope, pour avoir enseigné « de façon criminelle que l'homme descend d'un ordre inférieur d'animaux ». Une ligue anti-évolutionniste virulente dressa ses tréteaux en face du tribunal où J.T. Scope était jugé. « Dieu ou le gorille, il faut choisir ! » lançaient les partisans de la Création divine qui obtinrent gain de cause. Le professeur fut condamné pour ses idées et dut payer 100 dollars d'amende – une somme énorme pour l'époque.

Un tel scandale serait sans doute impensable aujourd'hui. La paléontologie a considérablement progressé dans ses découvertes. Nous ne pouvons plus ignorer que notre matériel génétique est commun à 99 % avec celui du chimpanzé. La notion d'évolution a cessé d'être une hypothèse. Mais lorsque Teilhard prononça sa conférence à Philadelphie, une atmosphère de polémique scientifico-religieuse embrasait les esprits.

Chez Darwin, cependant, l'homme n'est qu'un simple rameau de l'évolution. Or Teilhard s'est très tôt démarqué du darwinisme, basant sa philosophie de l'évolution sur la notion d'orthogenèse, c'est-à-dire sur l'idée d'une évolution dirigée, d'une prédétermination organique dont l'homme représenterait l'expression la plus haute. Pour lui, « les vivants se tiennent biologiquement. Ils se commandent organiquement dans leurs apparitions successives de telle sorte que ni l'homme ni le cheval, ni la première cellule ne pouvaient apparaître ni plus tôt ni plus tard qu'ils ne l'ont fait [1] ». Il s'agit d'un transformisme dirigé, observable depuis les premières découvertes paléontologiques, qui permet d'établir une généalogie de la vie sur terre.

Loin de se dérober aux objections des fixistes, Teilhard a toujours pris en compte les questions qu'ils posaient à l'évolutionnisme. Dans un texte de 1921, *Comment se pose aujourd'hui la question du transformisme* [1], il explique pourquoi le fait d'affirmer que les vivants se tiennent biologiquement ne saurait nullement remettre en question la foi en Dieu. En constatant un

1. *Œuvres*, t. III.

enchaînement incontestable dans le réel, il n'impose aucune déduction philosophique ou métaphysique : « Pour que le transformisme fût dangereux à la raison et à la foi, il faudrait qu'il prétendît rendre inutile l'action du Créateur, réduire le développement de la vie à une opération purement immanente de la nature, prouver que “le plus peut sortir, par lui-même, du moins”. Trop d'évolutionnistes, en fait, ont commis cette lourde méprise de prendre leur explication scientifique de la vie pour une solution métaphysique du monde. [...] Non, le transformisme scientifique, à strictement parler, ne prouve rien pour ou contre Dieu. Il constate simplement le fait d'un enchaînement dans le réel. »

Vers la fin de sa vie, Teilhard reviendra sur la notion d'évolution en montrant quels progrès elle a faits depuis les découvertes récentes.

« L'Homme s'était considéré d'abord comme un simple observateur, puis, après Darwin, comme un simple rameau de l'Evolution. – Or voici que maintenant, par suite même de cette incorporation à la Biogenèse, il commence à s'apercevoir que par lui passe la tige principale de l'arbre de la Vie terrestre. La vie ne se diversifie pas au hasard, en tous sens. Mais elle laisse voir une direction absolue de marche vers les valeurs de conscience croissante ; et, sur cet axe principal, l'Homme est le terme le plus avancé que nous connaissions [1]. »

« Le passé m'a révélé la construction de l'avenir [2] », disait-il déjà en 1935, à bord du *Cathai*.

Quitter l'homme fossile pour l'homme de demain : un retournement de ses préoccupations découle du retournement de perspective et de méthode induit par la

1. *Evolution de l'idée d'Evolution*, *Œuvres*, t. III.
2. L.V., septembre 1935.

reconnaissance de l'orthogenèse au sein de l'évolution. Sa connaissance de plus en plus précise de l'homme fossile l'a incité peu à peu à tourner la tête vers la destinée de l'humanité. Entre les deux abîmes de Pascal, Teilhard entrevoit un troisième abîme : celui de la complexité. Biologique d'abord, elle conduit irrésistiblement, avec l'accroissement du volume cérébral, à une complexité de conscience et de réflexion, puis, par le développement toujours plus élaboré de connexions nouvelles, à une ouverture dans le champ du spirituel, comme une fenêtre s'ouvrant sur un espace inconnu. Cet espace ouvert à la conquête, il est en nous, Teilhard ne cessera de le répéter. A ces liens de plus en plus larges doit pouvoir répondre une éthique nouvelle. Tel est l'objet de son essai sur *L'Energie humaine*.

Pour la première fois de sa vie mouvementée, il fait l'expérience de la diminution physique. Trois violents accès de fièvre dus à un paludisme non diagnostiqué le terrassent à son retour à Paris, l'obligeant à interrompre ses travaux, à renoncer aussi à un projet de voyage en Russie par le Transsibérien. Il part se reposer en Auvergne chez son frère. Cette halte forcée aura des vertus bienfaisantes, en particulier elle lui offrira le loisir d'une sorte de bilan, rarement possible dans l'existence mouvementée qu'il mène d'ordinaire.

« En réalisant mieux (dans une expérience actuelle et personnelle) combien nous dépendons de la divine harmonisation de la vie, j'ai eu l'impression que mes vues familières du monde s'approfondissaient, et surtout passaient un peu plus du plan théorique au plan pratique ; ce qui naturellement est la plus grande épreuve pour n'importe quelle théorie [1] ! »

1. L.S., 13 juin 1937.

Dans le même temps, s'affermit en lui l'intérêt pour l'Homme à venir, tandis que le passé perd peu à peu son attrait, même s'il fait encore de nombreux voyages sur le terrain. Son ordre lui laisse entrevoir la perspective de revenir plus souvent en France.

Une chape de lassitude pèse sur lui depuis quelque temps. Se sentant moins solide nerveusement, il demande qu'on lui attribue un laboratoire de géologie à l'Ecole des Hautes Etudes. Cette éventualité lui permettrait d'avoir une plate-forme scientifique sérieuse en France et une raison officielle d'y revenir régulièrement, tout en continuant de mener à bien ses recherches en Chine où il trouve une atmosphère favorable à l'écriture.

Au début d'août 1937, il s'embarque sur le *D'Artagnan* en direction de la Chine. Pendant la traversée de six semaines entre Marseille et Saigon, il écrit l'un de ses livres les plus attachants, *L'Energie humaine*[1].

Energie. Déjà en 1936, dans une lettre au Père de Lubac, il évoquait la toute nouvelle préoccupation de son esprit, celle d'une énergétique humaine :

« La science pratique de l'Homme (Morale, Economie, Politique, etc.) semble avoir été surtout conçue jusqu'ici comme un problème d'équilibre : donner à chacun son droit, son pain, son territoire, etc. Or visiblement il s'agit maintenant de reconnaître là un problème d'*énergie.* Comment faire rendre à l'Humanité son plein d'énergies spirituelles[2] ? »

Une nouvelle morale, donc. Non plus distributive, mais, dans l'optique de l'évolution, une éthique préoccupée d'utiliser et de produire de l'énergie spirituelle. Pas moins ! Une morale centrée sur la marche en avant de l'humanité vers son accomplissement en Dieu.

---

1. *Œuvres*, t. VI.
2. L.I., 22 novembre 1936.

Sachant, avec l'évolution, que nous ne sommes plus les spectateurs de l'univers, mais parties prenantes et parties pensantes, il s'agit de déterminer les champs d'action et d'interaction entre l'humain et le cosmique. En affirmant que le cosmos est d'étoffe spirituelle, Teilhard propose un renversement de perspectives : non plus atteindre l'esprit en venant de la matière, mais reconstituer la matière en redescendant de l'esprit choisi comme *substance primordiale des choses.*

Le processus d'évolution a ses lois. Ainsi, tout acquis en matière de montée de l'esprit est irréversible. Dans ce domaine, l'union différencie : ces liens nouveaux entre humains, dont nous redoutons les effets dépersonnalisants, ont, en fait, les effets contraires : ils différencient et personnalisent de façon croissante les rapports humains (au contraire des idéologies totalitaires).

« Le monde ne tient, ne peut avancer, et ne peut se consommer, *que* sous l'action d'une puissance qui soit de l'espèce d'un "amour". Voilà pourquoi, autant je sympathise avec la foi "totalitaire" des fronts populaires, autant je me rends à l'évidence que leurs formes *impersonnelles* d'idéal ("l'Humanité, la Société", *a fortiori* la Race ou l'Empire des fascismes !), sans âme ni "figure", vont à tuer le bourgeon même de l'Evolution qu'ils veulent promouvoir et sauver. »

Dans cette perspective naissent des questions nouvelles, étonnamment modernes : ainsi aborde-t-il la question du chômage sous un angle neuf – que beaucoup récuseraient, certes, dans l'instant et sous le joug du réel, mais qui n'en demeure pas moins juste (ou du moins probable) à très long terme. Le chômage, en libérant brusquement une masse d'énergie humaine par un ajustement interne de la Noosphère, donne des chances nouvelles à l'homme de reconvertir et développer cette énergie dans des sphères dégagées du travail humain élémentaire.

Perspective audacieuse, il est vrai, et fort éloignée de la vieille malédiction biblique concernant le travail.

En matière d'énergie « incorporée », la biologie ne voit-elle pas s'ouvrir devant elle des tâches nouvelles ? Et Teilhard d'aborder le difficile problème du contrôle des naissances, très audacieux pour l'époque : l'homme aurait-il le droit, se demande-t-il, de toucher à toutes les conduites du monde sauf à celles qui le constituent lui-même ? Question périlleuse, dont on imagine aisément les dérapages possibles en direction de l'eugénisme. Question largement reprise et traitée depuis lors, sans pourtant être résolue, et qui demeure importante lorsqu'on comprend le souci qui l'anime : celui de parfaire le rayon d'action et de liaison de l'homme dans le monde, animé par le goût de la vie et la passion de grandir, propres à l'énergie humaine.

Autre question étonnante pour un prêtre catholique, celle qui concerne la charité : « En quoi consiste la vraie charité ? » Est-ce bien cette opiniâtreté à tout sacrifier pour sauver une existence humaine ? Ne faudrait-il pas repenser, dans la perspective de l'énergie humaine, la question de l'euthanasie ?

Energie humaine. Choix élémentaire qui nous porte vers l'être plutôt que le non-être. Volonté tenace de *plus* vivre, et non pas seulement de survivre. Nécessité, en nous, de tout essayer jusqu'au bout. Passion de grandir et de chercher. Mystère de cette force qui « porte en elle-même le fruit de son exercice ». Nul thème n'est plus fondamental dans la pensée de Teilhard. Il l'amène une fois encore, dans ce texte d'une intensité extrême, à aller plus avant dans sa méditation sur la mort. Car cette énergie créatrice se heurte nécessairement à la question de la finitude. « Action réfléchie et disparition totale prévue sont donc *cosmiquement incompatibles.* » A moins que quelque chose d'impérissable ne permette, à travers la mort même, à l'énergie humaine de se déployer :

« Ce que la Mort, pour ne plus être Mort, doit laisser filtrer à travers elle-même, ce n'est pas un résidu, mais c'est la plus précieuse essence de nos êtres : non point le plus primitif et le plus inconscient, mais le plus évolué et le plus réfléchi de nous-mêmes. En chacun de nous, par le long travail du Passé d'abord, et par les soins de notre liberté individuelle ensuite, se forme graduellement un noyau de perspective et d'action, un "moi", une *personne.* »

On voit ici le chemin parcouru depuis ses textes de jeunesse sur la Mort comme « cristallisation de tous nos maux ».

« Nous sommes arrivés à la limite des progrès réalisables par les efforts individuels. »

Tous nos efforts, aujourd'hui, tendent vers l'union – une union dans laquelle se renforce le plus singulier et le plus évolué de nous-mêmes pour constituer un seul « Esprit de la Terre » sous l'effet d'une sorte d'Amour dont est constituée, de plus en plus, l'étoffe de l'énergie humaine.

Aussi, dans le domaine affectif, Teilhard entrevoit-il des facultés et des consciences nouvelles :

« L'Amour, aussi bien que la pensée, est toujours en pleine croissance dans la Noosphère. L'excès devient chaque jour plus flagrant de ses énergies grandissantes sur les besoins chaque jour plus restreints de la propagation humaine. C'est donc qu'il tend, cet amour, sous sa forme pleinement hominisée, à remplir une fonction beaucoup plus large que le simple appel à la reproduction. Entre l'homme et la femme, un pouvoir spécifique et mutuel de sensibilisation et de fécondation spirituelle sommeille vraisemblablement encore, qui demande à se dégager en irrésistible élan vers tout ce qui est beauté et vérité. »

Son analyse à ce sujet accompagne et reflète sa vie. La pensée de Teilhard plonge ses racines dans une expérience intime du monde. Aussi lorsqu'il évoque cette question de l'amour humain, c'est en écho à une onde de choc fortement ressentie dans sa vie personnelle, sur laquelle on ne peut faire l'impasse si l'on veut lui rendre cette justice d'envisager la plénitude existentielle de sa réflexion.

Ce sont les liens qu'il a tissés, d'une manière très délicate, avec certaines femmes de son entourage, ce sont des attraits qu'il n'a pas fuis, des influences auxquelles il a su donner la place qui leur revenait dans sa vie, ce sont des sentiments que son goût naturel pour la vérité n'a pas cherché à dissimuler, qu'il exprime et tente de clarifier chaque fois qu'il évoque l'importance décisive du féminin dans sa vie. Cette importance a pris plus d'une fois un aspect crucial pour lui : une première fois vers la trentaine, puis à plusieurs reprises au cours de son existence, et particulièrement lorsqu'il fit connaissance de Lucile Swan à Pékin dans les années trente.

L'énergie chez Teilhard reçoit une connotation puissamment féminine. « Rien ne s'est développé en moi que sous un regard et sous une influence de femme », écrira-t-il quelques années plus tard dans le clausule de son autobiographie spirituelle, *Le Cœur de la Matière*. Il ajoute, rendant ainsi un hommage général à celles qui ont compté pour lui : « Nul accès n'est possible à la maturité et à la plénitude spirituelles en dehors de quelque influence "sentimentale" qui vienne, chez lui, sensibiliser l'intelligence, et exciter, au moins initialement, les puissances d'aimer. » Cela dit, Teilhard reviendra souvent sur ce problème. Plusieurs de ses essais, dont *L'Eternel féminin*[1] et *L'Evolution de la chasteté*[2], traitent de cette question

1. *Œuvres*, t. XII.
2. *Œuvres*, t. XI.

de la chasteté et de l'attrait sexuel, qui s'est posée à lui semble-t-il avec plus d'acuité que jamais en 1934 lorsque s'est resserré entre Lucile Swan et lui un lien qu'il a qualifié d'« amitié passionnée ».

Il envoie alors son texte au Père Valensin pour lui demander conseil sur sa manière d'envisager sa position :

« Ce que j'ai écrit là, c'est le meilleur de ce que j'ai trouvé à répondre (à moi, et à l'autre) lorsque, à trois ou quatre reprises dans ma vie, j'ai été mis, de longues périodes durant, “au pied du mur”. – Vous trouverez peut-être que c'est faible, comme triomphe. Mais c'est que, réellement, je n'arrive à rien voir de plus. Sur cette question de la Chair (“climax” de la question de la Matière), je suis “aveuglément” l'Eglise sans bien comprendre ce qu'elle me dit (ou même en croyant voir autre chose). – Croyez bien que je donnerais cher pour me sentir une conviction plus personnelle. Et faites-moi voir, si vous pouvez[1]. »

Le Père Valensin lui objectera que l'amitié passionnée ne peut satisfaire à la condition de « sauver la matière ».

La position de Teilhard est très simple, en vérité, si l'on veut bien lui faire crédit de sa bonne foi lorsqu'il répond à un intime, à la fin de sa vie, qui l'interroge sur sa fidélité irréductible au vœu de chasteté : « Cette fidélité n'a pas exigé de lutte dont je me souvienne. Je ne peux aimer que le Christ[2]. »

Elle demeure cependant périlleuse car elle évite (ou dépasse) l'union sexuelle tout en rejetant formellement la séparation des sexes habituellement liée à toute perfection religieuse. C'est une « troisième voie », supérieure (et non moyenne des deux autres) qui s'impose tout naturellement à lui. Si « l'énergie dont s'alimente notre vie

1. L.I., 24 août 1934.
2. C.M., *Œuvres*, t. XIII.

intérieure est primitivement de nature passionnelle[1] », Teilhard n'en reste pas moins fidèle à lui-même en refusant la séparation matière-esprit. Au lieu d'envisager la chasteté – la sienne et celle de l'autre – comme une privation, une restriction ou une fuite, il la conçoit comme une forme supérieure d'union, une forme qui, croit-il, deviendra de plus en plus évidente. « Ce que j'entrevois, c'est une augmentation graduelle de l'usage spirituel des sexes, avec graduelle réduction du côté "reproduction" et des actes physiques conduisant à celle-ci[2]. » Ce qu'il entrevoit, en somme, c'est l'amour en voie de « changement d'état » au sein de la Noosphère : une « troisième voie » qu'il aura beaucoup de peine à faire admettre à Lucile Swan, comme on le verra.

A ce propos, une réflexion de Paul Valéry, qu'il cite dans l'une de ses lettres, lui semble exprimer avec justesse ce à quoi il aspire :

« La valeur vraie de l'amour est dans l'accroissement de vitalité générale qu'il peut donner. Tout amour qui ne dégage pas cette énergie est mauvais. Ceci suggère qu'il faut utiliser ce ferment sexuel vers des fins nouvelles. Ce qui croyait n'avoir à faire que des hommes tourne à faire des actes, des œuvres. Production après reproduction[3]. »

Lorsqu'il rentre en Chine, au début septembre 1937, il retrouve un pays en proie à de graves bouleversements. Depuis le mois de juillet, la Chine et le Japon se sont déclaré la guerre à la suite de l'incident du pont Marco-Polo. Dès le début, Pékin a été occupée. De là, les troupes japonaises sont descendues vers le sud. Shanghaï a été conquise après une longue et sanglante bataille. Les

1. *Evolution de la chasteté*, *Œuvres*, t. XI.
2. L.I., 11 novembre 1934.
3. L.S., 13 mars 1934.

troupes faméliques, mal équipées et peu motivées de Chiang-Kaï-Chek se révèlent incapables de faire face à la puissante armée nippone d'un million d'hommes.

Shanghaï est bombardée par les Japonais, ce qui oblige Teilhard à passer par Kobé, au Japon, d'où il prend un bateau qui le débarque à Tien-Tsin. Une épidémie de choléra à Hong-Kong et un typhon dans la région de Kobé s'ajoutent encore aux difficultés du voyage de retour.

En fait, la séparation entre Nankin, au milieu du pays, et Pékin, au nord, s'est accentuée. La Chine du Nord est occupée par l'armée japonaise. Le Sud cherche à sauver tout ce qui est possible en organisant une résistance à laquelle concourent les nationalistes et les communistes. Dans Pékin désertée subsiste un petit groupe d'Occidentaux autour du *Geological Survey of China*, mais les bombardements gênent considérablement les travaux des géologues sur le terrain. Teilhard, d'abord soucieux de sauver les collections du Musée de Tien-Tsin et d'assurer ses responsabilités à Pékin, repousse à plus tard l'offre d'Helmut de Terra de le rejoindre dans sa campagne de fouilles en Birmanie. Et voici qu'à la fin de l'année le Dr Peï s'offre pour le remplacer au *Survey*, durant le temps de ce voyage. Trois mois à peine se sont écoulés depuis son retour qu'il se remet en route cette fois pour la Birmanie.

Helmut de Terra, soutenu par la Carnegie Foundation, a organisé cette tournée en Birmanie pour laquelle il souhaite beaucoup la participation de Teilhard. Le géologue allemand a très bien expliqué comment l'ardeur de Teilhard et son intensité spirituelle étaient si contagieuses qu'aucun obstacle ne tenait face à un projet commun avec lui. Helmut de Terra évoque l'impossibilité d'« échapper à l'influence durable qui rayonnait de sa personnalité ».

Terra est déjà sur place, en décembre 1937, avec le Dr Movius de l'université Harvard. Teilhard les rejoint à

Mogok, sur le plateau Shan, au-delà des frontières du Yunnan, le 31 décembre 1937. Il est parti de Tien-Tsin sur un cargo rempli d'émigrants chinois qui se rendent en Malaisie. De Singapour, il gagne Rangoon où l'attendent les instructions d'Helmut de Terra. Un vieux bateau à aubes le dépose finalement au débarcadère d'une petite localité au nord de Mandalay, sur les bords de l'Irrawady, où l'équipe au complet est venue l'accueillir.

Ils commencent l'année 1938 le long de ce fleuve dont les vertes terrasses fourmillent de restes paléolithiques. Les mêmes données géologiques qu'en Inde se retrouvent sur les terrasses de la Narbada. Le long de l'Irrawady, au sud de Mandalay, Teilhard recueille près d'un millier de pièces paléolithiques, ce qui va lui permettre d'établir le lien paléontologique entre la Birmanie, le plateau Shan, le Yunnan et la Chine du Sud.

« Lorsque deux terrains éloignés géographiquement fournissent les mêmes fossiles, on peut les considérer comme étant du même âge [1]. » Cette méthode stratigraphique, inventée par Alexandre Brongniart au XIXe siècle, Teilhard la pratique depuis des années. Grâce à elle, il est passé maître dans l'art de ces vastes rapprochements géologiques.

Faire le lien. Relier toujours. Pour cela il faut voir loin, et si large qu'il surprend même ses compagnons de voyage. Helmut de Terra remarque sa manière « de passer immédiatement de l'abondance des données scientifiques aux questions les plus critiques ». Il admire ses dispositions philosophiques et profondément mystiques si rares chez un naturaliste – et son aptitude à s'endormir en quelques secondes, n'importe où, d'un sommeil aussi bref que réparateur. En revanche, il s'étonne que Teilhard

1. L.V., Introduction de Madeleine Madaule.

ne porte aucune attention aux cultes primitifs si souvent mis à jour au cours de leurs recherches paléontologiques. Le Jésuite ne s'intéresse pas le moins du monde à ces traces immémoriales de religiosité. « Il faut vider les vieilles outres »… disait-il jadis à ses frères.

Claude Cuénot, quant à lui, dans sa biographie de Teilhard de Chardin, a souligné ses talents de conseiller, de directeur de recherche dans cet immense pays qu'est la Chine. Il guide Helmut de Terra, il enseigne à Movius la lecture des bois silicifiés. Il initie de jeunes paléontologues chinois.

Un très vieil homme, aujourd'hui, à Pékin, se souvient d'avoir appris le métier de chercheur avec ce grand homme maigre, toujours très bien coiffé, que l'on appelait le « Père de ». A soixante ans de distance, Jia Lanpo, âgé de quatre-vingt-dix ans, membre de l'Académie chinoise des sciences, garde une vénération pour ce « vrai scientifique » qui sut lui transmettre le flambeau de cette discipline nouvelle sur la terre même de ses ancêtres. Responsable des fouilles de Chou-Kou-Tien à partir de 1935, Jia Lanpo travailla sur le site jusqu'en 1958, découvrant au fil des ans de nouveaux fossiles de sinanthropes.

Les méthodes empiriques de Teilhard ont parfois de quoi surprendre. Un jour, peu avant de quitter Mogok, un mineur leur apporte la partie inférieure d'un maxillaire humain provenant d'une caverne de la région. Helmut de Terra a la surprise de voir Teilhard passer sa langue sur l'ossement en question et déclarer ensuite que la pièce n'est pas assez minéralisée pour être fossile car elle a conservé sa porosité d'origine. Méthode expérimentale s'il en est !

Quant aux dents d'hominiens, ce sont les pharmaciens chinois qui leur permettent d'en retrouver la piste : ils les vendent en effet comme « dents de dragons », au même titre que les peaux de serpents et les dépouilles de chauves-souris, pour leurs propriétés miraculeuses. Avec un bon pourboire, les guérisseurs-marchands les conduisent jusqu'aux cavernes d'où proviennent les fameux fossiles du plus haut intérêt pour les préhistoriens.

Pagan, l'ancienne capitale de la Birmanie, dresse ses pagodes de brique rouge au milieu des palmiers, des banyans, des manguiers et des mimosas. La ville fourmille d'une population bariolée qu'observe Teilhard d'un œil d'ethnologue. Dans ce pays lumineux, la jungle domine, avec ses forêts de bambous et ses bois de teck que l'on fait descendre en radeau le long du fleuve. Qui pouvait alors se douter que l'invasion japonaise allait, en peu de temps, apporter la désolation dans cette gracieuse contrée où les cités antiques et les villages seraient alors livrés aux flammes ?

Grâce à la saison sèche, au ciel pur, au travail sur le terrain, Teilhard se sent rajeunir. Il récupère sa bonne santé perdue à la suite de ses accès de paludisme. Au cours de ce voyage, il fait preuve d'une endurance exceptionnelle, n'exprimant jamais une plainte, même dans les moments les plus éprouvants pour un homme qui a passé la soixantaine. Le naturaliste et l'écrivain, en lui, ont retrouvé leur source d'inspiration :

« Après quelques jours passés près d'un très majestueux volcan dans la plaine (le mont Popa), nous avons émigré sur le plateau Shan. Temps très frais, et un décor d'une telle magnificence ! D'énormes forêts vertes, sur lesquelles le printemps éparpille des touches crème et rose, et éventuellement des pièces couleur flamme. Il y a deux jours nous avons roulé en auto sur une route bordant un précipice, vers la profonde vallée où la Salween court parallèlement au Mékong. Quelques milles plus loin, c'étaient les premières pentes du Yunnan. Des Chinois partout dans leurs bleus et sur leurs mules, juste comme à Pékin ! Vous auriez plaisir à observer les gens des collines : des Shans enturbannés de noir, des femmes Kachin en grand décolleté, avec une jupe de couleur, des Wans sauvages, presque nus (une tribu de chasseurs de têtes) et aussi farouches que des animaux de la jungle ; une collection ethnologique complète [1]. »

En avril, le groupe se rend à Java où il rejoint le Dr von Koenigswald qui doit le conduire au bord de la rivière Solo, là où, en 1891, le Dr Dubois, élève de Haekel, découvrit une calotte crânienne de Pithécanthrope. Dans la même zone géographique, von Koenigswald a mis à jour d'autres restes de Pithécanthrope et près de 3 000 ossements fossiles de vertébrés mêlés à des instruments paléolithiques.

Au lendemain d'une journée de fouilles sur le site de l'homme fossile, une expédition est prévue le long de la rivière. Les voyageurs passent une nuit mouvementée au bord de la Solo, dans une paillote ouverte. Quelques anciens du village ont insisté pour rester. Ils bavardent en fumant jusqu'à l'aube en regardant dormir les étrangers que les moustiques ne se contentent pas de regarder. Au matin, l'expédition est tout de même maintenue, malgré la fatigue. Le voyage s'accomplit dans des conditions extrêmement difficiles. A pied, sous une chaleur moite qui rend pénible le déplacement. Une journée de marche sur un étroit sentier transformé par endroits en bourbier où les marcheurs ont de la peine à progresser.

« Mais quand le sentier se transforma en marécage, l'ambiance agréable disparut, car nous plongions à chaque pas dans un bourbier noirâtre, une argile vaseuse et visqueuse où nous enfoncions jusqu'au-dessus des

---

1. L.S., 7 mars 1938.

chevilles. Je voyais Teilhard progresser devant moi, la tête penchée ; sa chemise était exactement aussi trempée que celle des autres, son pantalon kaki aussi encroûté de boue, mais il avait en outre une cause d'ennuis particuliers : ses chaussures de tennis, qui s'égarèrent à plusieurs reprises dans ce marais. Baignés de sueur, nous pataugions dans la forêt étouffante [...]. Les quelques photos que je pris pendant cette marche confirment le souvenir que j'ai gardé de l'état d'épuisement de Teilhard. Sous le poids de la fatigue, tout son corps avait perdu son admirable élasticité ; mais bien que son visage trahît son épuisement physique, il ne sortit de ses lèvres aucune critique ni aucune plainte [1]. »

Sur le plan intellectuel et religieux, Teilhard « attend son heure » – « si elle doit venir jamais », dit-il.

Son heure, il faut s'entendre sur ce terme, car il ne semble pas avoir jamais désiré une réussite personnelle. Son heure, c'est la reconnaissance des urgences auxquelles le prêtre, en lui, est particulièrement sensible, l'avènement d'un christianisme nouveau. « Il me paraît essentiel que les perspectives chrétiennes puissent être présentées enfin sous forme de Weltanschauung organisée, *cohérente* avec le monde moderne. Comment, sans cela, équilibrer la puissance des solutions communistes ou fascistes de la Terre ? Ces dreadnoughts ne seront pas vaincus par nos galères médiévales [2]... »

Son propos demeure donc essentiellement apologétique et mystique. Faire retrouver aux hommes l'amour d'un Universel-Personnel. « Pour avancer cette œuvre, je l'avoue, il y aurait précisément, peut-être, *un geste* à

1. H.T., p. 130.
2. L.I., 25 mai 1938. *Weltanschauung* = Vision du monde ; *dreadnoughts* = cuirassés.

faire (différent mais comparable à ceux du Christ ou de saint François). C'est cela que j'attends, mais que je ne vois pas encore, mais auquel, je vous le jure, je me donnerai comme à la fiancée rêvée par toute ma vie aussitôt qu'elle m'apparaîtra[1] », écrit-il à une amie lors de son séjour à Murols, dans le Puy-de-Dôme.

Peu de temps après, de retour à Pékin, en mai 1938, il apprend que la commission des Hautes Etudes vient de le nommer titulaire du Laboratoire de Paléontologie humaine. Après un avis favorable de Rome et du supérieur général des Jésuites, Teilhard est autorisé à accepter ce poste à condition que ses travaux restent d'ordre purement scientifique. Il s'en réjouit, car il attendait depuis des années cette possibilité d'alterner ses séjours en France et en Asie – possibilité officielle, cette fois, alors qu'il se sentait éloigné de la vie intellectuelle française. La Chine n'en demeure pas moins, pour lui, le climat le plus stimulant pour écrire. Sans doute trouve-t-il en Extrême-Orient cette distance, ce détachement si nécessaires à la pensée, l'éloignement sécrétant de lui-même cet espace neutre à l'intérieur duquel peut se déployer l'œuvre.

A Pékin, les fouilles de Chou-Kou-Tien ont dû être interrompues car le site était pris entre deux feux : ceux des troupes japonaises occupant la plaine et ceux des communistes chinois réfugiés dans la montagne.

A Tien-Tsin, le musée du Père Licent est en pleine transformation. Son fondateur a été rappelé en France, ce qui n'est pas sans soulager Teilhard : son très mauvais caractère lui rendait la vie impossible. En se modernisant, le musée Hoang-Ho Paï-Ho deviendra un Institut de Recherches biologiques continentales.

1. Ac.H., 28 juin 1937.

Teilhard va tirer parti du temps qui lui est offert par les circonstances pour terminer deux mémoires de paléontologie et travailler à son grand livre sur l'homme. Ce livre, auquel il pense depuis longtemps, découlera tout naturellement de son voyage en Birmanie et à Java, à la surprise d'Helmut de Terra qui pensait que leurs recherches communes aboutiraient à un ouvrage de paléontologie plutôt qu'à un ouvrage de philosophie naturelle. Ce livre, ce sera *Le Phénomène humain* [1], l'une de ses œuvres capitales.

Ses allées et venues à cette époque s'accélèrent, comme s'il anticipait la longue immobilité des années à venir. Plusieurs séjours à New York, en septembre 1938 et en juin 1939, lui permettent d'intensifier des contacts amicaux et professionnels. Serait-ce qu'un horizon s'ouvre pour lui de ce côté du monde, alors qu'il se referme du côté chinois où la guerre rend de plus en plus difficile la présence des Occidentaux ?

Au début de novembre 1938, il revient en France où il va faire son plus long séjour depuis vingt ans. Des très nombreuses rencontres que lui occasionne cette période parisienne, aussi bien de croyants que d'agnostiques, il retire ce constat : « Partout je trouve la naissance, ou tout au moins l'attente, d'une nouvelle croyance de l'Homme en une évolution spirituelle du monde [2]. »

La France est au bord de la guerre. Teilhard peut, par sa vision claire et énergique de l'évolution, apporter une certaine assurance religieuse à bien des hommes et femmes inquiets de la tournure dramatique de l'Histoire. Il est très sollicité de la part d'auditoires fort variés. Le groupe Marcel Légaut, en particulier, travaille beaucoup avec lui à cette époque. Teilhard aime aussi à s'adresser

1. *Œuvres*, t. I.
2. L.S., 7 décembre 1938.

au monde ouvrier. Il fut un partisan ardent des prêtres ouvriers. Les ingénieurs et, d'une manière générale, les hommes d'action, l'intéressent et il sait trouver les mots justes pour leur parler. Il lui arrive aussi de s'adresser à des artistes : un ingénieur français, en liaison avec Aldous Huxley, lui demande de rencontrer une soixantaine d'artistes en mars 1939. Teilhard évoque devant eux la primauté de l'intuition et la fonction essentielle de l'art dans l'avancée de l'énergie spirituelle.

C'est à cette époque aussi qu'il fait connaissance de Jeanne Mortier, celle qui deviendra sa secrétaire et sa légataire universelle. Après la mort de Teilhard, elle prendra soin de faire éditer l'œuvre entière avec une intelligence, une ferveur et un dévouement exemplaires.

Et puis, au début de l'été 1939, à la veille de la guerre, Teilhard repart pour la Chine en passant par les Etats-Unis. De New York, où il travaille à l'American Museum of Natural History, il se rend à Berkeley où se tient un congrès de géologie. Il y retrouve bon nombre de ses amis américains. Le 30 août, il regagne Pékin.

Infatigable ? Teilhard ne l'est plus tout à fait depuis son alerte de l'année passée. Des crises d'anxiété commencent à l'atteindre sévèrement à partir de 1939.

9

L'Eternel féminin

Lorsque Teilhard revient, à la fin août 1939, toute la Chine du Nord subit l'invasion japonaise. Les grandes villes, les côtes et la vallée du Yang-Tsé-Kiang sont aux mains de l'occupant. Le pays est complètement désorganisé. Par surcroît, une inondation ravage la ville de Tien-Tsin et les locaux du musée Hoang-Ho Paï-Ho. La maison des Hautes Etudes est remplie de réfugiés. Teilhard ne s'y arrête pas et regagne Pékin où il commence par loger à Shi Hu Hutung, dans un quartier nord de la ville intérieure, où se trouve la maison des Jésuites, Chabanel Hall. Il est reçu plutôt froidement par le supérieur des Jésuites qui, à la première entrevue, lui dit : « Mon Révérend Père, vous êtes indésirable parce qu'évolutionniste et communiste, il faudrait donc que vous retourniez en France le plus tôt possible. – Moi ? je ne suis pas communiste. – Vous êtes évolutionniste, donc c'est suffisant pour prouver que vous êtes communiste [1]. »

---

1. C.C., p. 295.

Bel accueil, devant lequel Teilhard, indulgent, appliquant en cela le précepte de saint Ignace – « Il faut toujours présupposer que tout bon chrétien doit être plus prompt à sauver la proposition du prochain qu'à la condamner » –, garde son sang-froid.

Chabanel Hall, au nord de la ville, se trouve à une demi-heure de rickshaw du Pekin Union Medical Center et à un quart d'heure du *Survey*, ce qui lui semble encore trop loin. Tout de suite, il se sent mal à l'aise dans la grande maison, remplie de prêtres et d'étudiants pour la plupart hispano-canadiens, plutôt « fermés », dont les préoccupations n'ont rien à voir avec les siennes. Aussi s'échappe-t-il le plus possible vers ses centres d'intérêt, traversant chaque jour le Parc impérial qu'il décrit de façon charmante au printemps 1940 : « Tous les cerisiers étaient roses sur la terre grise, sous un ciel bleu embué de poussière. Un vrai printemps chinois, ignorant les troubles de la guerre[1]. »

Ces troubles le tourmentent. A plusieurs reprises, dans les lettres qu'il envoie régulièrement à son frère Joseph, il exprime son désarroi et son inquiétude d'être loin de la France. Il se demande s'il n'aurait pas mieux à faire que de rester en Chine – où sa tâche est cependant fort utile. Il collabore activement aux institutions scientifiques de Pékin, assurant notamment la direction des laboratoires de l'université chinoise. Il travaille aussi chaque jour au Cenozoïc Research Laboratory, lequel dépend du *Geological Survey of China*. Lockart Hall, siège du PUMC, abrite les fossiles recueillis au cours de campagnes de fouilles. Le Chinois Peï y travaille avec Teilhard à l'identification des mammifères fossiles.

A Tien-Tsin, l'inondation dramatique du mois de septembre a causé des dégâts considérables aux collections

1. C.C., p. 296.

préhistoriques du musée Hoang-Ho Paï-Ho. Comme le Père Licent a été rappelé en France pour des raisons de santé, le supérieur des Jésuites de Tien-Tsin invite le Père Leroy, le nouveau directeur du musée, à évacuer l'Ecole des Hautes Etudes. L'ambassadeur de France, Henry Cosme, met alors à la disposition des Pères Leroy et Teilhard des locaux de l'ambassade de France à Pékin, au n° 3 de la rue Labrousse. Les deux Jésuites vont travailler deux mois durant à transporter les énormes collections d'une ville à l'autre. C'est ainsi que grenouilles, poissons, singes et éléphants fossilisés, emballés dans des caisses, voyagent de Tien-Tsin à Pékin.

Teilhard souhaitait créer un Institut de Recherches autour d'une équipe spécialisée. Celui-ci ne vit pas réellement le jour, faute de savants adéquats, mais il prit la forme d'un Institut de Géobiologie dont le but était l'étude de l'évolution combinée du sol et de la vie sur le continent asiatique. Quelques mois après son retour, Teilhard peut enfin déménager, quitter la grande maison de Chabanel Hall, et s'installer avec Pierre Leroy, son ami et directeur de l'Institut, dans une petite maison, juste à côté de l'ambassade de France, au cœur de la vie culturelle pékinoise et de son centre d'intérêt principal, cet Institut de Géobiologie dont il était en quelque sorte le « père ». Lui et le Père Leroy en furent les grands animateurs, tandis qu'Henry Vetch, l'éditeur français de Pékin, assurait leurs principales publications grâce à des subsides de l'ambassadeur de France et de l'Alliance française de Shanghaï.

C'est à cette époque que Teilhard fait connaissance de Claude Rivière, la directrice de la Radiodiffusion française de Shanghaï. Cette femme étonnante, agrégée de lettres, a d'abord enseigné en France et aux Etats-Unis avant de mener, à partir de 1923, une vie d'aventurière. Voyageant en goélette à travers le Pacifique, elle est partie sur les traces de Gauguin en Polynésie, elle a habité la maison de Stevenson à Samoa. Tour à tour pêcheuse d'huîtres à perles, vendeuse de coprah, organisatrice de courses de chèvres en Inde, elle a aussi fondé l'université de Hawaii. Femme sensible et énergique, elle se passionne pour son métier de journaliste, dont l'importance sera décisive pour la communauté étrangère isolée en ces années de guerre. La première fois qu'elle rencontre Teilhard, elle croit voir un Greco au visage éclairé d'un merveilleux sourire. Une amitié profonde, une intimité intellectuelle et, de la part de Teilhard, une affection quasi paternelle se créent et se développent entre eux.

Les tâches ne manquent pas à Pékin où s'instaure, à l'Institut de Géobiologie, une vie de labeur et de prière. Teilhard célèbre la messe chaque matin à 7 heures. Ensuite il discute un moment avec le Père Leroy. Vers 8 heures 30, il s'attelle à la rédaction d'un mémoire scientifique jusqu'à 12 heures. L'après-midi, il est au laboratoire jusqu'à 17 heures, à classer des fossiles. Ce sont ensuite trois heures de visites et de rencontres avant le retour à l'Institut dont les portes sont impérativement fermées à 20 heures précises par un intendant pointilleux, le Père Bornet. Teilhard s'arrange toujours pour rentrer à la seconde près avant le tour de clé définitif de la nuit, ce qui tient chaque fois du miracle. Outre l'intendant au nom judicieux, la maison abrite un quatrième hôte : le chien Rat D'eau.

Teilhard publie de nombreux mémoires sur la géologie et la paléontologie de la Chine, dont le célèbre *Early Man in China* (*L'Homme préhistorique en Chine*) qui représente la grande synthèse des connaissances sur les restes humains du Pléistocène.

Le Père Pierre Leroy devient à cette époque son compagnon et son ami. Jésuite, pétillant de gaieté et d'intelligence, le Père Leroy est un biologiste et un musicien de talent, compositeur à ses heures. Durant toute la période chinoise, il vivra aux côtés de Teilhard, tous deux formant un tandem présent sur tous les fronts de la vie religieuse et sociale pékinoise. C'est à lui que l'on doit les témoignages les plus intimes et les plus émouvants sur Teilhard.

Ensemble ils se rendirent à Shanghaï chez Claude Rivière pour y donner de mémorables conférences. Bien souvent aussi ils prennent le thé chez Lucile Swan ou bien ils s'en vont en pique-nique dans les Western Hills, autour de Pékin, le dimanche, avec la petite communauté étrangère restée dans la ville. Son témoignage est éclairant. Il nous parle du vrai Teilhard, de l'homme qu'il côtoya pendant des années avec une vigilance filiale. Il l'évoque avec une profonde affection, dans un souci de vérité, tout en échappant aux tentations d'hagiographie. C'est donc par lui que nous avons connaissance d'un aspect essentiel de la vie de Teilhard durant les vingt-cinq dernières années de sa vie.

« Cela se passait à Pékin où je venais d'arriver. Je vivais avec Pierre Teilhard, un compagnon et un collègue Jésuite. Nous étions seuls dans le nouvel Institut de Géobiologie et nos relations fraternelles étaient en train de tourner rapidement à l'amitié. J'avais l'impression que nous n'avions pas de secret l'un pour l'autre.

Un jour où je me rendais à l'hôpital français de Legation Road, je vis à ma surprise un couple s'avancer vers moi – un homme et une femme marchant côte à côte en silence. C'était Teilhard et une Américaine dont il ne m'avait pas parlé. Elle avait à peu près le même âge que lui, un visage saisissant, un port tranquille, une tenue à la fois simple et pleine de dignité. Cette image demeure en moi.

J'appris ensuite que cette Américaine était Lucile Swan et qu'elle vivait en face de nous dans la même rue [1]. »

---

1. L.S., Introduction.

Ainsi Pierre Leroy introduit-il la vaste correspondance publiée aux Etats-Unis, en anglais, entre Teilhard de Chardin et Lucile Swan, correspondance dont nous n'avons qu'un volet puisque Teilhard jetait toutes ses lettres aussitôt lues. Cette fois, cependant, la destinataire a tenu un journal dont les passages relatifs à Teilhard se trouvent intercalés, dans l'édition américaine, avec les lettres reçues de lui – lettres soigneusement conservées, auxquelles font écho les pages du journal de Lucile Swan.

Ce n'est pas sans émotion que l'on aborde ces pages. Dans la vaste correspondance avec ses intimes – prêtres, amis et amies – celles-ci représentent un document irremplaçable. Si les lettres à ses amis prêtres nous ont été rendues à peu près intactes, en revanche les correspondances avec ses amies, et d'abord sa cousine Marguerite Teillard-Chambon (Claude Aragonnès), Léontine Zanta, Ida Treat ou Rhoda de Terra, ont été amputées de leur part « affective », sans doute pour restituer un Teilhard parfaitement conforme à l'idée que l'on se fait du prêtre admirable, qu'il fut d'ailleurs, sans qu'aucun élément humain ne vienne compromettre cette image. Le Père Leroy lui-même a coupé certains passages de lettres qu'il reçut de son ami, « par souci de discrétion ». Aussi la plupart des correspondances de Teilhard dégagent-elles, malgré tout, une sorte de sécheresse intellectuelle qui ne rend pas complètement compte de l'homme de cœur et de l'ami incomparable qu'il fut, comme si l'on pouvait, chez un penseur qui a toujours prôné l'unicité de la matière et de l'esprit, dissocier l'un de l'autre en ce qui concerne sa vie intime. Il semble que la pensée d'un tel homme ne soit pas dissociable de la chaleur humaine, de l'humour ou de la tendresse qui émanaient de sa personne. C'est en tous les cas le souvenir qu'ont en mémoire tous ceux qui l'ont connu, comme s'ils étaient encore illuminés de son rayonnement. Or, en matière d'écrits, ce sont avant tout les lettres qui conservent cette précieuse part d'un être.

La correspondance avec Lucile Swan ne révèle pas un autre Teilhard, mais elle introduit un élément de cohérence et de vérité humaine, qu'il a lui-même clairement évoquées à plusieurs reprises au cours de sa vie. Entre le texte poétique de *L'Eternel féminin*, écrit alors qu'il était au Front, et le dernier chapitre de son texte autobiographique, *Le Cœur de la Matière*, un même thème se déploie, prend consistance en évoluant de l'intuition de jeunesse à la connaissance de l'âge mûr, au fur et à mesure qu'il passe par le van impitoyable de l'existence.

Teilhard a été très aimé des femmes et il ne s'est jamais défendu d'aimer. Il a connu l'amour et, vivant le plus souvent hors des cures et des couvents, il a pu librement, quoique toujours prudemment, répondre à l'amour qu'on lui portait. Cependant, si l'on en croit ses confidences à ses intimes, il n'a pas rompu son vœu de chasteté en vertu d'une fidélité essentielle au nom de laquelle il lui était tout simplement impossible de le rompre. C'est là la pierre d'achoppement de l'amour qui l'a lié à Lucile Swan. La lecture de ces lettres et les pensées de celle qui les recevait font de nous les témoins d'une aventure peu commune entre deux êtres, cherchant à se délivrer du déterminisme physique et émotionnel afin de hausser leur amour vers un champ nouveau, encore inconnu mais pressenti par Teilhard comme un avenir possible à l'amour humain.

« Ils étaient faits pour s'entendre », dit Pierre Leroy. Lucile Swan a aimé passionnément Teilhard. Ils se sont rencontrés à Pékin en 1929. Ensuite, leur relation n'a pas cessé jusqu'à la mort de Teilhard en 1955, quoiqu'elle soit passée par des moments de torture et d'angoisse, surtout pour Lucile qui la vécut comme une réalité aussi tragique que passionnante. Du côté de Teilhard, il semble que le bonheur et l'importance de cette amitié aient alterné avec une conscience douloureuse de faire souffrir Lucile aux heures où celle-ci se révoltait de son non-accomplissement physique.

Pour Lucile Swan, femme d'un naturel généreux, dotée d'une forte personnalité, la consommation physique était fondamentale dans l'amour entre un homme et une femme, comme une manière de sceller l'amour. De surcroît, elle voyait une contradiction flagrante entre les intuitions de Teilhard et sa pratique de la chasteté. Traverser l'ordre matériel ne signifiait-il pas aussi accepter la sexualité ? Elle fut toujours claire avec lui, comme il le fut avec elle. Mais il ne céda pas. Bien plus tard, après la mort de Teilhard, une nièce de Lucile lui demanda s'il y avait jamais eu une confirmation physique de cet amour. Ce à quoi Lucile répliqua : « Jamais. »

Une vie se déroule dans l'espace de ce « jamais », un noble amour, torturé par un impossible, grandi par lui jusqu'aux frontières du supportable.

Lucile Swan était sculpteur. Elle était née en 1890 à Sioux City dans l'Iowa et avait été mariée pendant douze ans à un artiste de Chicago avant de se séparer de son mari. Elle vint à Pékin en 1929 pour un simple voyage d'agrément et fit connaissance de Teilhard chez des amis dès le début de son séjour. « Quelle sorte d'"ologue" êtes-vous ? » lui demanda-t-elle à brûle-pourpoint lors de leur première rencontre.

Elle se trouva si heureuse à Pékin qu'elle décida d'y rester. Elle se remit alors à la sculpture en représentant des personnes de son entourage, Chinois et Occidentaux. C'est à elle que le Dr Weidenreich fit appel pour modeler le visage hypothétique du Sinanthrope – la fameuse « Nelly » – à partir des restes découverts à Chou-Kou-Tien.

Lucile, à cette époque, pria Teilhard de bien vouloir poser pour elle. Elle réalisa son buste. Comme elle ne parvenait pas à travailler tout en discutant, elle lui offrit de rester après les séances de pose pour pouvoir parler. Ainsi prirent-ils l'habitude de se voir tous les jours autour d'une tasse de thé. Lucile très vite se passionna pour les thèses de Teilhard, pour la renaissance spirituelle qu'il proposait. Ces conversations lui devinrent essentielles. Il est permis de penser que, de ce dialogue entre eux, naquirent ou se précisèrent en lui des pensées qui devaient aboutir, entre autres, au *Phénomène humain*. Longtemps, ce fut Lucile qui se chargea de taper les manuscrits de Teilhard.

Ce qui était jusque-là une rencontre de profonde entente et d'amitié tourna en un autre sens lorsque Lucile exprima son amour à Teilhard. Il semble que ce moment se situe en 1936 à Pékin. Le 7 mai de cette année-là, Teilhard lui écrit :

« Très chère,

Depuis hier, je souffre beaucoup (plus, je crois, que jamais de ma vie) car j'ai réalisé que vous m'étiez bien plus chère que je ne le pensais – et qu'en même temps je peux être un danger pour vous. – Lorsque, il y a des années, j'ai commencé à vous voir, Lucile, j'ai (autant que je puisse comprendre mon attitude instinctive à ce moment-là) eu le sentiment et l'espoir que vous alliez (et vous l'avez fait) illuminer ma vie, – et qu'en retour je pourrais vous apporter une nouvelle énergie pour devenir davantage vous-même, une *énergie*, Lucile. Et maintenant je réalise que je suis devenu pour vous un *centre*, qui n'a pas, j'en ai peur, la consistance matérielle requise pour être un support solide à votre vie. – Etre une énergie, et non un centre, est-ce là une utopie ? – Pensez-y, Lucile, et dites-moi ce que vous pensez. – Ce qui est né entre nous est pour toujours : je le sais. – Mais si vous voyez quelque chose qui pourrait contribuer à votre bonheur et à votre paix, d'une façon ou d'une autre, dites-lemoi, je vous en prie. Mon rêve est de vous rendre glorieusement heureuse[1]. »

Quelques jours plus tard, il précise sa pensée très clairement.

« Une fois de plus et du plus profond de mon cœur, j'ai pensé à vous et à moi, depuis hier. Et j'en reviens toujours à la même conclusion que si vous ne me trouvez pas comme vous le voudriez, la raison n'en est pas d'une mesquine intrusion étrangère entre nous deux – mais de la présence de Dieu que j'aime comme une Personne, et auquel j'ai dédié l'activité finale de ma vie. Pour moi, tout le problème est là, et la raison pour laquelle vous me trouvez quelque peu élusif ou insaisissable. Vous, vous cherchez un équilibre "à deux", et pour moi il n'est question que d'un équilibre "à trois". – Ma conviction est, comme je vous l'ai déjà dit, que le troisième élément n'est pas une barrière, ni une sorte de "rival". Je tiens (et j'expérimente) qu'il m'apporte, au contraire, une sorte de nouvelle dimension, dans laquelle l'amour se développe plus librement, et atteint un incroyable degré de consistance[2]. »

Un mois plus tard, il confie à l'abbé Breuil son souci de la place que Lucile donne dans sa vie à son amour pour Teilhard. « Comment faire pour qu'elle demeure libre ? » demande-t-il à son ami.

Cette exigence sera pour Lucile une constante difficulté d'autant que Teilhard reste le plus affectueux, le plus délicat des amis, ne cessant jusqu'à sa mort de lui affirmer combien elle compte pour lui. Il la considérera toujours comme l'une des rares personnes qui le comprenne vraiment.

1. L.S., 7 mai 1936.
2. L.S., 12 mai 1936.

« Vous n'avez jamais été plus précieuse, ni plus proche de moi », lui écrit-il à bord du *Normandie*, le 17 avril 1937.

Et quelque temps plus tard :

« Honnête vous êtes, de votre point de vue – et honnête je suis, pour ma part, car je vais aussi loin que possible pour rester fidèle à ma vérité, et pour ne pas me détruire dans l'esprit de ceux qui, je l'espère, suivront graduellement le même chemin que moi. Vous devez me pardonner, Lucile, pour cette situation apparemment contraire à la nature dans laquelle je vous conduis (peut-être de façon trop inconsidérée) par ma faute. Dieu sait si j'aimerais en porter tout le fardeau sur mes épaules – et qu'il n'est rien que je ne fasse pour compenser, sur des terrains possibles, les choses que, pour de plus hautes raisons, je ne puis vous donner (et il est difficile pour moi de ne pas le faire). Parfois je pense que cette terrible privation que je vous impose me rend dix fois plus attaché à vous[1]... »

Lucile essayera toujours de dépasser cet état de souffrance et désirera se hausser à la dimension où Teilhard lui demande de situer son amour. Mais elle espérera aussi, en son fond, que Teilhard parvienne à rompre un jour avec la Compagnie de Jésus et retrouve sa liberté, comme l'exprime un passage de son journal :

« Le 22 février 1937 il est parti d'Amérique pour la France. – Je sais que j'ai espéré une rupture définitive avec son ordre – mais cela ne s'est pas fait – en fait, inconsciemment, je comptais dessus bien plus que je ne le réalisais et j'ai eu du mal à accepter les choses comme elles étaient – nous étions plus proches que jamais l'un de l'autre, j'en suis sûre – mais la manière de vivre et

1. L.S., 24 avril 1937.

d'exprimer cet amour est encore un problème qui soulève quelquefois des difficultés – je suppose que cela subsistera toujours – nos vies ont été si différentes [1]. »

La question de l'aspect charnel de l'amour reviendra toujours sur le tapis. Au début de 1939, Lucile écrit des notes douloureuses dans son journal :

« J'ai à accepter *tant* de choses... »

Et Teilhard, patient, lui écrit :

« La racine de tout, nous en avons souvent discuté. Je ne m'appartiens pas – et par conséquent je ne peux me donner entièrement et exclusivement à quiconque. En un sens, tout amour dans ma vie doit me garder et me rendre (comme ceux qui m'aiment), non seulement plus vivant, mais libre, plus libre, dans une intimité toujours grandissante. Cela semble plutôt contradictoire [2]. »

Cependant, il lui demandera toujours de continuer à l'aimer, à le soutenir, de prendre les moments heureux comme ils sont, d'aller de l'avant afin de dépasser les contradictions et les terribles écueils de cette situation. Il lui demande, au fond, ce qu'il conçoit pour lui-même et dont il s'est si souvent expliqué, en particulier dans *L'Evolution de la chasteté.*

Lucile oscillera de l'acceptation la plus spontanée à la révolte. L'une de ses lettres, qu'elle n'enverra jamais à Teilhard, mais qu'elle a conservée dans son journal, est un cri de rage et de douleur, comme la preuve, s'il en est, de l'impossibilité vécue entre deux êtres qui s'aiment et ne peuvent accomplir pleinement leur amour :

« Quelle est la cause de ce profond sentiment de dépression et d'explosion d'hier ? Il est vrai que les choses n ont pas changé, du moins que votre attitude n'a pas changé. Il est juste que je la comprends mieux, ou du moins que

1. L.S., 12 mars 1938.
2. L.S., 1er février 1939.

j'en sais plus sur elle. Et *je suis* convaincue que la racine des choses est que vous vivez réellement sur un autre plan, plus élevé, que la plupart d'entre nous – et je vous ai toujours considéré comme un homme normal – supérieur, certes, mais néanmoins avec les mêmes besoins que les autres hommes. Et maintenant je ne crois plus que ce soit vrai. – J'ai pensé qu'il y avait en vous une certaine distance ou froideur qui passerait si je vous donnais sans réserve toute la chaleur de mon amour. Mais je me demande si vous le voulez ou si vous le comprenez. Vous aimez, certes, mais sur un autre plan. J'ai pu avoir des aperçus de ce plan, ce qui fait que je peux vous comprendre, mais il est très difficile pour moi de me maintenir à ce niveau – c'est alors que surviennent les difficultés. Vous ignorez la jalousie ou d'autres émotions peu admirables, vous ne pouvez donc les comprendre. Pourtant elles sont tout à fait normales chez des personnes ordinaires – mais de toutes façons tout est embrouillé parce que je ne peux me tenir à votre hauteur et je vous demande des choses que vous ne voulez pas donner parce que vous ne les comprenez pas réellement – et cela entraîne une inégalité qui est *laide* [...].

Mais Pierre, votre Dieu semble si froid, si lointain. Ai-je tort de penser que je peux vous aider à Le sentir plus chaleureux en vous donnant un amour humain profond et durable ? Vous êtes entravé à chaque tournant par cet Ordre – mais il ne peut sûrement pas entraver ce que vous PENSEZ ! C'est plutôt difficile. Je veux tellement vous aider – Et je sais que vous avez besoin de moi – mais comment ? Que puis-je faire[1] ? »

Dans Pékin occupée par les Japonais, la communauté américaine se réduit de plus en plus. Finalement, Lucile

1. L.S., octobre 1939.

Swan, sans doute bouleversée par ses sentiments, décidera de rentrer aux Etats-Unis en août 1941. Teilhard, à la veille de son départ pour Shanghaï, lui envoie un mot :

« Lucile, chère,

Puissent ces quelques lignes atteindre Shanghaï avant votre départ de Chine pour vous apporter un peu du plus profond de mon cœur ! Dieu vous bénisse encore et toujours pour ce que vous m'avez donné depuis douze ans, et tout spécialement ces derniers mois ! – Puissions-nous être de nouveau ensemble – très vite –.

Ici, je suis encore un peu "ahuri" d'être sans vous [1]... »

La distance apportera son lot de détente. Mais Lucile, qui habite désormais Chicago, souffre beaucoup de leur séparation. Sa nostalgie de Pékin grandit chaque jour.

« Cet amour glorieux, non physique, bien plus profond et plus durable. – Il m'a tant apporté. – C'est une longue et belle histoire – mais avec ses difficultés aussi. Cette vieille question de *solitude* – ou plutôt d'*isolement* – était toujours là. Et maintenant, avec la guerre, me voilà à Chicago et lui à Pékin, et pas même une lettre – Pourquoi de nouveau cette séparation, cette désolation [2] ? »

Lucile espère beaucoup que Teilhard vienne vivre aux Etats-Unis, que leur collaboration recommence. Il la rassure à ce sujet :

« En tous les cas, très chère, vous savez que je ne vous oublie pas et que d'une manière ou d'une autre, je compte toujours autant sur vous pour me soutenir et m' "inspirer". [...] Mon désir de découvrir à l'Homme la grandeur et l'avenir possible du Phénomène Humain n'a fait que grandir ; et c'est cette passion-là qui finalement semble devoir absorber ma vie. Or cet effort, précisément, Lucile, vous savez que je ne le conçois guère sans vous. Alors,

1. L.S., 11 août 1941.
2. L.S., 25 avril 1943.

vous le voyez, tout demeure et demande à croître entre nous, sur un terrain solide[1]. »

Lorsque Teilhard envisagera un voyage aux Etats-Unis à la fin de la guerre, il écrira à Lucile :

« Après tout, la plus stricte raison pour moi de passer par l'Amérique n'est-elle pas d'aller reprendre conscience de moi-même auprès de vous, très chère[2]. »

En 1947, à Paris, Teilhard retrouve la femme d'Helmut de Terra, Rhoda de Terra, séparée de son mari. Ecrivain, Rhoda a connu Teilhard en Birmanie et une grande amitié s'est développée entre eux. Cette amitié renouée à Paris, dans une légèreté affective qui lui convient, va donner à Lucile le sentiment d'être supplantée dans le cœur de son ami. Lorsque Teilhard est victime d'une crise cardiaque, le Père Leroy sera chargé par Teilhard lui-même de veiller à ce que les deux femmes ne se rencontrent pas à son chevet. Très fatigué, absorbé par de multiples tâches, il écrira moins souvent à Lucile qui souffre de son éloignement.

« Oh Pierre, j'ai relu l'autre soir de vieilles lettres de vous et vous y faites si souvent référence à NOTRE travail !! Quelles lettres gaies, vivantes, aimantes ! pleines d'espoir et de découverte – mais maintenant j'ai le sentiment de ne plus prendre part au travail – la séparation physique, on ne peut rien y faire – mais, cher, je *prends* encore part, n'est-ce pas ? Après tout, vous avez maintenant récolté la moisson de ce que nous avons semé ensemble tout au long de ces années – et il y aura sûrement encore à semer et à découvrir[3]. »

Cependant, Lucile sera d'un grand soutien moral pour lui après sa maladie. Il le lui dira :

1. L.S., 13 décembre 1945.
2. L.S., 5 mars 1946.
3. L.S., 15 février 1947.

« Un grand merci d'avoir si bien exprimé ce que nous pouvons l'un pour l'autre. Oui, maintenant, regardons seulement devant nous – en gardant la précieuse mémoire, comme base et soutien, des “années Pékin”. Pour être capables de s'adapter aux nouvelles circonstances, sans demeurer dans le passé ; et aussi, comme nous l'avons dit, pour comprendre que toute forme d'existence, imposée par les circonstances, peut devenir un chef-d'œuvre unique dans l'ordre de la vie et de l'art[1]. »

Lorsque Teilhard lui adresse *Le Cœur de la Matière*, il l'accompagne de ces mots :

« Je vous envoie une copie de mon dernier essai, “Le Cœur de la Matière” : une sorte d'histoire de mon aventure spirituelle, “la Quête de l'esprit à travers la Matière”. Je me demande si vous l'aimerez, mais je pense que oui. Ces pages sont un effort pour exprimer une évolution intérieure profondément marquée par *vous*. Et je pense qu'elles expriment bien mon état d'esprit actuel[2]. »

Est-ce la tendance à une certaine possessivité de cette femme généreuse d'elle-même, ou bien la dépression qui fond sur Teilhard et lui rend difficile le contact avec les autres ? Toujours est-il qu'il s'éloignera quelque temps, faisant savoir à Lucile qu'il traverse une passe douloureuse. Il lui demande alors un peu de patience. Puis leur correspondance reprend assidûment. Mais Lucile connaît encore des phases de jalousie, en particulier à l'égard d'Ida Treat, l'ex-femme de Paul Vaillant-Couturier, avec laquelle Teilhard est lié depuis les années du Museum. Lorsqu'il s'établit à New York, il voit très souvent Rhoda

1. L.S., 10 novembre 1948.
2. L.S., 15 décembre 1950.

de Terra qui prend soin de sa santé, organise sa vie sociale, le conduit à ses rendez-vous, et l'aide pour mille tâches matérielles. Lucile lui avoue son dépit. Teilhard lui fait alors remarquer qu'il est un vieil homme malade et qu'il voit mal Lucile assurer le rôle d'infirmière que son état réclame.

Leurs rencontres s'avèrent éprouvantes, pour l'un comme pour l'autre, au point qu'ils les espacent volontairement. Cependant un amour profond subsiste entre eux, plus fort que toutes les tourmentes affectives. Lorsque Teilhard, en décembre 1954, est victime d'un malaise dans les rues de New York, il la fait appeler à son chevet. Le docteur Jean Simard, qui le soigne, téléphone à Lucile Swan en lui demandant de venir voir Teilhard et de l'assurer de son amour pour lui. Ce qu'elle fit.

Sa dernière lettre à Lucile est datée du 30 mars 1955, dix jours avant sa mort :

« Lucile chère,

Merci, tant, pour votre lettre.

Oui, stupidement, je suis encore nerveux – bien plus nerveux que je ne devrais.

Et, en même temps, j'ai absolument besoin de votre présence, de votre influence, dans ma vie.

J'espère (je suis sûr) que les choses vont graduellement s'arranger, sur le plan "émotionnel". – En même temps, à titre de minimum (ou d'"optimum" provisionnel) nous pourrions essayer de nous voir au rythme de deux-trois fois par hiver. – En tous les cas nous savons, l'un et l'autre, que nous sommes "toujours là" l'un pour l'autre. – Téléphonez-moi quand vous voulez. – Je vous ferai savoir tout ce qui m'arrive d'important ou d'intéressant. – Et je vous verrai certainement avant de quitter New York pour l'été. – Mes plans sont encore vagues du fait de cette terrible question de "visa permanent" que je n'ai pas reçu !

Que Dieu vous bénisse pour tout ce que vous m'avez donné et me donnez.

Votre, très affectueusement,

Pierre[1]. »

Ainsi prenaient fin vingt-cinq années d'une relation peu ordinaire, faite de douleur et de dépassement, faite du meilleur de deux êtres exceptionnels désireux d'aller le plus loin possible dans le champ d'un inimaginable.

Après la mort de Teilhard, Lucile écrivit que son amitié avec lui restait la plus importante et la plus belle part de sa vie. Elle survécut une dizaine d'années à son ami, s'intéressant aux Védantas, dans lesquels elle trouvait beaucoup de similarités avec les idées de Teilhard. Puis, peu de temps avant sa mort, elle revint à la foi chrétienne.

1. L.S., 30 mars 1955.

10

« L'Homme est entré sans bruit... »

A certaines natures, la sédentarité est un tourment. Entre 1939 et 1946, Teilhard ne bougea pratiquement pas de Pékin, à part un séjour à Tien-Tsin pour déménager le musée Hoang-Ho Paï-Ho, un séjour au bord de la mer, à la frontière du Mandchoukuo (cet Etat fictif créé par les Japonais en Mandchourie) durant l'été 1942 et un voyage à Shanghaï en novembre de la même année pour une conférence à l'Alliance française. Le voyage au Yunnan qu'il projetait durant l'hiver 1939 dut être annulé. Son laboratoire le trouvait trop risqué en raison de la guerre.

Pour la première fois de sa vie, une longue période de stabilité forcée se profile à l'horizon, épreuve morale pour l'homme d'action, épreuve d'endurance pour le nomade qu'il est en son fond. Dans ses lettres reviennent souvent les mots « monotonie », « routine » : « pas grand-chose à l'horizon, sauf l'arrivée des beaux jours », écrit-il en février 1940. A cela s'ajoutent l'inquiétude causée par la guerre en Europe, l'incertitude sur le sort de ses proches, neveux, enfants de ses amis, dont il réclame des nouvelles, la solitude après le départ de Lucile Swan, en août 1941. Pour lui, c'est une torture de se trouver loin de l'Histoire en train de se faire. « Ce qui me manque durement ici, c'est d'être dans l'*atmosphère* de la France[1]... »

La capitulation du gouvernement de Vichy l'atteint profondément et l'inquiète car il y voit en filigrane une « bourgeoise *restauration* » – « Les formules de Vichy décalquées sur manuels pour enfants sages me paraissent manquer absolument de la flamme qui seule peut faire apparaître les vertus qu'on prêche avec tant de raison[2]. »

Et de surcroît, « dans les milieux anglo-saxons qui sont devenus ma seconde famille, et pour lesquels je garde une indéfectible sympathie, il m'est particulièrement pénible d'"avaler" certaines attitudes de Vichy[3] ».

A Pékin même, la situation n'est guère enviable. La Chine du Nord connaît des hivers rigoureux. Le charbon et les vivres manquent. Le pays est occupé par les Japonais. Enlèvements, disparitions, camps d'extermination aux portes de la ville sont le fait d'une armée japonaise extrêmement efficace et cruelle. Un exode massif a commencé : des millions de Chinois du nord s'enfuient vers le sud-ouest du pays. Un tiers d'entre eux mourra en route d'épuisement. Dans la ville, les étrangers sont relativement préservés, mais le froid et la faim se font cruellement sentir. De lourds nuages s'accumulent dans le ciel. Avec la menace américaine dans le Pacifique, les citoyens américains quittent la Chine les uns après les autres alors qu'ils formaient le noyau de la colonie étrangère. Lucile Swan partira dans leur sillage. L'activité du Laboratoire de Cénozoïque semble menacée et il est question de le fermer. Certains de ses collaborateurs chinois, dont le

1. L.V., juillet 1940.
2. *Ibid.*
3. L.V., 30 octobre 1940.

Dr Peï, sont enlevés à leur milieu pour effectuer dans les campagnes des travaux de force. A partir du printemps 1943, les rafles s'intensifieront. Les étudiants seront emprisonnés, torturés. En les obligeant à apprendre et à parler la langue japonaise, on leur fera subir une humiliation cuisante.

Pour les quelques Occidentaux qui restent encore sur place, la ville ressemble de plus en plus à un village. En ces jours difficiles, où la communauté étrangère se trouve isolée et repliée sur elle-même, Teilhard joue un rôle de conseiller et d'exemple, gardant toujours une hauteur de vues, une grande bonté aussi pour ses compagnons, auxquels il sert de soutien spirituel. Claude Rivière, Dominique Wang, devenue en littérature Georges Magloire, en ont témoigné dans leurs écrits. Mme Arsène-Henry, la femme de l'ambassadeur de France au Japon a évoqué sa présence rayonnante : « Qui n'a pas vu Teilhard dire sa messe, n'a rien vu. »

Le dimanche, leur petit groupe se rend dans les collines de l'Ouest aux environs de Pékin, là où la famille de Dominique Wang possède une maison. Teilhard les rejoint à dos d'âne ou en rickshaw. Ces escapades les conduisent à quelques kilomètres du Palais d'Eté, dans la « montagne parfumée », sur les pentes de l'ancien Palais de chasse impériale. Des sources tièdes, des restes de temple lamaïque, une pagode de porcelaine, émergent des herbes folles, sous les acacias, les pins noirs et les azéroliers. Teilhard en profite pour aller « casser des cailloux » avec son précieux marteau de géologue qui ne le quitte pratiquement jamais. A l'heure du pique-nique, on le voit revenir, chargé de pierres en tous genres, et se mêler à une conversation aussi animée que grave.

Un jour où Claude Rivière est de passage à Pékin, Teilhard l'accompagne au Temple du Ciel, le T'ien Tan aux proportions si idéales que « les dieux mêmes ne pourraient ni en rajouter ni en retrancher l'épaisseur d'un ongle » a écrit le poète Po-Chou-I. Teilhard, souvent sceptique sur les temples et les palais de Pékin construits en bois, matière périssable par excellence, rencontre en ce lieu admirable une expression de l'Impérissable auquel il aspire.

Magistrale fugue architecturale composée de temples à toits de tuiles bleues vernissées, d'allées et de ponts de marbres, organisée autour d'une terrasse circulaire offrant au ciel son immense disque de marbre blanc, ourlée d'une balustrade finement sculptée, il est le symbole religieux d'une harmonie parfaite entre la terre et le ciel. Le comparant au Taj Mahal, qu'il connaît bien, Teilhard fait remarquer à son amie :

« Dans sa simplicité, il m'émeut davantage. Seul temple à ciel ouvert existant au monde, il n'a ni toits, ni murs, ni portes. La prière et la méditation de l'officiant s'élançaient directement vers le ciel, sans se heurter à aucune voûte, à aucun obstacle, œuvres de l'homme[1]. »

D'autres fois, le rendez-vous est donné aux tombeaux des Ming, là où les empereurs reposent dans leurs cercueils de jade au cœur de mausolées de marbre. L'immense nécropole a été tracée par les géomanciens dans un sublime décor. Les montagnes aux tons d'ocre, disposées en arc de cercle, protègent des vents néfastes venus de Sibérie la seconde vie des empereurs, « au cœur de la quiétude et du bonheur absolus ».

Le petit groupe d'amis longe la « Voie des esprits », la longue avenue qui conduit aux tombeaux, déjeunant à l'ombre de l'un de ces animaux monumentaux, tortues, chameaux, éléphants, dragons de pierre, posés en bordure de l'impériale route. Moments de grâce en ces jours assombris par la guerre.

---

1. Claude Rivière, *En Chine avec Teilhard*, p. 161.

Mais Teilhard, qui n'a jamais vécu autrement qu'en se projetant dans l'avenir, tant sur le plan intellectuel que scientifique, souffre de cette période d'incertitude, de ce temps suspendu, de l'immobilité – le seul ennemi contre lequel il irait jusqu'à donner sa vie. Il avoue même, en février 1940, devoir lutter contre une sorte de dépression nerveuse – une tendance qu'il a depuis l'enfance, mais qui s'aggrave dans les quinze dernières années de sa vie. Selon le médecin qui le soigne à cette époque, il s'agit d'une « psychasthénie » se manifestant par de l'anxiété et un « étourdissement mental ». « Cela force à vivre en donnant plus de place et de réalité à Dieu », écrit-il alors.

Cette question de la réalité de Dieu est l'une des pierres d'achoppement de sa vie intérieure. Car autant Teilhard reconnaît éprouver l'existence de Dieu dans la consistance du monde – dans la recherche, dans le féminin – autant la Présence réelle de Dieu dans la vie – Dieu pur – lui sera toujours extrêmement difficile à percevoir. Rendre Dieu réel, surmonter l'ineffabilité de Dieu, restera, semble-t-il, l'épreuve fondamentale du prêtre et du mystique qu'il est. Ses notes de retraite s'en font l'écho :

« Curieuse situation : je ne puis vivre sans le *goût de Dieu dans tout* ; et dès que je m'efforce de me retirer en “Dieu pur”, j'ai une impression de vide, de froid[1]. » L'ennui même survient, et Teilhard n'hésite pas à parler d'« ennui de Dieu » :

« Encore une fois impossibilité psychologique (au moins pour moi...) de Dieu contemplé longuement *à l'état pur*. Serait-ce parce que je n'ai jamais fait l'effort

1. L.I., 26 mai 1950, note 108.1.

suffisant (les nuits mystiques ?) – ou plutôt parce que *je ne crois pas* à la voie des nuits ? – Qui a raison ? »

Ses carnets intimes expriment une détresse sur ce plan de la plus extrême intériorité. Le chercheur, en lui, s'inquiète de sa difficulté à communier à la pure Présence divine, alors que son sentiment mystique s'épanouit naturellement et spontanément dans la communion au monde :

« Le Monde est devenu tellement sacré à mes yeux dans son dynamisme que je ne vois plus en quoi *le "quitter"* [1]. »

Son tempérament mystique lui fait désirer par-dessus tout un rapport direct et intense avec Dieu, une participation facile, ou du moins immédiate, à la Personne divine :

« Le seul vrai intérêt de ma vie n'est pas de construire une belle synthèse intellectuelle, mais de RÉALISER dans ma vie le Christ Oméga [2]. »

Pourtant il éprouve la « terrible Intangibilité de Dieu » :

« Etrange comme je peux avoir *le sens de la Présence* et le doute de l'Existence [...] *J'aime plus que tout* le Christ, son Feu intérieur ; ce sentiment est vrai... Et je n'ose pas être sûr, *je ne suis pas sûr qu'il existe* ! Que signifie ce paradoxe, que je n'invente pas, puisqu'il fait la difficulté profonde de ma vie [3] ?... »

Cette difficulté apparaît souvent dans ses notes de retraite sous les traits du désespoir. Mystère d'une âme passionnée, tissée d'une anxiété naturelle, intime douleur, surprenante si l'on s'en tient à la vigueur intellectuelle de ses essais. Elle jette un éclairage nouveau sur la voie mystique que Teilhard nous propose, cette *Via tertia* déjà évoquée. On comprend alors son amplitude existentielle et spirituelle, car elle propose, là où il serait

1. Note de retraite 1942. Archives Fondation Teilhard de Chardin.
2. L.I., 26 mai 1950, note 108.1.
3. 26 novembre 1939.

si facile de se réfugier dans un « ailleurs » et un « autrement », une véritable traversée du doute même :

« Ne jamais faire volte-face, fuir, devant l'ennui de Dieu, le dégoût, la peur, le doute, mais aller toujours plus outre : Dieu, le feu Divin, est au fond, au terme[1]. »

Mystique de la traversée. Mystique du courage spirituel. Là réside la substance d'un message intemporel.

Teilhard, sur un autre plan, souffre manifestement de sa solitude et de son exil. Il se sent tenu à l'écart des grands mouvements intellectuels et spirituels qui le passionnent, asphyxié parfois dans le monde oriental qui l'entoure, même s'il s'est peu à peu attaché à ses paysages « maussades », ses plaines grises et plates, ses collines arasées par les déboisements.

« J'ai pour la Chine, devenue mon pays adoptif, une grande reconnaissance. La Chine a été la chance de ma vie. Par son immensité, par l'énormité de ses dimensions, elle a contribué à élargir ma pensée, à l'élever, jusqu'à l'échelle planétaire[2]. »

Depuis ses premiers séjours en 1923, où accompagné d'Emile Licent, il parcourait à pied ou à dos de mulet les campagnes misérables, côtoyant des populations décimées par les guerres civiles, les famines et les inondations – ces terribles inondations qui ravagent périodiquement les vallées des grands fleuves – il a su découvrir et apprécier le sens cosmique et intuitif des Chinois, tout en restant heurté par le poids des traditions qui contribue à entretenir un « immobilisme ».

Mais Teilhard en Chine est demeuré ce qu'il était – un penseur occidental, en mission provisoire, animé de la conviction profonde que l'Occident est détenteur de

1. Note de retraite 1922.
2. Claude Rivière, *En Chine avec Teilhard*, Le Seuil, 1968.

l'avenir de l'humanité, même si l'apport oriental peut l'enrichir de ses trésors de sagesse.

Claude Rivière, qui s'est beaucoup entretenue avec lui à ce sujet, met au crédit de Teilhard le fait que la vieille civilisation asiatique d'alors se trouvait au plus bas, usée par les guerres, décadente, malade, et fort malhabile à intégrer les apports de l'Occident dont elle ne prenait que les aspects les plus sordides et les plus matérialistes.

Et pourtant voici ce qu'il dit un jour à son ami, le Père Leroy : « N'oubliez pas qu'il n'y a pas plus pragmatique que le Chinois. Mais les êtres évoluent. Il faut leur laisser le temps. Une race est en train de naître en Chine, j'en suis de plus en plus convaincu. Chez tous mes chercheurs, je constate un enthousiasme, une verdeur sans arrière-pensée d'arriver aux honneurs qui sont nouveaux en Chine. Cette désinvolture, ce désintéressement sont assez fascinants, reconnaissez-le. C'est dans le regard d'une jeune Chine imprévue que je vois monter la lueur de l'espoir qui nous est commun. Non, la Chine n'est pas usée. Elle est au contraire riche de ressources et de promesses[1]. »

Moralement difficile était l'accueil que réservaient ses supérieurs à ses écrits – parfois même à ses paroles. Mais ses tourments portent sur des causes bien plus intérieures encore, en particulier sur la contradiction qu'il ressent cruellement entre sa vision du christianisme et la conception couramment admise dans l'Eglise de son temps. Souffrance vécue par tant de grands spirituels du contraste, du heurt, entre une clarté intérieure, une évidence, et les ténèbres qu'il leur faudra traverser pour faire reconnaître

1. Dominique Wang, *A Pékin avec Teilhard de Chardin*, Robert Laffont.

leur vision. D'années en années, l'épreuve du silence imposé par son ordre se fait plus cruciale. Pourtant il s'y plie à la lettre.

« La vie, plus elle est consciente, est tellement pénible qu'elle ne s'explique pas comme état-en-soi, ni pour-soi [1] », écrit-il alors.

Et en avril 1946 :

« Ces sept ans m'ont blanchi, et intérieurement renforcé (pas durci, j'espère)... La première guerre m'avait mis le pied à l'étrier. Celle-ci a étêté ma vie, mais je vois mieux certaines choses centrales et claires, et je veux y consacrer ce qui me reste à vivre [2]. »

Sept années. Période de lecture intense et d'une étonnante productivité scientifique autant que philosophique. Outre *Le Phénomène humain*, son grand livre, Teilhard a écrit plus de cinquante-huit essais et opuscules entre 1939 et 1946, dont une trentaine portant sur des questions de philosophie et de religion : *L'esprit nouveau* (1942), *La place de l'homme dans l'univers* (1942), *Réflexions sur le bonheur* (1943), *Christianisme et Evolution* (1945), *Esquisse d'une dialectique de l'esprit* (1946), etc. Travailleur infatigable, il avance de concert ses recherches scientifiques et ses travaux spirituels. Les uns ne vont pas sans les autres, les uns et les autres s'imbriquant dans une très grande cohérence. Ses supérieurs ne se sont-ils pas leurrés en pensant que le « limiter » à la science pure suffirait à l'empêcher d'exprimer sa pensée ?

Claude Cuénot, dans l'importante biographie qu'il lui a consacrée, souligne l'étendue et la variété de ses lectures durant cette période d'immobilité à Pékin. Lecteur passionné, il annote ses livres de signes « d'accord »,

1. C.C., p. 302.
2. L.V., 5 avril 1946.

« pas d'accord », discutant, au fil des pages de son journal, des thèmes qu'il rencontre.

Si l'existentialisme – qu'il découvre par *La Nausée* de Sartre et *La Peste* de Camus – le « hérisse », il lui fournit cependant un excellent contrepoint à ses propres idées. Son seul intérêt, selon lui, est de sortir la philosophie du monde des abstractions pour la ramener en face des problèmes de la réalité. Mais Teilhard lui reproche de vouloir résoudre les problèmes de la vie en ne considérant que des individus isolés dans l'espace et dans le temps, ce qui les conduit à déclarer le monde absurde. « Il restera une philosophie de snobs et de raffinés », écrit-il à Lucile Swan[1]. Dostoïevski, Tolstoï, Graham Greene se succèdent sur sa table de chevet.

Dans le domaine philosophique il lit Nietzsche, Bachelard, Gobineau, mais aussi *La Philosophie éternelle* d'Aldous Huxley. Son intérêt le porte tout naturellement vers le christianisme et la vie mystique. A cette époque, il lit les Vedantas et *Les problèmes de la vie mystique* de Roger Bastide.

La philosophie de l'histoire le passionne : Spengler, Toynbee, à propos duquel il notera quelques années plus tard :

« Toynbee a raison, je crois, quand il écrit que, sans nous en douter, nous sommes déjà sortis de "l'ère chrétienne". Mais là où il se trompe (à mon avis) c'est quand il qualifie notre époque d'"ex-chrétienne". – C'est "trans-chrétienne" (je répète) qu'il aurait dû dire[2]. »

De nombreux ouvrages de sociologie et d'ethnologie témoignent de sa très grande curiosité intellectuelle, sa passion le portant à ne rien ignorer de ce qui est en train de se faire dans le domaine de la pensée – à cet égard, il

1. L.S., 24 septembre 1947.
2. L.I., 2 janvier 1955.

reste un savant soucieux de comprendre son temps, d'en sauver les possibles, de voir en quel sens se développe l'humanité. Aussi, lorsque Julian Huxley, le célèbre biologiste anglais, sort une série d'essais intitulés *L'Homme, cet être unique* (1941), Teilhard se réjouit de cette lecture en laquelle il reconnaît une démarche parallèle à la sienne, quoiqu'elle ne fasse pas, au bout du compte, de place à Dieu, ou à un centre de convergence, en lequel s'achèverait biologiquement la Noogenèse. Il se sent cependant moins seul dans sa propre recherche, même si l'Eglise le contraint au silence et à l'isolement.

En Chine, les Occidentaux assistent à l'avènement du marxisme. Teilhard a lu Marx. Même s'il s'oppose fondamentalement à sa pensée, il croit cependant en la marche de l'humanité vers son unification.

« Comme je vous le disais déjà sans doute, je suis avec une intense curiosité [...] cette lutte dramatique, et que je voyais si bien venir, entre une collectivisation de la Terre et les valeurs de personnalisation qui doivent, inévitablement aussi, émerger et grandir de leur côté[1]. »

Ainsi, tout en ayant l'impression de ne « presque rien faire », travaille-t-il sans relâche. A défaut de missions sur le « terrain », il rédige l'une de ses œuvres majeures.

En mai 1938, il a écrit à Auguste Valensin :

« Je prépare, en première approximation, un assez long travail sur l'Homme... J'y resterai soigneusement “sous le porche”, sans pénétrer dans le sanctuaire de la Religion[2]. »

Et en mai 1940, alors qu'il a à peu près terminé le livre :

« Je me demande un peu quel effet fera la chose, si on

1. L.V., 5 mai 1941.
2. L.I., 25 mai 1938.

arrive à la publier (ce que j'espère). J'aurai à la fois contre moi les purs savants et les purs adeptes de la Métaphysique, mais, comme je le dirai en concluant, je ne vois pas ce qu'on pourrait dire d'autre, dès lors qu'on essaye de faire jusqu'au bout une place cohérente pour l'homme dans notre univers [1]. »

Le Phénomène humain ne prétend pas être autre chose qu'une observation scientifique. Sa limite est donc délibérée. Et en effet, l'ouvrage se présente comme le fruit de vingt-cinq années de recherches paléontologiques. Science très neuve, la paléontologie a pris ses lettres de noblesse, au XIXe siècle, avec Geoffroy-Saint-Hilaire et Boucher de Perthes. Mais jusqu'à la venue de ces grands découvreurs, que savions-nous de nos lointains ancêtres ? Des bribes arrachées à un océan d'ignorance. Il fallut toute la passion de quelques-uns, dont Teilhard et l'abbé Breuil, son maître en la matière, pour que, du Sud-Ouest de la France à l'Espagne, de la Mongolie à Java, jusqu'en Afrique du Sud, émergent lentement, par à-coups bouleversants, des lueurs insoupçonnées sur l'existence probable d'une humanité d'avant l'Histoire, et que soient peu à peu rassemblés les éléments d'une connaissance des lieux d'apparition et des modes de subsistance de l'homme sur la terre.

S'appuyant sur ce savoir nouveau et sur une très précise science de la nature, Teilhard nous offre une vision homogène et cohérente de l'homme, phénomène parmi les phénomènes, sa place dans l'univers étant envisagée d'un point de vue purement scientifique, à la lumière des découvertes et des connaissances d'un savant du XXe siècle.

Naturaliste : le terme paraît peut-être désuet aujourd'hui. Il nous ramène aux Encyclopédistes du XVIIIe siècle,

1. L.V., 9 mai 1940.

dont la curiosité, la connaissance précise, recouvraient tous les aspects de la nature. Noble lignée à laquelle se rattachent les grands érudits de la Renaissance, dont le savoir visait la totalité du monde connu. Visions vastes, englobantes, synthétiques, visions généreuses et désireuses d'une connaissance universelle. Teilhard de Chardin, homme du XXe siècle, s'inscrit dans le droit fil de cette manière de penser qui fait appel à tous les degrés du savoir, y compris le savoir théologique. A quelle catégorie l'affilier ? Celle des géologues et des paléontologues, certes ; celle des poètes et celle des écrivains, sûrement ; quant à celle des métaphysiciens ou des théologiens, il ne le souhaite pas et s'en est toujours défendu. Lui se disait physicien, au vieux sens grec : connaisseur de la *physis*, de la nature. Le savoir, chez lui, s'est drapé d'un grand manteau, sous lequel s'abritent les disciplines particulières, englobées dans un absolu – cet *inaltérable*, peut-être, auquel, enfant, il aspirait.

« Qu'on ne cherche pas dans ces pages une explication du Monde, mais une introduction à une explication du Monde. »

La singularité du phénomène humain, la « valeur unique de l'Homme en flèche de la Vie » sont peu à peu mises en lumière à travers ces pages.

« La Vie est née et se propage sur terre comme une pulsation solitaire. [...] C'est de cette onde unique qu'il s'agit maintenant de suivre, jusqu'à l'Homme, et si possible jusqu'au-delà de l'Homme, la propagation. »

La Vie, mouvement expansionnel avec ses déperditions et ses gains, apparaît, rétrospectivement, comme un processus dirigé (vers la conscience !) avec ses seuils critiques aboutissant à un changement d'état. Tout comme l'eau chauffée jusqu'à un point critique devient vapeur, la Vie est parvenue un jour, à coups de changements qualitatifs, à un phénomène nouveau : l'Homme.

L'Homme, mystère pour la science : saut morphologique infime – il se distingue à peine des grands singes – et pourtant « incroyable ébranlement des sphères de la Vie », « l'Homme est entré sans bruit... ». Tel est le constat d'un quart de siècle de recherches paléontologiques. Constat simple, et pourtant si émouvant dans sa formulation :

« (...) Il a marché si doucement que, lorsque, trahi par les instruments de pierre indélébiles qui multiplient sa présence, nous commençons à l'apercevoir – déjà, du Cap de Bonne-Espérance à Pékin, il couvre l'Ancien Monde. Déjà, certainement, il parle et vit en groupes. Déjà il fait du feu. »

Au regard de la science, le premier homme est donc une foule. Impossible de distinguer un foyer, mais plutôt un *front* d'évolution.

Teilhard nous conte l'épopée de l'humanité : comment l'homme s'est formé, comment sa présence s'est propagée, par une complexité croissante, débouchant chaque fois sur un « saut » qualitatif – « pas » de la réflexion, naissance de la pensée ; « pas » de la socialisation, modification des manières de trouver sa subsistance, conquête des terres en cinq lieux de l'univers, cinq foyers indépendants et simultanés : en Amérique centrale avec la civilisation Maya, en Polynésie, dans le bassin du Fleuve Jaune avec la civilisation chinoise, dans les vallées du Gange et de l'Indus et enfin en Mésopotamie et dans la vallée du Nil, avec la civilisation égyptienne. Ce grand axe de l'anthropogenèse s'affinant, se concentrant peu à peu vers l'Occident, plus particulièrement, autour du bassin méditerranéen.

« En vérité, autour de la Méditerranée, depuis six mille ans, une néo-Humanité a germé, qui achève, juste en ce moment, d'absorber les derniers vestiges de la mosaïque néolithique. »

Dégageant les grandes lignes de l'évolution, Teilhard écrit : « Zoologiquement considérée, l'Humanité nous présente le spectacle unique d'une "espèce" capable de réaliser ce à quoi avait échoué toute autre espèce avant elle : non pas simplement être cosmopolite, – mais couvrir, sans se rompre, la Terre d'une seule membrane organisée. »

Teilhard exprime là ses grandes intuitions. Pas d'avenir évolutif pour l'homme en dehors de son association avec tous les autres hommes : « Etre plus, c'est s'unir davantage. »

Plus les efforts se conjuguent, plus les différences s'affinent. Et comme à chaque degré de combinaison des éléments de la Matière apparaît un *quelque chose* d'irréductiblement nouveau, tout laisse à penser que, là encore, une donnée fondamentalement nouvelle apparaîtra dans l'ordre psychique. A l'horizon de cette montée irrésistible vers un centre psychique de convergence : le point Oméga, cœur et centre de son anthropologie. Son couronnement aussi.

Cet ouvrage magistral nous découvre la réalité physique de la pensée. L'Homme n'est plus seulement le centre, mais la « flèche de l'arbre de la Vie ». *Le Phénomène humain* a un épilogue : *Le Phénomène chrétien*, dans lequel Teilhard revient sur le christianisme comme porteur, dans ses fibres mêmes, du pouvoir de croissance de l'humanité vers son pôle spirituel – une extrapolation qu'il laisse ouverte à l'adhésion de son lecteur.

Le 17 novembre 1942, à minuit, en gare de Shanghaï, par un froid sibérien, deux hommes descendent du train. Sur le quai, ce sont des scènes d'exode de foules harassées, chargées de montagnes de paquets mal ficelés, des cris stridents de femmes. Claude Rivière, venue attendre les voyageurs, voit s'avancer vers elle la haute silhouette de Teilhard, dominant la foule, suivi de Pierre Leroy. Les deux Jésuites arrivent de Pékin après une journée et deux nuits passées dans le train pour parcourir les 1 500 kilomètres qui séparent les deux villes. Teilhard est très amaigri, il a les traits tirés, les vêtements maculés par le long voyage dans un wagon de troisième classe. Il porte à la main une valise de carton maladroitement ficelée. Claude Rivière dit avoir éprouvé alors un sentiment poignant d'étonnement et de tristesse, que Teilhard perçut, puisqu'il lui dit :

« Eh bien, qu'avez-vous, mon amie ? Et pourquoi cette figure bouleversée ? Deux nuits blanches. Pas de quoi s'attendrir. Nous en avons vu bien d'autres, n'est-ce pas, Leroy ? Et n'oubliez pas que le pays est en guerre. C'est une grande chance pour nous que d'avoir pu arriver jusqu'ici. Allons, ne vous attristez pas. Demain, tout ira bien [1]... »

Teilhard tend la valise à Claude Rivière – la valise du pauvre –. Elle contient une copie du manuscrit du *Phénomène humain*.

La jeune femme comprend en une seconde que Teilhard a le cœur serré dans un étau de tristesse. Il vient d'apprendre la mort de son frère Gabriel, dont la nouvelle lui est parvenue avec un an de retard à cause de la guerre. Les années d'exil, la solitude affective, les conditions de vie extrêmement précaires l'ont usé. De plus, il souffre d'être constamment empêché de *clamer* son christianisme. La Curie se montre de plus en plus réticente à son égard.

Ces quelques semaines à Shanghaï, chez Claude

1. Claude Rivière, *op. cit.*

Rivière, seront pour lui et Pierre Leroy un moment de répit et de chaleureuse amitié. Les deux prêtres logent à l'Aurore, l'université fondée par les Jésuites.

La conférence que va prononcer Teilhard à l'Alliance française de Shanghaï porte sur la place de l'homme dans la nature. Une nombreuse assemblée s'y bouscule : « snobs et snobinettes », femmes du monde et prêtres qui composent habituellement son auditoire, mais aussi beaucoup de séminaristes et d'étudiants. Teilhard donne là un avant-goût des thèses de son *Phénomène humain*. Il obtient un grand succès. On se presse pour le féliciter. Cependant qu'au fond de la salle un petit groupe de Jésuites, parmi lesquels se trouve le recteur de Shanghaï, manifestent ouvertement leur mécontentement, jugeant les idées de Teilhard dangereuses pour un auditoire mal préparé, voire « aberrantes ».

Cette conférence aura de graves conséquences pour lui, d'autant plus qu'il oublie dans le tiroir de sa chambre un texte religieux non destiné à être publié, écrit dix ans auparavant – très probablement *Christologie et Evolution* – qui lui vaudra une interdiction de revenir à l'université Aurore de Shanghaï et qui sera utilisé contre lui par la suite.

11

Le Cœur de la Matière

En août 1945, à la suite d'Hiroshima et de Nagasaki, les troupes japonaises capitulent. Elles se retirent de Chine, tandis qu'en Europe la guerre s'achève. A la fin du mois de septembre, Teilhard reçoit de l'ambassadeur de France l'information qu'il peut – et même qu'il doit – rentrer en France. Son premier mouvement est de retenir une place à bord d'un avion à destination de Paris. Mais un départ immédiat présenterait pour lui trop de difficultés matérielles. Il ne pourrait pas emporter avec lui par la voie des airs les bagages et les notes qu'il compte ramener en France, aussi se résigne-t-il à rester encore un peu à Pékin dans l'attente d'un bateau en partance vers l'Europe. Ce délai lui permettra d'organiser la fusion entre l'Institut de Géologie et le Service géologique de Chine qui renaît après la guerre sino-japonaise.

Le bateau en question se présentera seulement au mois d'avril 1946. C'est un beau navire de la Peninsular Oriental, le *Strathmore*, qui fait halte à Shanghaï avant de repartir pour Singapour et l'Angleterre. Partiellement transformé en navire commercial, il vaudra à ses passagers un voyage d'un confort précaire, avec pour tout lit des hamacs. Ce sera la seule traversée au cours de laquelle Teilhard ne pourra ni écrire ni travailler, la seule qu'il verra se terminer sans regret.

Au début mai, il est à Paris – un retour auquel il aspirait de tout son cœur. Mais le manque de soins et de nourriture, les difficultés de la vie à Pékin l'ont affaibli. Il est plus que jamais sujet à des crises d'angoisse. C'est un homme brisé en son for intérieur, même s'il ne le montre pas, qui reprend contact avec l'Occident. Certains perçoivent le changement et s'en inquiètent. C'est le cas du paléontologue Jean Piveteau qui constate à quel point son intérêt pour la paléontologie et ses motivations de recherche au Museum ont pu s'estomper durant ces années de guerre. Manifestement, sa santé décline et il semble perdu dans le tumulte parisien.

Cependant Teilhard reçoit un chaleureux accueil auprès de ses nombreux amis. Il réalise alors qu'il a acquis une grande notoriété. Des ronéotypes de ses œuvres circulent « sous le manteau » depuis plusieurs années. L'émotion qu'a suscitée la découverte de cette pensée à l'urgence radieuse a fait son chemin dans les esprits. Ses écrits passent de main en main et recueillent une adhésion enthousiaste, particulièrement auprès de la jeunesse de France très meurtrie par la guerre. Interdit de diffusion par ses pairs, bien qu'il n'ait jamais été mis à l'Index, empêché de publier, Teilhard n'en est pas moins lu, et lu avec passion. On discute de ses idées, on vit sa pensée, car il a su poser les questions brûlantes de son temps et, loin d'apporter des réponses toutes faites, il a ouvert un champ spirituel nouveau au christianisme.

Aussi, dès son retour, est-il très sollicité, dans les milieux intellectuels et aristocratiques de la capitale, mais aussi dans les milieux étudiants et religieux. Comme le fait remarquer Claude Cuénot, son biographe, Teilhard étant d'origine aristocratique se sentait naturellement à l'aise dans les salons et dans le monde de la diplomatie. D'un naturel ouvert et généreux, il ne refuse aucune occasion de dialogue, de débat ou d'exposé sur les thèmes qui lui tiennent à cœur, qui sont sa raison même de vivre. A cette époque, il rencontre Gabriel Marcel, Maurice de Broglie, Louis Leprince-Ringuet. Il se rend aussi chaque semaine au déjeuner réunissant des scientifiques, organisé par Paul Rivet, le fondateur du Musée de l'Homme, qu'il connaît bien depuis la Croisière Jaune.

Nombreux sont ceux qui viennent lui rendre visite aux *Etudes*, rue Monsieur, où il habite : des amis d'Extrême-Orient, des étudiants qu'il conseille, encourage, oriente, qu'il marie aussi. C'est ainsi qu'il bénit le mariage du fils de G.M. Haardt, l'explorateur de la Croisière Jaune.

Teilhard est heureux d'avoir retrouvé un milieu intellectuel bouillonnant dans lequel il voit se dessiner un renouveau spirituel qui est, au fond, ce qui lui tient le plus à cœur. Une partie de son temps est consacrée à des rencontres tournant autour d'une « re-pensée du Christianisme à l'échelle et aux dimensions de l'Universel tel que celui-ci se découvre de plus en plus clairement à nous [1] ».

Chez l'abbé Pierre, il s'entretient avec Nicolas Berdiaeff autour du thème « Marxistes et Existentialistes ».

Sa rencontre avec le philosophe chrétien Gabriel Marcel, autour du thème « Dans quelle mesure l'organisation matérielle de l'humanité l'entraîne-t-elle vers un point de maturation spirituelle ? », paraît significative. Le débat est d'importance, car il achoppe sur la question du Mal, les deux penseurs divergeant fondamentalement

1. 7 octobre 1947.

sur ce plan. On était au lendemain de la guerre. Cependant le dialogue qui eut lieu entre eux est plus que jamais important.

Teilhard, pour sa part, affirme que l'organisation matérielle du monde, sa conscience intégrante, l'entraîne vers une maturation spirituelle. Ce dont Gabriel Marcel doute, car il se refuse à attribuer une valeur spirituelle à la conscience collective grandissante. Il en donne pour preuve la bombe atomique et les médecins-bourreaux de Dachau torturant leurs semblables au nom de la science. Pour lui, le Mal a introduit une « cassure » dans la condition humaine. Le Mal est un mystère, répète Gabriel Marcel, il a une existence propre, indépendante de celle du Bien. L'un de ses visages est très précisément cette collectivisation à l'œuvre dans l'Humanité. De nature prométhéenne, celle-ci vise à la négation de Dieu.

Teilhard, plus uniciste que jamais, pense que la complexification et l'union, y compris la conjonction des techniques, conduiront l'humanité à un retournement, et au franchissement d'un « pas » nouveau de l'évolution dans un sens qui ne peut qu'être spirituel, étant donné que tout acquis, en matière d'évolution, est irréversible.

Que le Mal soit une « retombée » ou un « déchet » de l'évolution, voilà ce qui était impossible à admettre pour Gabriel Marcel. Et voilà une accusation dont Teilhard s'est défendu toute sa vie. Son texte sur la souffrance[1] est clair à ce sujet.

Cependant Teilhard voit si loin, si large, qu'il en paraît souvent inhumain à ses semblables. Lucile Swan, sur un autre plan, ne lui faisait-elle pas le même reproche ? Sa perspective ne l'oppose pas, en réalité, à Gabriel Marcel, mais elle rend la rencontre difficile « sur le terrain ». Car

1. *La Signification et la Valeur constructrice de la souffrance*, *Œuvres*, t. VI.

il est impossible à un homme qui a côtoyé le Mal absolu que fut le nazisme de considérer ce même Mal comme une abstraction que l'on peut resituer dans une perspective plus générale. Il ne s'agit pas là de la question morale d'un optimisme ou d'un pessimisme, mais d'une expérience ontologique fondamentale, la rencontre du démoniaque : le déni d'être. Gabriel Marcel eut l'occasion de revoir un jugement par trop hâtif sur l'œuvre du Jésuite trop souvent accusé de n'avoir pas été sensible aux tragédies de son temps[1].

C'est sans doute sur ce plan que Teilhard a été le plus incompris. Les reproches furent légion. Il reste que son affirmation fondamentale sur l'existence d'une sphère spirituelle, accessible par une démarche vers le *cœur de la matière*, a la justesse d'une vérité qui a su conquérir les esprits de son temps. C'est pourquoi, avec une cohérence enragée, il s'est attaché toute sa vie à en creuser le sens afin de lui faire rendre son suc le plus pur – à temps et à contretemps.

Car parfois Teilhard est agaçant.

Plus qu'optimiste, sa pensée est profondément confiante en le mouvement de la vie, éliminant de soi tout ce qui peut freiner ce mouvement, qu'il s'agisse du pessimisme moral, des visions millénaristes ou des références crispées au passé des intégrismes en tout genre. Confiante, en une ère de doute, de refus du salut, ou pire : d'indifférence au spirituel. N'a-t-il pas anticipé les objections lorsqu'il s'est inquiété du danger majeur pour l'humanité d'une perte du goût de la vie, un sujet qu'il a traité dans *Le Goût de vivre*[2]. Il parlait alors en connaissance de cause.

1. Voir à ce sujet Henri de Lubac, *Teilhard posthume*.
2. *Œuvres*, t. VII.

Car la foi n'est pas l'optimisme. Teilhard, dans la dernière partie de sa vie, reviendra souvent sur le Mal. Il faut relire à ce sujet l'appendice qu'il ajouta au *Phénomène humain* en 1948 : « Quelques remarques sur la place et la part du Mal dans un monde en évolution. »

« Ce serait n'avoir rien compris à la vision ici proposée que d'y chercher une sorte d'idylle humaine en place et au lieu du drame cosmique que j'ai voulu évoquer. »

Le Mal appartient à la structure même du système évolutif. Mais est-ce vraiment tout ? se demande Teilhard.

« N'y a-t-il pas autre chose à voir ? C'est-à-dire est-il bien sûr que pour un regard averti et sensibilisé par une autre lumière que celle de la pure science, la quantité et la malice du Mal *hic et nunc* répandu de par le Monde ne trahisse pas un certain excès, inexplicable pour notre raison si à *l'effet normal d'Evolution* ne se sur-ajoute pas *l'effet extraordinaire* de quelque catastrophe ou déviation primordiale ?...

Sur ce terrain, je ne me sens loyalement pas en mesure, et ce n'est du reste pas le lieu ici, de prendre position. [...]

D'une manière ou de l'autre, il reste que, même au regard du simple biologiste, rien ne ressemble autant que l'épopée humaine à un chemin de la Croix. »

De noirs nuages s'amassaient au nadir de sa vie. Ceux de la maladie comme ceux d'une crise profonde avec l'autorité ecclésiastique.

Au mois d'avril 1947, dans une lettre à l'abbé Breuil, Teilhard fait allusion à un article du dominicain Garrigou-Lagrange, paru dans la revue romaine *Angelicum*, attaquant violemment la « Théologie nouvelle », fustigeant en particulier les écrits des Pères de Lubac, Fessard, Daniélou, Bouillard et Teilhard de Chardin. Leur mise à l'Index était requise.

Mgr de Solages prend aussitôt la plume et réplique dans un article « fulminant », « Pour l'honneur de la théologie », en faveur des cinq théologiens incriminés. Il insiste sur l'importance de l'évolutionnisme et rend hommage au Père Teilhard de Chardin :

« Le grand problème posé par la pensée moderne est celui du rapport de l'évolution et de la transcendance. [...] L'évolution biologique était mécaniste et matérialiste. C'est la portée chrétienne profonde de l'œuvre de ce grand savant [...], de ce puissant penseur et de ce prestigieux écrivain, et j'ajoute – car ce n'est pas lui qui utiliserait dans une controverse des papiers privés – de ce gentleman qu'est le R.P. Teilhard de Chardin, d'avoir, plus que tout autre, réussi à montrer que l'évolution elle-même ne pouvait être que finaliste, qu'elle allait vers l'esprit, qu'elle ne pouvait s'expliquer que par l'esprit et qu'elle postulait à l'origine parce qu'elle le postule au terme, un Dieu transcendant. Le P. Teilhard n'est pas un théologien de métier et il ne faut pas lui demander de résoudre, à lui tout seul et d'un coup, tous les problèmes théologiques. C'est aux théologiens de travailler. Mais les théologiens lui doivent cet immense service de leur révéler les dimensions du monde de la science dans laquelle ils doivent désormais penser s'ils veulent faire, au XXe siècle, leur métier, selon l'exemple même donné au XIIIe siècle par saint Thomas, et cet autre immense service de leur présenter une conception de l'évolution rectifiée par le dedans, et qui, au lieu de s'opposer, par sa nature matérialiste et mécaniste, à une vue chrétienne du monde, s'y ouvre tout naturellement[1]. »

Au même moment, Teilhard se voit offrir l'une des plus belles perspectives pour sa carrière scientifique, celle

1. C.C., p. 324.

d'une chaire au Collège de France où le départ à la retraite de l'abbé Breuil laisse un siège vacant. Paul Rivet, le directeur du Musée de l'Homme, lui fait savoir que sa candidature serait acceptée à l'unanimité s'il se présentait. Le général des Jésuites, le Père Janssens, apprenant cela, « déconseille » amicalement et fermement à Teilhard de poser sa candidature…

Mais entre-temps, son combat se livrera sur un autre front.

Dans la nuit du 1er au 2 juin 1947, il est terrassé par une vive douleur au thorax. Tout de suite, on le transporte à la clinique des Frères Saint-Jean-de-Dieu, rue Oudinot, à Paris, où les médecins diagnostiquent un infarctus du myocarde. Il frôle la mort pendant quinze jours, en proie à de fortes fièvres. Même si Teilhard avoue, après coup, qu'il avait l'impression d'être « parfaitement en forme », le coup est rude. Sa vie en est bouleversée. Il ne sera pas autorisé à reprendre une vie normale avant six mois, ce qui ruine son projet de retrouver l'abbé Breuil en Afrique du Sud au mois de juillet pour une campagne de fouilles avec George Barbour.

Le Père Leroy et le Père Jouve se rendent à son chevet.

« Souffrez-vous ?

– Non.

– Etes-vous malheureux ?

– Oui. »

Au cours de ces six mois de convalescence, il devra éviter tout effort, en particulier celui de monter des escaliers. Quelle vie l'attend dans ces conditions ? Et qu'en sera-t-il de ses recherches sur le terrain ?

Il commence par séjourner deux mois chez les religieuses de Saint-Germain-en-Laye, en bordure de la forêt.

Au mois de septembre, alors qu'il se remet doucement de son infarctus, une lettre du général des Jésuites, envoyée de Rome, lui communique l'interdiction de publier quoi que ce soit en matière de philosophie ou de théologie. Il s'agit d'une mesure de prudence, prise à la suite de vives attaques de théologiens romains à son encontre et faisant craindre une mise à l'Index.

Le coup est rude, mais Teilhard prend les choses avec une certaine distance : « Je ne m'en fais pas outre mesure : la mesure vient beaucoup trop tard pour être efficace ; et j'ai assez d'habitude pour savoir que pareilles sanctions (prises surtout pour la galerie) sont toujours faciles à tourner honnêtement ; sans compter que j'ai maintenant beaucoup d'amis bien placés. Tout de même, c'est assez gênant, et surtout cela tombe très mal. Dans le vieux temps j'aurais pris le prochain bateau, ou le prochain avion : et tout le monde eût été content. Maintenant c'est moins facile [1]. »

Une anxiété perce, néanmoins, sous l'acceptation. Les proches de Teilhard ont pu constater combien cette incompréhension de son ordre l'affecte gravement jusqu'à déclencher chez lui ces périodes d'angoisse dont il ne parvient plus à se débarrasser. Ne pas pouvoir proclamer sa foi librement est pour lui une atteinte fondamentale. Une note de retraite de 1942 en faisait état :

« Quelle est la meilleure (la vraie) manière de DONNER TOUT ? Je suis entré dans l'Ordre – ce qui était l'*approximation la meilleure en vue*, pour tout donner. Et je m'aperçois que le geste de la Compagnie ne me fait pas donner tout ce que je voudrais… = les “Conseils”, littéralement pris et compris, *n'épuisent plus le Don.* »

Son obéissance néanmoins reste exemplaire. En même temps, il ne cesse de pratiquer à l'égard de ses supérieurs cette ouverture de conscience qui est l'un des aspects de

---

1. L.Inéd., 23 septembre 1947.

la discipline ignatienne. Fermement et sans révolte, Teilhard écrit au général des Jésuites à la suite de la décision qui vient d'être prise à son sujet :

« Je suis trop convaincu (et de plus en plus) que le Monde ne peut pas s'achever sans le Christ et qu'il n'y a de Christ que dans la fidélité intérieure à l'Eglise, pour avoir pu ressentir la moindre hésitation à l'annonce de votre décision. J'espère seulement que le Seigneur m'aidera à trouver fidèlement ma route dans une situation psychologiquement difficile. J'ai heureusement autour de moi, ici, dans la compagnie de grands et sûrs amis que vous connaissez, et qui m'aideront à frayer ma voie.

Me permettrez-vous d'ajouter, en toute simplicité et confiance filiale que, dans la mesure où je puis voir les choses, il y a, dans la situation qui m'est faite, une espèce de méprise ou de malentendu qui finira, je crois, à force de fidélité, par s'éclaircir. Depuis 1939 (tous mes papiers incriminés, je crois, sont antérieurs à cette date) j'ai – de l'avis des théologiens autorisés qui me suivent – fait de grands progrès vers l'explication correcte d'un point de vue qui (étant donné mon expérience des *gentils*) semble vraiment avoir des chances de servir au Règne de Dieu. Ne pensez-vous pas qu'il serait dommage de rejeter sans examen un fruit qui est peut-être sur le point de mûrir ? Et ne croyez-vous pas que la meilleure réparation de ce que j'ai pu faire de moins bien dans le passé serait que je sorte enfin quelque chose d'incontestable[1] ? »

Il est vrai que chacun des ses livres, surtout *Le Phénomène humain*, donne lieu à de soigneuses révisions. Pour cela, Teilhard fait appel aux plus sûrs garants de l'orthodoxie. Il soumet chacun de ses écrits au Père Valensin, au Père Charles, à Louvain, au Père d'Ouince, lorsque celui-ci

1. L.I., 2 septembre 1947, note 97.8.

devient son supérieur chez les Jésuites. Durant l'été 1947, il rejoint Mgr de Solages et le Père de Lubac au château de Carmaux, dans le Tarn, chez le marquis de Solages. Leurs séances de travail sur son texte aboutissent à deux cent quarante amendements du Père de Lubac et cinquante de Mgr de Solages. C'est à la réunion de Carmaux que nous devons le texte actuel.

Malgré tout, le livre continue de se heurter au mur de la censure.

Fin février 1948, un bateau s'éloigne du quai de Cherbourg, en pleine nuit, dans une tourmente de neige. Teilhard est à son bord. Il a préféré partir, se sentant suffisamment solide pour entreprendre un voyage aux Etats-Unis. La traversée est si houleuse qu'une nuit, il est renversé de sa couchette. Cinq jours plus tard, il atteint le port de Manhattan. A New York, il retrouve avec bonheur Lucile Swan et Rhoda de Terra, ainsi que ses connaissances de l'American Museum et ses amis chinois. Là, il va prononcer plusieurs conférences scientifiques. Ce voyage est une manière de jeter un pont vers l'avenir proche.

« Je voudrais multiplier les prises de contact avec l'Humanité d'ici. Très vaguement, je sens ou pressens que la Providence m'attend peut-être en ces lieux pour m'engrener sur je ne sais quoi. Attendons... Je suis encore loin d'avoir fait, à New York même, mon premier tour d'horizon[1]. »

Etait-ce une prémonition ?

En retrouvant tout un milieu de paléontologues, Teilhard avoue que, mis à part les recherches sur les origines de l'homme et la formation des continents, il

1. 1er mars 1948, in C.C.

éprouve désormais une sorte de dégoût pour l'étude du passé. Un constat déjà fait à la veille de la Deuxième Guerre mondiale. Les titres de ses livres de cette époque-là en témoignent : ils ont pour thèmes les directions de l'avenir, la planétarisation humaine, etc. Ni la géologie, ni les fossiles ne l'intéressent plus. Désormais, seul l'homme, son émergence et son évolution, sa socialisation progressive, les signes qu'il donne d'une « union créatrice », retiennent son attention. A la mi-avril, il prononce une conférence à la Viking Foundation sur « Le but et la signification de la socialisation humaine ». Et cette conférence faite en anglais – « passionnément », dit-il lui-même – ouvre le champ dans lequel il va désormais développer sa recherche.

Il s'agit pour lui de définir une science du développement ultérieur de l'homme, autrement dit une *Anthropogenèse*. Teilhard va consacrer le temps qui lui reste à démontrer la réalité de la « super-humanisation » qu'il voit à l'œuvre dans le monde, tant biologiquement que socialement ou intellectuellement. Profondément convaincu que nous vivons une « fraîche et nouvelle étape de l'Evolution », il fonde sa conviction sur le constat d'une plus grande conscience et de plus vastes arrangements internes à l'humanité, en particulier dans le domaine de la réflexion, laquelle est désormais *planétaire*. A cet égard, on est aujourd'hui surpris par la prescience de ce Jésuite, né à la fin du XIXe siècle, qui comprit combien il était urgent de penser le mouvement de l'humanité au regard de la foi. Conscient, en mettant toutes ses forces à aider l'accomplissement de cette métamorphose, qu'il y allait de la sauvegarde spirituelle du monde.

Au cours de ces trois mois passés aux Etats-Unis, les crises d'angoisse ont repris. C'est un homme effondré que Pierre Leroy vient accueillir à la gare Saint-Lazare à son retour. Teilhard éclate en sanglots en se jetant dans ses bras. Il a oublié de fermer à clé sa malle de voyage, et l'anxiété le tenaille. Une immense lassitude, un fléchissement nerveux, l'usure d'une vie sur le fil du rasoir se fait sentir. Le Père Leroy conduit Teilhard aux *Etudes* où il est logé : « Lorsque vint l'heure du repas, il refusa de descendre, me suppliant de rester auprès de lui tant était grand son désarroi. J'essayais sans succès de le consoler de mon mieux. Finalement je lui rappelai l'une de ses paroles. Le mettant en face de son crucifix, je lui faisais remarquer que la croix n'était pas nue mais qu'un Homme-Dieu s'y trouvait cloué. Je surpris dans son regard une expression tellement douloureuse que je le pris dans mes bras pour lui donner au moins un peu de chaleur humaine [1]. »

La vie reprend son cours. Désireux de s'expliquer avec ses supérieurs et d'obtenir une réponse nette au sujet de sa candidature au Collège de France, Teilhard décide de se rendre à Rome pour y rencontrer le Père Janssens. Il espère encore aussi voir publier *Le Phénomène humain* dont la révision traîne depuis 1940.

Il arrive à Rome le 7 octobre 1948, après un long trajet en train de nuit passant par le lac Majeur et Florence. Il va loger dans la maison des Jésuites, à quelques mètres de la place Saint-Pierre, dans l'aile réservée aux écrivains. Le voici entouré de « rats d'archives » dont beaucoup travaillent en liaison avec Radio-Vatican. L'atmosphère de la Curie romaine lui rappelle la grande maison de Chabanel Hall à Pékin. Il y éprouve la même désagréable sensation d'étouffement.

Résolument « immunisé » du passé, Teilhard n'attend

1. Pierre Leroy, *Lettres familières...*, Le Centurion, 1976.

et ne reçoit de la Ville aucun choc esthétique. En revanche, il apprécie la lumière dorée de l'automne romain, la végétation de pins parasols et de cyprès, l'atmosphère des pays du Sud. Un certain climat spirituel, dégagé par deux mille ans d'histoire chrétienne – un ferment émanant de ce foyer de la chrétienté – le touche. A la tombée du jour, il s'en va flâner sur le Janicule, tout proche, ou sur le Pincio. Il visite Saint-Pierre et l'église du Gesu, témoin des origines de son ordre : la petite chapelle N.-D. de la Strada – Notre-Dame de la Route –, l'autel de saint Ignace, où il retrouve l'ambiance dans laquelle il a reçu sa formation. Il éprouve alors la sensation d'une sécurité émanant d'une « foi inconfusible », et le pôle ascensionnel principal de l'humanisation lui paraît d'évidence passer par Rome à ce moment-là de l'Histoire. Ces journées romaines sont bénéfiques en ce sens qu'elles lui permettent de consolider ses liens avec cet ordre auquel il a jadis prêté allégeance de tout son cœur.

Le Père Janssens, le général, le reçoit avec « franchise et humanité » – sans se départir d'une intransigeance que Teilhard accepte de bonne guerre. Au cours d'une réunion, le voici nez à nez avec le Père Garrigou-Lagrange, son pire ennemi intellectuel. Ensemble, en hommes civilisés, ils réussissent à trouver un terrain d'entente : l'Auvergne ! Teilhard évoque cette rencontre avec une bienveillance légèrement ironique.

Dans les vitrines de la Via della Conciliazione trône l'ouvrage anti-évolutionniste du cardinal Ruffini.

Mais le moment de grâce de ce séjour difficile, au cours duquel il se sent très seul, c'est celui où il retrouve ses amis, en particulier le jeune préhistorien romain, le baron Alberto Carlo Blanc. Celui-ci le conduit au monte Circeo, à l'extrémité des marais Pontins, près de Terracina, là où, en 1938, le baron a découvert un crâne d'Homme de Néandertal mêlé à des ossements d'hippopotames et de hyènes, dans une grotte rouverte accidentellement par les travaux de Mussolini.

Le bilan de ce voyage, tant du point de vue de sa chaire au Collège de France que de ses publications, sera totalement négatif. Le dernier jour seulement, on lui fait savoir que la Compagnie de Jésus lui refuse l'autorisation de se présenter au Collège de France, ce qui ne l'affecte pas trop car il se sent encore d'une santé précaire. Certes, la Compagnie lui réaffirme son soutien, mais elle ne souhaite pas le voir accéder à un poste d'où il pourrait propager ses idées. Un « non » de plus.

Quant au *Phénomène humain*, malgré ses deux révisions précédentes, il n'est pas près de recevoir l'*Imprimatur*. Teilhard aura beau le réviser encore, sur les conseils et avec l'aide de son provincial, le Père d'Ouince, on le fera toujours attendre et il ne paraîtra pas du vivant de son auteur.

En revenant doucement à la vie, Teilhard a approfondi encore sa conception de la vie spirituelle. Après cette alerte qui lui a fait approcher la mort, il serre au plus près les urgences dont est tissée sa vie. La lettre qu'il envoie à son frère le 4 septembre 1948, au cours de sa retraite annuelle, rend compte de sa vie intérieure :

« Pour le moment, ce qui me préoccupe le plus (et de plus en plus, depuis longtemps), ce n'est pas de savoir comment j'ai commencé, c'est de *bien finir* : et par là j'entends le problème de terminer ma vie dans l'attitude spontanée ou le geste et la circonstance providentielle qui témoignent le mieux de la sincérité et de la valeur de la vision pour laquelle j'aurai vécu [1]. »

Plusieurs textes vont refléter cet état d'esprit. Ils ont

1. L.V., 4 septembre 1948.

été écrits aux Moulins, dans le Puy-de-Dôme, dans la propriété de son frère.

Le premier date de son retour des Etats-Unis, alors que Teilhard est encore fatigué et déprimé. *Comment je vois*[1], ébauché avant son départ et enrichi de ce séjour, résume sa vision du monde. Dans la propriété des Moulins, il a retrouvé le calme et l'atmosphère bienfaisante d'une vieille maison de famille du XIXe siècle, entourée d'arbres majestueux. De sa chambre, il voit large, comme dans sa chambre d'enfant à Sarcenat, et cette géographie coïncide avec sa vision intérieure. De grands chênes l'environnent. La puissance minérale, l'ampleur et la fécondité de cette terre ne peuvent être dissociées de sa pensée. L'unicité se comprend dans un tel paysage où les mouvements du sol suscitent les mouvements de l'âme, où la transformation s'inscrit dans les molécules de la roche éruptive montée du ventre de la terre en longues et lentes coulées incandescentes. Le profil des chaînes en forme de dômes, de cônes, de cratères s'abaissant doucement vers les vallées disent la puissance tellurique et ses menaces, mais aussi la douceur et la pureté des eaux filtrées par un tel sol, la diversité et la fécondité des règnes, le pire et le meilleur, en somme, imbriqués l'un dans l'autre, rendant caduque toute vue manichéenne des choses, toute pensée cherchant à mettre la vie d'un côté et la mort de l'autre.

Comment je vois est né des perceptions induites par ces paysages d'une amplitude à la démesure de la pensée humaine lorsque celle-ci consent à donner ses pleines possibilités, des méditations face à la grande énigme de la nature inscrite dans le sol de l'Auvergne. Teilhard y résume sa vision du monde comme une phénoménologie de l'enroulement vers un « pôle ultra-cosmique d'énergies

---

1. *Œuvres*, t. XI.

personnelles » – le Point Oméga coïncidant avec la figure du Christ universel.

« Tout ce qui monte converge. »

Cette intuition de la convergence de l'Univers – en haut et en avant – en la personne du Christ, il passera toute la fin de sa vie à la développer et à la décliner sur tous les registres possibles. Etonnante clarté intérieure, pourtant si difficile à faire admettre aux détenteurs des dogmes.

Seul en avant d'un chemin où d'autres hésitent à s'avancer, il ne cherchera cependant jamais à se mettre en retrait. Il ne renoncera pas, gardant l'espoir de faire admettre ses vues. Par ses rencontres, ses lectures et ses travaux il demeure en permanence sur le front de la pensée. Cette urgence, il l'exprime dans une lettre au Père de Lubac :

« La synthèse des deux formes de Foi *in Christo Jesu* n'était pas une tactique arbitraire *Ad usum infidelium*, mais représentait *Hic et nunc* une condition de survie pour un nombre croissant de chrétiens – (...) il faut choisir, tout de suite (car le problème est posé et le sol se fend sous nos pieds) entre la christianisation du néo-Humanisme ou sa condamnation[1]. »

Comme l'a noté le Père de Lubac, on décèle vers la fin de sa vie une certaine tendance au système et à la simplification, voire à l'impatience, comme en témoigne la lettre qui précède. En devenant plus rigoureux et plus intransigeant, il schématise parfois sa pensée sous forme de slogans : Dieu de l'En-haut et de l'En-Avant, Super-Humanité, Super-Christ, etc., qui ne sont pas toujours du meilleur effet théologique.

Si un vrai débat de ses idées avait eu lieu *avec lui* au

1. L.I., 29 octobre 1949.

sein du christianisme, il est probable qu'il aurait pallié ces excès, imputables à l'usure nerveuse face au rejet des siens et, sans doute aussi, à un trop grand isolement intellectuel. Ces slogans, repris par les « teilhardiens » de façon abusive, ont eu tendance à scléroser une pensée profondément dynamique, à la faire passer pour ce qu'elle n'était pas : un système.

Car il ne s'agissait nullement de rattraper l'humanisme sur son propre terrain, ni de réconcilier artificiellement la science et la foi comme cela lui a été reproché. En fait, Teilhard se situait déjà très en avant de cette opposition entre la science et la foi. A le lire, à lire ses lettres à ses proches et ses notes, on comprend qu'il s'agit chez lui d'une vision du monde si profonde et si large qu'elle n'a peut-être au fond rien à voir avec de l'impatience missionnaire, de la rage apologétique ou de l'entêtement théologique, terrains sur lesquels on a si souvent voulu l'amener. La preuve en est qu'au terme de ses efforts pour convaincre, pour briser le moule d'incompréhension qui l'enserre et l'étouffe, on trouve chez lui une sorte de détachement face à l'issue de toute action. Tout comme dans ses recherches scientifiques il laissait volontiers la place aux autres, à ses jeunes successeurs qui sauraient prendre le relais de ses travaux, acceptant souvent de rester dans l'ombre, de même dans l'ordre des idées, la souffrance morale face aux empêchements qu'on lui oppose connaît, en fin de compte, un retournement qui la fait déboucher sur un amour de tout ce qui arrive. Il faut y reconnaître un aspect de la tradition ignatienne : l'indifférence amoureuse obtenue au terme de la méditation *Ad amorem* sur laquelle se terminent les *Exercices*.

Une spiritualité profonde – imparable – comme une rivière souterraine coule en lui et semble emporter dans son cours limpide les sédiments de conflits, de blocages, d'obstacles et d'obscurantismes qui gênent sa marche.

Plus il avance en âge, plus cette vision intérieure s'affirme et se simplifie. Il le dit lui-même :

« Cela m'est presque égal, à présent, de n'être pas imprimé. Ce que je vois est démesurément plus grand que toutes les inerties [1]. »

Parallèlement, et comme par ironie, sa réussite sur le plan scientifique et la reconnaissance unanime montant de tous les horizons lui valent, à cette époque, un certain nombre de titres officiels.

Depuis 1938, Teilhard est directeur du Laboratoire de Géologie appliquée aux origines de l'Homme – un poste dépendant de l'Ecole pratique des Hautes Etudes. Au cours de l'année 1947, il est nommé directeur de recherche au CNRS – organisme auquel il appartiendra jusqu'à la fin de sa vie.

Au début du mois de mai 1950, des collègues scientifiques l'incitent à présenter sa candidature à l'Académie des sciences, dans la section Minéralogie, en remplacement du botaniste Maire. Il est élu le 22 mai, non seulement, semble-t-il, pour ses travaux scientifiques, mais aussi pour la haute figure intellectuelle et spirituelle qu'il représente – comme si l'Institut cherchait à le venger de l'histoire du Collège de France. Pour tous ses amis comme pour la Compagnie de Jésus, cette élection est une grande joie et une fierté, même si Teilhard lui-même reste fort modeste.

« Très évidemment j'ai été nommé moins pour ma "science" que pour mes idées – ce qui est infiniment plus intéressant [2]. »

---

1. C.C., p. 323.
2. C.C., p. 335.

La même année, il est promu au grade d'officier de la Légion d'honneur.

A l'automne, son ami le professeur Jean Piveteau lui propose de donner une série de cours de paléontologie à la Sorbonne. Teilhard voit là l'occasion de revenir sur *Le Phénomène humain* et d'en préciser encore les arguments. Il choisit comme sujet de ces conférences « la structure phylétique du genre humain ». En préparant ses cours, il remanie son livre, dans un sens « plus scientifique » encore, espérant toujours faire admettre l'ouvrage par ses censeurs.

Durant toute cette période parisienne, tissée de ralentissement physique – une grave pleurésie se déclare au mois de mars, à la sortie d'un de ses cours en Sorbonne – et de souffrance morale ; tissée aussi du réconfort de se savoir de plus en plus écouté, Teilhard voit sa pensée se simplifier :

« Mes idées semblent avoir atteint une phase où elles deviennent plus simples, moins nombreuses, et plus amples, au lieu de se multiplier [1]. »

C'est encore aux Moulins, où il se remet de sa pleurésie, durant l'été 1950, qu'il écrit *Le Cœur de la Matière*. Il s'agit là du seul texte autobiographique de Teilhard, lequel n'avait d'ailleurs aucune propension à se raconter. Cette autobiographie de nature intellectuelle et spirituelle n'évite cependant aucune question « charnelle ». On pourrait la qualifier, pour reprendre un vocabulaire qui lui était cher, de « psychogenèse ». C'est l'histoire mêlée d'une psychologie, d'une foi et d'un intellect, la traversée d'une vie jusqu'aux grandes intuitions de la fin de sa vie. Avec rigueur et simplicité, Teilhard retrace les étapes de l'évolution conjointe de sa pensée et de sa mystique,

1. L.S., 9 mai 1950.

sans éviter les écueils auxquels il s'est heurté et les impasses dans lesquelles il aurait pu tomber. Ce texte émouvant tient de la confession et de l'auto-analyse avec, toujours présente chez lui, cette altitude aristocratique en même temps que cette franchise qui le rend parfaitement désarmant quoique certaines pages – sur le « cœur de Jésus », par exemple – soient déconcertantes pour le lecteur de cette fin de XXe siècle, car elles font l'effet d'un langage résiduel venu d'un autre siècle.

Teilhard s'explique – et nous explique – les moments décisifs d'une vie de recherche, depuis la passion pour l'Inaltérable d'un petit garçon fasciné par le fer et la pierre, par la consistance géologique de la matière, en même temps qu'instinctivement religieux, voire mystique.

Au milieu de ce texte essentiel pour comprendre la pensée de Teilhard de Chardin se trouve cet aveu, ce cri :

« Christifier la Matière.

Toute l'aventure de mon existence intime... Une grande et splendide aventure – au cours de laquelle je continue souvent à avoir peur –, mais à laquelle il m'était impossible de ne pas me risquer : si puissante était la force avec laquelle se rapprochaient et se refermaient graduellement au-dessus de ma tête, en une voûte unique, les nappes de l'Universel et du Personnel. »

Chaque paragraphe du *Cœur de la Matière* peut servir de jalon au biographe de Teilhard de Chardin et fournit le fil conducteur à la tentative pour rendre compte d'une vie aussi pleine et cohérente. Car c'est l'impression de cohérence d'un mouvement évolutif irrépressif que l'on retrouve tant dans sa pensée que tout au long de sa vie d'homme. Vie ouverte, en mouvement, en constant questionnement et comme s'enroulant sur elle-même à la manière de l'univers autour de la personne du Christ. A chacun des moments essentiels de cette vie – de cette pensée – survient l'émergence d'une intuition nouvelle ouvrant la voie à une recherche plus approfondie, plus intérieure, plus centrée encore. Comme si la vie de Teilhard avait reçu dans ses fibres le rythme même qu'il entrevoyait pour l'humanité tout entière, avec, à chaque moment décisif, un pas de conscience supplémentaire, un pas de personnalisation croissante et, en fin de compte, un pas de spiritualisation accrue.

Traversée montante parfaitement conforme à cette « Mystique de l'Ouest » sur laquelle il revient tant de fois dans son œuvre comme étant le sens même dans lequel progresse l'humanité actuelle, telle une voie ouverte un peu au-dessus de la ligne d'horizon : en avant et en haut.

Au commencement de ce texte fondamental, Teilhard parle de « métamorphisme psychique ». La notion est empruntée à la géologie où elle explique la lente transformation des roches amenant, à un moment donné, leur changement d'état. N'est-ce pas ainsi que Teilhard envisage l'évolution de sa propre existence ?

C'est à Lucile Swan qu'il a un jour confié le plus intime de ce parcours intérieur advenu au cours de sa vie :

« Jamais auparavant peut-être n'ai-je perçu si clairement la signification possible de l'évolution de ma vie intérieure : la sombre pourpre de la Matière Universelle se muant d'abord pour moi en l'or de l'Esprit – puis en la blanche incandescence de la Personnalité –, puis finalement (et c'est la phase actuelle) en l'immatérielle (ou plutôt supra-matérielle) ardeur d'Amour –. Et jamais auparavant, aussi, je n'ai réalisé de manière aussi tangible combien, autour de moi, aspirent violemment à cette même lumière, que je peux peut-être leur transmettre[1]. »

---

1. L.S., 7 juin 1937.

12

« Bien finir »

« Mais enfin, il faudrait faire quelque chose contre Teilhard ! » aurait lancé un membre de la Curie attablé au réfectoire avec le Père Janssens. Un « quelque chose » a déjà été fait. En 1947, l'ordre lui a été donné de détruire tous ses polycopiés. Il s'y est employé, avec l'aide du Père d'Ouince, son supérieur, qui, sans mot dire, en met un certain nombre à l'abri.

La situation religieuse française connaît un regain de tension avec Rome dans les années 1950. Cinq Jésuites, professeurs de théologie à Lyon, ont été discrètement remerciés.

Aussi, lorsque André Billy, dans *Le Figaro littéraire* [1], recommande la lecture de certains écrits non publiés de Teilhard, dont *Le Milieu divin*, *Comment je crois* et *L'Esprit de la terre*, les dispositions romaines à son égard tournent à la franche hostilité.

1. 5 juillet 1950.

La publication de l'encyclique *Humanae Generis*[1] a toute l'apparence d'une dénonciation occulte de ses idées, bien que lui-même y reconnaisse certains aspects positifs. Pie XII y autorise habilement les savants catholiques à poursuivre leurs recherches sur les origines de l'Homme « à partir d'une matière préexistante et vivante ». L'encyclique n'en est pas moins une sévère mise en garde contre toute « témérité ».

Le 15 août 1950, Teilhard a eu de nouveau l'occasion de s'agacer : le dogme de l'Assomption de Marie, selon lequel la Vierge a été enlevée miraculeusement au ciel par des anges, est « défini » par le Vatican. Si le principe ne lui déplaît pas, bien au contraire, sa formulation désuète, enfantine, le déçoit profondément :

« Je passe mon temps depuis une semaine à répondre aux gens là-dessus. Dans l'ensemble, les "fidèles" de quelque calibre intellectuel se sentent tout à fait perdus lorsqu'ils sont confrontés avec une série d'affirmations qui semblent tomber sur notre terre moderne comme d'un monde depuis longtemps disparu. [...] Je crois distinguer ce que les théologiens romains ont dans l'esprit, et je suis d'accord avec eux. Mais leurs vues sont exprimées dans un langage impossible. Je n'ai personne ici avec qui échanger mes impressions. Mais je suis sûr qu'une grande majorité de chrétiens intellectuels français réagissent dans le même sens que moi. La conséquence la plus curieuse du dogme de l'Assomption, c'est que rien qu'en l'affirmant, les fondamentalistes expriment l'opinion que le dogme *évolue encore* (puisqu'il n'en est question nulle part dans l'Ecriture) : ils deviennent *évolutionnistes sans le vouloir*[2] ! »

Dans ce contexte de polémique religieuse, Teilhard

1. 22 août 1950.
2. Ac.H., 25 août 1950.

envisage de quitter la France. La Chine, en proie à la révolution communiste, est désormais fermée aux étrangers – aux Jésuites plus qu'à tous autres. Un nouveau voyage se profile alors à l'horizon : l'Afrique du Sud ! Teilhard y pense depuis sa convalescence et le projet s'est précisé au cours du séjour que le professeur George Barbour a fait aux Moulins, la propriété du frère de Teilhard de Chardin en Auvergne, à la fin de l'été 1949, avec son fils Freeland qui est alors membre de l'Organisation internationale pour les Réfugiés. Ces deux journées « inoubliables » en compagnie d'un Teilhard détendu, curieux de tout, dans cette propriété que Barbour décrit comme un *fundus* romain enveloppé dans le magnifique paysage auvergnat, resteront pour Barbour l'un des moments essentiels de sa longue amitié avec Teilhard. Visite d'un ami intimement lié à sa vie de chercheur et à son existence en Extrême-Orient, à l'horizon de laquelle se profile une tournée de trois ou quatre mois en Afrique du Sud.

L'importance anthropologique des Australopithèques est une nouvelle énigme à résoudre. Ces hominidés, dotés d'un cerveau encore petit, mais capables de se déplacer debout sur leurs deux jambes, ont été retrouvés en Afrique du Sud dans les années 1925. Leurs fossiles les plus anciens connus remontent à 4 millions d'années. L'espèce semble s'éteindre aux alentours d'un million d'années. Sont-ils nos ancêtres, ou bien un « cul-de-sac évolutif » ? Cela reste à prouver. D'où l'intérêt de ce voyage. Et puis, une nouvelle fois, Teilhard sent le moment venu pour lui de disparaître quelque temps de Paris où la situation devient critique en ce qui concerne ses écrits. La presse, à cette époque, parle beaucoup de lui – trop à son goût – et ses textes circulent de plus en plus sous le manteau, en dépit des ordres romains. Aussi pense-t-il qu'une mission scientifique pourrait apaiser un peu la situation. Encore faudrait-il pour cela qu'il soit soutenu financièrement. Le Dr Paul Fejos, le directeur du Viking Fund de la Wenner-Gren Foundation propose de s'en charger. S'occuper des Australopithèques, voilà qui pourrait rassurer son ordre et tranquilliser une Curie anxieuse.

« Incidemment, croiriez-vous que ce projet d'Afrique me rend un immense service. Depuis que j'ai fait habilement savoir à mon ordre, à Rome, que je comptais aller là-bas m'occuper des Australopithèques, on est à peu près rassuré sur mon compte : puisque j'abandonne en apparence les domaines dangereux de la pensée pour réintégrer la recherche matérielle sur le terrain. Preuve nouvelle qu'il faut toujours prendre les gens et les choses par leur faible[1]. »

Quelques jours avant son départ, le 2 juillet 1951, Jeanne Mortier, secrétaire et amie de Teilhard, vient lui rendre visite au siège de la revue *Etudes* où il loge pendant ses séjours à Paris. Ce jour-là, le Père d'Ouince, son supérieur, est absent. Son remplaçant, le Père Jouve, la rencontre à la porte de la maison et lui dit :

« Mademoiselle, le Père Teilhard part au Transvaal. Cette expédition peut aggraver son état cardiaque. Demandez-lui de vous léguer ses écrits, car nous, Jésuites, ne pourrons jamais les publier. »

Jeanne Mortier n'a pas le temps de réfléchir que déjà la haute silhouette de Teilhard apparaît au bout du couloir. Teilhard n'hésite pas, bien trop conscient depuis son infarctus d'être un condamné en sursis. « Donnez-moi un papier. » Et d'un seul élan, il écrit :

« Chère amie,

Par la présente lettre, je déclare vous *donner* et *réserver*

---

1. Lettre du 14 décembre 1950, in George Barbour, *Teilhard de Chardin sur le terrain.*

tous droits d'utiliser au mieux des circonstances (conservation, *publication*, distribution) – au cas où je disparaîtrais – tous mes écrits (non purement scientifiques) imprimés ou dactylographiés – en votre possession.

A votre défaut, et par ordre de succession, je donne les mêmes pouvoirs à MM.

1) François Richaud (de Besançon)

2) André George,

3) Jean Piveteau, professeur à la Sorbonne.

Tous les trois formant, associés avec vous, un petit comité dont la sûreté de jugement et l'amitié me donnent toute confiance et sécurité.

P. Teilhard de Chardin. »

Ainsi confiait-il à quelques amis, laïcs très sûrs et profondément catholiques, le soin de tirer le meilleur parti de ses œuvres et d'en faire rayonner le message, ce qui dans le même temps assurait une survie à ses écrits et libérait la Compagnie de Jésus de toute responsabilité à leur égard, la laissant libre de s'associer à leur publication, de la réprouver ou de prendre ses distances – le parti qu'elle choisit, en fin de compte.

Quelques jours plus tard, Teilhard s'embarque pour l'Afrique du Sud. Il a soixante-dix ans.

Sa place est retenue à bord du *Carnavon Castle*, un transatlantique de l'Union Castle. Le navire part de Southampton le 12 juillet 1951 en direction de Capetown. De là, Teilhard doit rejoindre le Dr Van Riet Lowe et Raymond Dart à Johannesburg. Ce dernier est le médecin anatomiste qui a décrit en 1925 le premier australopithèque trouvé dans la grotte de Taung, en Afrique du Sud.

Encore une longue traversée, qu'il n'accomplira pas seul mais, sur les conseils de ses médecins, accompagné de la femme d'Helmut de Terra, d'« âge canonique », dit-il pour rassurer son supérieur. Rhoda de Terra, femme efficace, volontaire, et un peu suffisante, selon certains, s'est proposée de voyager avec lui. Elle est depuis longtemps séparée de son mari. Ses intérêts professionnels d'écrivain peuvent se concilier avec le désir de rendre service à cet ami encore fragile. Sa présence au cours de ce long voyage sera précieuse pour Teilhard, d'autant qu'elle lui facilite mille détails pratiques dont il n'aura pas à se soucier. « Sans elle, je ne sais comment je surmonterais ma nervosité et mes inquiétudes [1] », écrit-il à l'abbé Breuil.

A son arrivée à Capetown, il est accueilli par John Goodwin, un préhistorien de l'université de Capetown. Le soir même, il repart pour un trajet en train de deux nuits et une journée à travers des steppes désertiques et des chaînes rocailleuses qui lui rappellent la Chine du Nord et la Mongolie ou les déserts de l'Ouest américain. Une nuit à Kimberley, la ville du diamant, et le train repart jusqu'à Johannesburg, où l'attend George Barbour. Il y parvient en une fin d'hiver radieuse.

A 1 600 mètres d'altitude, la ville est entourée des grands crassiers blancs des mines d'or. Un je ne sais quoi d'aérien flotte dans l'air, comme la musique d'un harmonica de verre, encore amplifiée par les rangées d'eucalyptus et la multitude de fleurs. Une promesse de réconfort et de régénération physique pour Teilhard. Le Dr Van Riet Lowe, l'un des grands organisateurs de la préhistoire sud-africaine et le fondateur de l'*Archeological Survey*, l'accueille chaleureusement.

Commence une période de repos, cependant qu'entouré de ses amis, il s'autorise quelques excursions, dont l'une le conduit vers Sterkfontein, à l'emplacement où

1. L.I., 22 janvier 1952.

Robert Broom a trouvé, après la Seconde Guerre mondiale, de nouveaux fossiles d'Australopithèque, confirmant la découverte de Dart. Comme le fait remarquer Claude Cuénot, Teilhard se trouve plongé, au cours de ce voyage, dans un milieu de protestants résolument anti-évolutionnistes, tout son contraire, en somme, mais très soutenu par la solide amitié du professeur Barbour. Après tout, la contradiction ne lui a jamais fait peur.

Le Dr Van Riet Lowe va le conduire avec George Barbour sur le site de Makapan, dans le Transvaal, là où il a mis à jour, aux abords d'une caverne classée Monument historique, un gisement paléolithique contenant des outils, des os et des traces de cendres, ce qui a valu à l'endroit le nom de « Caverne des Foyers ».

Ils parviennent en voiture tout près de l'entrée du site de façon à permettre à Teilhard de descendre à pied sans trop se fatiguer. C'est ainsi que se déroule cette tournée sud-africaine, en courtes expéditions entrecoupées de semaines de repos.

« Passé Pretoria, on entre vraiment dans un cadre de brousse africaine : pullulement d'aloès de toutes formes, et apparition d'euphorbes arborescentes, cactiformes, dont les candélabres, voisinant avec les huttes rondes des indigènes, m'ont reporté vingt-deux ans en arrière, sur les plateaux du Harrar[1]. »

Ils se rendent aux carrières de Taung, l'un des principaux sites à Australopithèques, dont le gisement lui rappelle Chou-Kou-Tien. En revenant à Capetown, l'équipe visite le musée de Durban et les gorges de l'Umgeni River ainsi que le musée d'East London qui abrite le fameux « Crossoptérygien », l'un des plus extraordinaires fossiles vivants : un poisson dont le système respiratoire et le squelette ressemblent à ceux des vertébrés terrestres.

---

1. L.V., 18 août 1951.

Au Cap, Teilhard demeure un observateur aigu de la nature. Anémones, bruyères rouge vif, euphorbes arborescentes, grands arums blancs, parsèment le pays de leurs couleurs éclatantes. Le botaniste, en lui, s'émerveille. A l'université de Stellenbosch, une surprise l'attend : un « Teillard »... non pas fossile, mais bien en chair, issu d'une famille originaire de France, d'un certain « Taillard » arrivé en Afrique du Sud vers 1750, de Normandie. Cet ancêtre, un certain Pierre-Louis Teillard, aurait été mis en prison pour avoir voulu planter du café contre la volonté de la Compagnie des Indes. L'orthographe du nom s'est un peu déformée et cela a donné, dans cette contrée anglophile, Tilyaard... un cousin inattendu, professeur de géologie de surcroît.

Ce passionnant voyage révèle l'importance des climats dans l'évolution de l'Humanité, en particulier dans les grandes périodes anticycloniques. Teilhard en déduit que le Kenya et l'Ouganda pourraient être les régions où s'est constituée l'humanité. Certes, avant lui, le Dr Louis Leakey avait pressenti, dans les années 1930, que le Kenya pourrait être le berceau de l'*homo sapiens*, mais les recherches de 1951 confirment cette intuition et font apparaître l'Australopithèque comme une nappe de préhominiens refoulée aux confins des zones de développement de l'humain un peu partout sur terre, aussi bien en Afrique qu'en Asie.

En deux mois et demi, il acquiert une vue d'ensemble de toute la préhistoire de l'Afrique où une industrie lithique étonnamment riche et constante prouve l'existence d'une très ancienne humanité en ces régions. La découverte du squelette de « Lucy », vieux de trois millions d'années, en Tanzanie, en 1974, a confirmé depuis lors ses intuitions.

Heureux de ce voyage, rajeuni et revigoré dans son goût pour le terrain, Teilhard va ensuite se diriger sur l'Amérique où le directeur de la Wenner-Grenn Foundation désire le garder le plus longtemps possible. Il obéit en cela à la consigne romaine de se cantonner à la science pure.

Du Cap, il écrit une longue lettre au P. Janssens, le général des Jésuites. Lettre remarquable de fidélité limpide en même temps que de dissidence radicale, dans laquelle il fait le point sur son attitude spirituelle, comme, en haute mer, un marin donne sa position :

« Mon Très Rd Père,

P.C.

Au moment de quitter l'Afrique (c'est-à-dire, après deux mois de travail et de calme sur le terrain), j'ai l'impression que le moment est favorable pour vous faire savoir en quelques mots ce que je pense et où j'en suis ; – ceci sans oublier que vous êtes "le Général", mais en même temps (comme il y a trois ans, dans notre trop courte conversation) avec cette franchise filiale qui est un des plus précieux trésors de la Cie.

1° Avant tout, je pense qu'il faut vous résigner à me prendre tel que je suis – c'est-à-dire avec la qualité (ou la faiblesse) congénitale qui fait que, depuis mon enfance, ma vie spirituelle n'a pas cessé d'être complètement dominée par une sorte de "sentiment" profond de la réalité organique du Monde ; sentiment originairement assez vague dans mon esprit et dans mon cœur – mais sentiment graduellement devenu, avec les années, sens précis et envahissant d'une convergence générale sur soi de l'Univers ; cette convergence coïncidant et culminant, à son sommet, avec Celui "*in quo omnia constant*", que la Cie m'a appris à aimer.

Dans la conscience de ce mouvement et de cette synthèse de tout *in Xristo Jesu*, j'ai trouvé une extraordinaire et inépuisable source de clarté et de force intérieure, et une atmosphère hors de laquelle il m'est devenu physiquement impossible de respirer, d'adorer, de *croire*. Et ce qu'on a pu prendre, dans mon attitude depuis 30 ans, comme de l'entêtement ou de l'impertinence, est tout simplement l'effet de mon impuissance à ne pas laisser éclater au-dehors mon émerveillement.

Voilà, psychologiquement, la situation de fond dont tout dérive, et ce que je ne puis pas plus changer que le nombre de mes années ou la couleur de mes yeux.

2° Ceci posé, et pour vous rassurer sur ma position intérieure, il me faut insister sur le fait que (généralisable ou non à d'autres individus que moi) l'attitude intérieure que je viens de décrire a pour effet direct de me lier toujours plus inéluctablement à trois convictions qui forment la moelle du Christianisme.

Valeur unique de l'Homme en flèche de la Vie ; position axiale du catholicisme dans le faisceau convergent des activités humaines ; et enfin fonction consommatrice essentielle assumée par le Christ ressuscité au centre et sommet de la Création ; ces trois éléments ont poussé (et continuent à pousser) des racines si profondes et si entrelacées dans le système entier de ma vision intellectuelle et religieuse qu'il me serait désormais impossible de les arracher sans tout détruire.

En vérité (et en vertu même de toute la structure de ma pensée), je me sens aujourd'hui plus irrémédiablement lié à l'Eglise hiérarchique et au Christ de l'Evangile que je ne l'ai jamais été à aucun moment de ma vie. Jamais le Christ ne m'a paru plus réel, ni plus personnel, ni plus immense.

Comment croire que la direction où je suis engagé soit mauvaise ?...

3° Reste, je le reconnais pleinement, que Rome peut avoir ses raisons pour estimer que, sous sa forme actuelle, ma vision du Christianisme est prématurée ou incomplète, et que par suite elle ne saurait être diffusée présentement sans inconvénients.

C'est sur ce point important de fidélité et de docilité extérieures que je tiens particulièrement (en fait ceci est l'objet essentiel de cette lettre) à vous affirmer que en dépit de certaines apparences, je suis décidé à rester “enfant d'obéissance”.

Evidemment je ne puis (sous peine de catastrophe intérieure) m'arrêter de chercher pour moi-même.

Très respectueusement vôtre

in Xto filius

P. Teilhard de Chardin [1]. »

Teilhard repart donc à la mi-octobre pour New York via São Paulo, Rio de Janeiro et Trinidad. Il s'embarque sur un petit bateau hollandais, le *Boissevin*, extrêmement confortable, pour une paisible traversée en compagnie d'Afrikanders, d'émigrants d'Extrême-Orient et de trois hyènes destinées au zoo de Buenos Aires. Première escale, au bout de douze jours, dans cette « immense Marseille » bouleversée par la maladie d'Evita Peron. Il fait alors connaissance du Dr Oswald Menghin, un préhistorien autrichien renommé qui s'est réfugié en Argentine sous le nazisme.

De Buenos Aires, un gros paquebot américain, *L'Uruguay*, le conduit à New York, « dans un esprit hautement irlandais et catholique ». Un prestidigitateur, une chanteuse de Broadway et un couple de danseurs animent cette traversée. Au cours d'une charmante escale à Trinidad, Teilhard a le temps de faire une tournée dans les collines autour de Port of Spain, parmi les plantations de cacao, de caféiers et de pamplemoussiers.

---

1. L.I., 12 octobre 1951.

« Végétation étourdissante. Pendant le déjeuner (au son des guitares nègres) la dernière touche sur la terrasse a été donnée par la visite d'un oiseau-mouche bourdonnant sur une fleur d'hibiscus, puis d'un Morpho aux reflets bleus[1]. »

Durant la traversée, Teilhard prépare, comme toujours lorsqu'il voyage en bateau, un nouvel essai : *Réflexions sur les prolongements en l'homme du mécanisme de l'évolution*, texte que Julian Huxley lui a demandé pour son livre jubilaire.

Une fois de plus, il change de continent. Sur les conseils de son ordre, il se fixe provisoirement à New York pour se consacrer à des travaux scientifiques. Eloignement et silence, telles sont les consignes. Il les respectera à la lettre tout en gardant une splendide liberté intérieure. *Ama et fac quod vis*[2]. Avancer en évitant les récifs, comme un paquebot sur l'océan. Teilhard, quoiqu'auvergnat et terrien, est au fond un excellent navigateur.

Il atteint New York le 26 octobre 1951. Pour longtemps.

Une profonde solitude spirituelle marque les dernières années de sa vie. A défaut de pouvoir propager son message, il trouve en lui-même des ressources nouvelles pour l'approfondir.

Sa sensibilité l'ayant porté plus particulièrement vers les puissances d'expansion et de renouvellement, il souffre plus que jamais, sans doute, des forces d'inertie ou d'entropie sécrétées par les individus et les groupes humains – et peut-être plus encore du fait qu'il a une connaissance intime de ce qu'est la perte du goût de la vie.

1. L.V., 2 décembre 1951.
2. « Aime et fais ce que tu veux » (saint Augustin).

Mais Rome continue d'imposer le silence sur sa pensée. Et lorsque certaines « fuites » se produisent, comme cet article paru dans le journal français de San Francisco en 1952 l'accusant de jeter par-dessus bord une transcendance divine qu'il a passé sa vie à défendre, il ne peut répondre, obligé de rester un spectateur muet, ce qui ne fait qu'aggraver les mésinterprétations et les distorsions de sa pensée.

« Nouvelle preuve des inconvénients de la tactique romaine – des derniers temps – d'empêcher les gens qui cherchent, soit de se défendre, soit de s'expliquer... Sous ce couvercle, tout fermente et tout se corrompt. Ce n'était pas comme cela du temps de St Thomas[1] ! »

Une autre fois, une revue française le présente comme un théosophe :

« (...) Croiriez-vous que le nommé Dulac me considère comme un théosophe, disciple de Guénon et de Mme Blavatsky ! Moi qui me trouve (ou du moins espère me trouver) au pôle directement opposé. (...) Jusqu'à un certain point, les gens ont une excuse quand ils me traitent de "païen", puisque Rome ne me laisse pas publier une seule chose où je puisse exprimer ce que je pense de Dieu[2]. »

A New York, la maison des Jésuites, la St.-Ignatius Residence, se situe au 980 Park Avenue, au centre de la ville, à un quart d'heure du Natural History Museum, non loin de la Wenner-Grenn Foundation dont le directeur de recherche, le Dr Fejos, offre tout de suite à Teilhard de collaborer avec lui comme « *Research associate* ». Teilhard accepte bien volontiers ce « perchoir ».

1. L.I., 3 août 1952.
2. L.J.M., 24 octobre 1952.

New York après la guerre est un carrefour de recherche, un peu comme le Pékin d'avant-guerre. Les savants du monde entier s'y retrouvent pour y confronter leurs thèses. La Wenner-Grenn Foundation, à l'origine association scientifique et éducative, a resserré ses buts en se vouant à la promotion des recherches anthropologiques. Teilhard y rencontre « tout ce qu'il y a de plus intéressant en Amérique, et même ailleurs ». Il travaille beaucoup, retrouvant ses amis aux heures de détente. Considéré comme l'un des chefs de file de la recherche, il est très sollicité. En février 1952, il se rend à Washington où l'on donne une soirée en son honneur à Georgetown University, dans le Département d'Anthropologie. Quelques mois plus tard, il est à Yale, puis dans le Connecticut et à Harvard.

Tous les personnages importants passant à New York tiennent à lui rendre visite. André Malraux, Denis de Rougemont, Jacques Rueff, le Père Bergougnioux, professeur de géologie à l'Institut catholique, viennent le voir et s'entretenir avec lui. Son ami italien, le baron Alberto Carlo Blanc, le retrouve avec grand plaisir. L'orientaliste Solange Lemaître s'arrête pour le voir à son retour du Mexique et du Guatemala où elle est allée préparer une exposition précolombienne pour le Musée Cernuschi. Le Dr Michel Pobers, un parapsychologue néerlandais, le rencontre dans un dîner au consulat de France à New York et s'étonne de l'étendue des connaissances de Teilhard dans le domaine qui lui est propre. Il remarque sa « profonde compréhension » des théories jungiennes, en particulier en matière d'archétype et d'inconscient collectif. Dès 1934, Teilhard avait commencé à lire Jung, comme en témoigne ce passage d'une lettre à Lucile Swan :

« J'ai découvert un très curieux article écrit par un certain C.G. Jung : "Le monde est-il au bord d'une renaissance spirituelle ?" Essayez de le lire, si vous pouvez.

Les idées, en substance, sont curieusement voisines des miennes[1]. »

De son côté, Jung avait lu *Le Phénomène humain*, qu'il considérait comme un « livre fantastique[2] ».

Même si Teilhard demeure profondément sceptique en ce qui concerne la psychanalyse, la parapsychologie l'intéresse parce que l'homme, pense-t-il, est encore loin d'avoir exploré scientifiquement les domaines de l'extra-sensoriel.

Son ami Frick, le paléontologue américain, l'invite souvent dans sa propriété de Long Island où il a constitué une collection de conifères parmi lesquels le célèbre Metasequoia – un arbre fossile retrouvé dans le Szechuan, en Chine, en 1943 et dont il existe un exemplaire au Jardin des Plantes de Paris. Teilhard retrouve aussi des amis de Chine, les Hoppenot, les Lacoste, et surtout Lucile Swan et Malvina Hoffmann. Cette dernière est une femme sculpteur, élève de Rodin ; elle vit confinée dans son studio, sans repos ni distraction, occupée à modeler des scènes de tauromachie. Teilhard, qui la connaît depuis 1939, suit l'avancée de ses travaux. Elle a réalisé un remarquable buste de lui, peu comparable, à vrai dire, avec celui dont Lucile Swan est l'auteur. Les deux œuvres se trouvent aujourd'hui au Museum d'Histoire naturelle de Paris, dans les locaux de la Fondation Teilhard de Chardin.

Durant l'été 1952, il passe quelques jours dans les Rocheuses, près d'Albuquerque, à 2500 mètres d'altitude, chez son ami Simpson, le paléontologue, qui habite une maison remplie de tapis et de tableaux indiens. La région bénéficie d'une flore particulière – petites cactées, fleurs rouge vif, bois de thuyas et de *pinus ponderosa*, que Teilhard décrit dans ses lettres avec une minutie

1. L.S., 16 mai 1934.
2. Gérard Wehr, *C.G. Jung*, Fleuron, 1995.

passionnée. Puis il se rend à Los Angeles pour visiter le musée local, dont il rencontre le directeur, un certain Delacourt, ornithologiste, créateur du parc zoologique de Clères en Normandie. Sa visite dans l'Ouest s'achève à Berkeley – ce qui n'est pas une moindre étape pour le savant qu'il est. Berkeley est devenu le grand centre de stratigraphie paléontologique du monde.

Le temps fort de cette tournée sera la visite aux cyclotrons de l'université. Une longue réflexion naît chez lui face à ce témoignage de l'émergence d'une humanité nouvelle, « manifestation de type absolument nouveau pour l'Homme : quelque chose où se fondent la spéculation, l'industrie, la politique, la guerre, la médecine, et jusqu'à un certain point ce qu'on appelait la philosophie [...]. Une sorte de bourgeon d'un état nouveau de l'Humanité [1] ».

A l'intérieur du cyclotron, formidable machine à accélérer les particules, tourbillon électro-magnétique destiné à fournir de l'énergie nucléaire, ce que voit Teilhard est d'un tout autre ordre. L'épopée humaine l'emporte en lui sur la lettre des choses, à cet instant-là. Il contemple alors la Noosphère tout entière, « tordue sur soi par le souffle de la Recherche, ne formant plus qu'un seul et énorme cyclone, dont l'effet propre était de produire, en place et lieu d'Energie nucléaire, de l'Energie psychique à un état de plus en plus réfléchi, c'est-à-dire, identiquement, de l'Ultra-humain ».

Et il continue : « Or, fait remarquable, mis en présence de cette réalité colossale, qui eût dû me donner le vertige, je n'éprouvais au contraire que du calme et de la joie, un calme et une joie de *fond.* »

Devant le cyclotron nous retrouvons le Teilhard penseur, bien au-delà des chapelles religieuses ou philoso-

1. *En regardant un cyclotron, réflexions sur le reploiement sur soi de l'énergie humaine*, *Œuvres*, t. VII.

phiques, le Teilhard des grandes intuitions cosmiques et mystiques parvenant à leur unicité dans une vision épique de l'Humanité en devenir.

De Berkeley, Teilhard se rend ensuite dans le Montana, à Glacial Park, où il séjourne dans les chalets du lac Mac Donald, au milieu des grandes forêts et des splendides paysages de l'Amérique du Nord.

Et puis, à la fin d'août 1952, le voici dans le nord du Maine, dans la région de Mount Desert Island, dans une cabane en plein milieu des bois, au bord d'un fjord. C'est à la même époque que Marguerite Yourcenar s'établit sur l'île. L'objectif de Teilhard était bien éloigné de la littérature : il s'agissait pour lui d'étudier les moraines glaciaires de la région et le processus de granitisation de l'Amérique. Mais il est émouvant de penser que ces deux destins peu communs se sont un jour frôlés dans l'existence.

Au terme de sa vie, il est de plus en plus évident à Teilhard que nous connaissons une situation analogue à celle des hommes du XVIe siècle obligés d'admettre l'évidence que la terre tourne sur elle-même dans l'espace. Il faut nous préparer à « un formidable maelström économico-scientifico-social [1] ».

« De toute évidence, nous nous trouvons irrémédiablement engagés en ce moment (tout le monde le voit) dans un processus rapidement accéléré de totalisation humaine [2]. »

Teilhard s'emploie donc à élaborer une vraie science de l'Homme – une « anthropologie totale ». Il rencontre tous ceux qui développent des travaux sur l'humanité : économistes, astronomes, ethnographes – Margaret Mead –

1. Ac.H., 20 avril 1949.
2. *La Convergence de l'Univers*, *Œuvres*, t. VII.

sociologues et biologistes. Julian Huxley, Théodore Monod, l'explorateur du Sahara, etc. Leurs travaux communs débouchent sur un grand symposium d'anthropologie à la Wenner-Grenn Foundation entre le 9 et le 20 juin 1952. Les conclusions en seront quelque peu décevantes, car il lui faudra constater la difficulté des congressistes à concevoir le phénomène humain comme appartenant à l'évolution générale de la matière et de la vie. Bref, leur incapacité à envisager l'homme comme un phénomène.

Cette nouvelle période américaine reste moralement pénible. Teilhard est sujet à de grandes angoisses. Des épisodes de nature dépressive lui font perdre le goût de la vie. Dans ces moments-là, il ne se sent pas « chez lui » à New York et ressent une profonde nostalgie de la France dont il est éloigné par un exil perpétuellement renouvelé. Le sentiment de « vivre en porte à faux sur l'avenir » lui est intolérable. Ses périodes d'anxiété, qu'il évoque dans une lettre à son frère d'avril 1953, et dont le Père Leroy fut souvent le témoin, sont sans doute encore aggravées par sa maladie cardiaque. Il traverse des périodes de long silence – comme enfermé dans une méditation solitaire, coupé de son entourage qui s'en inquiète. Jamais il ne se plaint, ni n'exprime cette souffrance qu'il parvient en général à juguler par un travail acharné. Sa formidable énergie créatrice n'en a apparemment jamais souffert. Il continue d'écrire, d'approfondir sa vision, s'appliquant « inlassablement, au risque de durcir sa pensée, à s'exprimer avec plus de précision afin de convaincre ses juges », comme l'a écrit le Père d'Ouince.

Le Christique[1] sera son dernier écrit. Ce texte d'une clarté tragique renvoie, à cinquante années de distance, l'écho de ces pages du temps de la guerre où Teilhard

1. *Œuvres*, t. XIII.

décrivait la solitude du visionnaire, ou du précurseur, en matière de foi.

« Comment se fait-il que, regardant autour de moi, et tout grisé encore de ce qui m'est apparu, je me trouve quasiment seul de mon espèce ? seul à avoir vu ?... incapable donc, lorsqu'on me le demande, de citer un seul auteur, un seul écrit, où se reconnaisse, clairement exprimée, la merveilleuse "diaphanie" qui pour mon regard, a tout transfiguré ?

Et comment se fait-il surtout que, "descendu de la montagne" et malgré la magnificence que j'emporte dans mes yeux, je me retrouve si peu meilleur, si peu pacifié, si incapable de faire passer dans mes actes, et donc de communiquer effectivement aux autres, la merveilleuse unité où je me sens plongé ?

Le Christ-Universel ? Le Milieu Divin ?...

Après tout, ne serai-je pas le jouet d'un mirage intérieur ?...

Voilà ce que je me demande souvent. »

Et il continue :

« Mais voilà aussi contre quoi, du fond de moi-même, trois vagues successives d'évidences s'insurgent, chaque fois que je me prends à douter – balayant de mon esprit la fausse crainte que mon "Christique" puisse être une illusion...

Et du coup, voici mon isolement, ma singularité apparente, qui très naturellement s'expliquent.

Partout sur Terre, en ce moment, au sein de la nouvelle atmosphère spirituelle créée par l'apparition de l'idée de l'Evolution, flottent, à un état de sensibilisation mutuelle extrême, l'amour de Dieu et la foi au Monde : les deux composantes essentielles de l'Ultra-Humain. Ces deux composantes sont partout "dans l'air", mais généralement pas assez fortes, *toutes les deux à la fois*, pour se combiner l'une avec l'autre, *dans un même sujet*. En moi, par pure chance (tempérament, éducation, milieu...), la proportion de l'une et de l'autre se trouvant favorable, la fusion s'est opérée spontanément – trop faible encore pour se propager explosivement –, mais suffisante toutefois pour établir que la réaction est possible, et que, *un jour ou l'autre, la chaîne s'établira.*

Preuve nouvelle qu'il suffit, pour la Vérité, d'apparaître une seule fois dans un seul esprit, pour que rien ne puisse jamais plus l'empêcher de tout envahir et de tout enflammer. »

Au printemps 1953, alors qu'il se sent mieux, il prépare un second voyage en Afrique du Sud. Des fouilles financées par la Wenner-Gren Foundation ont commencé au nord de Pretoria et sa présence est réclamée. Il embarque le 1er juillet sur l'*African Endeavour.* Cette nouvelle tournée le conduit dans la région où Livingstone s'aventura, au péril de sa vie, pour remonter le Zambèze dans une exploration de l'Afrique centrale et australe.

A la fin d'août, il visite les spectaculaires chutes du Zambèze, les Victoria Falls, avec le jeune directeur du Musée Livingstone, Desmond Clark. Dans cette région de brousse poussent, en cette fin de saison sèche, de grandes herbes jaunes sous les branches nues des arbres. Crocodiles, hippopotames se prélassent au bord de l'eau. Le monde de Livingstone est resté intact. Cependant, pour Teilhard, il se teinte de mélancolie, d'un je ne sais quoi de désuet, d'éteint...

« Ce que je suis venu chercher ici, tu le sais, écrit-il à son frère le 6 septembre, c'est un meilleur point d'observation pour étudier, à ses origines, la loi de croissance de la "trajectoire" humaine [1]. »

1. L.V., 6 septembre 1953.

Ses vues se confirment selon lesquelles la naissance de l'humanité se serait accomplie en deux foyers distincts : l'un en Asie, qui n'a pas abouti à l'*homo sapiens*, l'autre en Afrique, qui serait le foyer d'où serait partie, et aurait évolué jusqu'à son état actuel, l'hominisation. Ce second voyage en Afrique du Sud lui inspire la Conférence qu'il prononce en juin 1954 à l'Hôtel des Sociétés Savantes de Paris : *L'Afrique et les Origines humaines*[1].

« Au point où nous en sommes parvenus de nos connaissances en Paléontologie générale, il paraît surprenant que l'Afrique n'ait pas été identifiée du premier coup comme la seule région du monde où rechercher, avec quelque chance de succès, les premières traces de l'espèce humaine. »

N'est-ce pas la concrétisation de cette intuition, qui lui faisait voir l'espace comme une « tunique sans couture » lorsqu'il était un jeune paléontologue, à ses débuts en Chine ?

A la fin septembre 1953, Teilhard rentre à New York. Au cours de la traversée, il fait sa retraite annuelle, occasion pour lui de se « remettre au Feu » et de repenser les *Exercices* de saint Ignace. L'ascèse ignacienne par renoncement ne suffit plus. « Il nous faut une autre forme de sainteté. Cela *plus* autre chose. Cela émergeant d'autre chose[2]. » Ses notes de retraite des dernières années témoignent d'un double effort : celui de résoudre sa difficulté à entrer en méditation ; celui d'ébaucher une transposition des *Exercices*, canevas d'un itinéraire spirituel dont le contenu a besoin d'être renouvelé au regard de l'évolution :

1. *Œuvres*, t. II.
2. Jacques Laberge, *Teilhard de Chardin et Ignace de Loyola*, Desclée de Brouwer, 1973.

« Les exercices qui ne mordent plus... : parce que le dilemme qu'ils présentent [...] entre Ciel et Terre n'a plus de sens [...] "Au Ciel par l'achèvement de la Terre". Voilà la nouvelle formule de la spiritualité [1]. »

Sa vie reprend à New York pour un nouvel hiver américain. Par deux fois, il rencontre André Malraux, dont une fois chez Romain Gary qui travaille à l'ONU, Malraux qu'il trouve « grandi littérairement », l'esprit élargi par sa mystique – et non « brouillé » comme cela est advenu à Aldous Huxley, l'auteur de *La Philosophie éternelle.* Malraux, vingt ans plus tard, au cours de l'émission télévisée « *La Légende du siècle* [2] », confirmera l'intuition de Teilhard à son sujet : « Nous sommes la première civilisation sans valeur suprême... Le monde moderne n'a pas de signification ; la signification fondamentale du monde, il faut la chercher dans la religion... La réponse à nos problèmes ne peut être que religieuse ! »

La rencontre avec Jacques Maritain à l'Alliance française en mars 1953 sera moins heureuse sur le plan de la pensée.

« Toujours aussi sympathique comme homme et (m'a-t-il semblé) aussi incapable de penser en termes et dimensions de Cosmogenèse. Il ne songe qu'à "changer" l'Homme (moralement bien sûr) et ne paraît pas se douter que, depuis Aristote et saint Thomas, c'est l'Homme qui a changé [3] », écrit-il.

Jacques Maritain, pour sa part, a porté des jugements fort sévères sur Teilhard, tout en marquant un profond respect pour l'homme et pour l'intuition poétique qui l'a

1. *Journaux*, IX, 20 novembre 1954. Fondation Teilhard de Chardin.

2. 20 mai 1972.

3. Lettre à Pierre Leroy, 22 mars 1953, in Pierre Leroy, *op. cit.*

inspiré, quoique le terme « poétique » puisse recevoir parfois une connotation disqualifiante, surtout chez un penseur.

« La recherche solitaire, douloureuse, obstinée, du Père Teilhard, son patient courage en face des obstacles pas très nobles qu'on a dressés sur son chemin, sa passion du vrai, son total don de soi à une mission qu'il tenait pour prophétique, la pure sincérité qui rayonne d'un bout à l'autre de son œuvre, et l'extraordinaire expérience toute personnelle qu'il a vécue, et qui aurait pu déchirer un autre moins bien trempé, sont des choses qui méritent le plus profond respect[1]. »

C'est plus à la « doctrine » et au « teilhardisme » que s'en prend Maritain, considérant qu'il s'agit là d'une gnose chrétienne et d'un « péché contre l'intellect » – jugement vivement contesté par le Père de Lubac qui voyait là une méconnaissance profonde de l'œuvre du Jésuite[2].

La solitude du penseur se voit parfois brisée par des reconnaissances inattendues. Un article de Jean Lacroix sur l'athéisme moderne, paru dans la revue *Esprit*, le réconforte beaucoup par les convergences de pensée qu'il y découvre.

Au début de décembre 1953, disparaît son ami de toujours, le Père Auguste Valensin, avec lequel il a entretenu une correspondance intime depuis leur noviciat d'Aix-en-Provence. Homme étonnant, d'une intelligence brillante et libre, « un grand seigneur de l'esprit », Valensin fut le confident de Teilhard dans toutes les épreuves qu'il eut à subir de la part de l'Eglise, il fut aussi un soutien et plus que cela, un phare, peut-être, dans la nuit.

---

1. Jacques Maritain, *Le paysan de la Garonne*, Desclée de Brouwer, 1967.
2. Voir Henri de Lubac, *Teilhard posthume*.

« C'est lui qui m'a appris à penser. Je pouvais tout lui dire, et sans nous le dire beaucoup nous nous aimions profondément. Maintenant, il “voit”. A quand mon tour[1] ? »

A cette époque, les relations avec son ordre connaissent un semblant de détente, au point que Teilhard obtient l'autorisation de revenir en France durant l'été 1954. Le 4 juin, il s'embarque donc pour la France où il doit rester en principe trois mois, ce qui lui semble trop court. Ce séjour ouvrira-t-il pour lui l'espoir de retours réguliers auxquels il aspire ?

La désillusion sera lourde. Le séjour se révèle fatigant et très éprouvant. Débordé par les visites et les rencontres, Teilhard est aussi en proie à une campagne de dénigrement qui l'affecte beaucoup. Sa conférence sur *L'Afrique et les Origines humaines* se déroule dans une atmosphère tendue. Teilhard a vieilli. Il est las, nerveux. Au lieu de se réjouir d'une presse élogieuse à son égard, il s'en trouve accablé, d'autant que Rome s'inquiète plus que jamais de son renom. Lorsque, sur la suggestion de Jean Guitton, il demande l'autorisation d'écrire un petit essai sur sa foi en réponse au *Ce que je crois* de Jean Rostand, il se heurte de nouveau à un refus, malgré l'appui de son provincial, le Père Ravier.

Les temps forts et paisibles de ce dernier été français resteront son séjour à Lyon, au scolasticat de Fourvière, où il reçoit un accueil chaleureux de la part de son provincial. Puis, manifestant le désir de revoir (une dernière fois, mais il ne le sait pas) la demeure familiale, il part pour Sarcenat, conduit par le Père Leroy. C'est alors qu'il visite la célèbre grotte de Lascaux, qu'il n'a jamais vue depuis sa découverte en 1940.

Finalement Rome lui demande d'écourter son séjour.

---

1. L.V., 5 janvier 1954.

Au début d'août, il quitte donc Paris pour revenir à New York, profondément meurtri par l'attitude romaine à son égard.

Survient alors pour lui une période de grande dépression. « C'est décidément dans l'ombre et l'éloignement que je dois travailler[1] », écrit-il à Pierre Leroy, tout en réaffirmant plus que jamais sa fidélité à l'Eglise et sa résolution de consacrer ce qui lui reste de vie à la découverte et à l'affirmation du Christ Universel.

Son supérieur l'empêche de se rendre à un colloque de paléontologie à la Sorbonne où il est invité par le Pr Piveteau. On redoute l'influence qu'il pourrait exercer sur les milieux chrétiens français. Il lui est par ailleurs interdit de laisser publier une traduction en allemand de ses articles parus dans la revue *Etudes*. La mesure est comble, pourtant il conserve sa souveraine liberté de penser jusqu'à la fin :

« Ce qui me fait souffrir, en somme, ce n'est pas d'être à l'étroit dans le Christianisme ; mais c'est que le Christianisme soit momentanément à l'étroit entre les mains de ceux qui officiellement le détiennent[2]... »

« Momentanément » tel est l'adverbe grâce auquel, sans doute, Teilhard fut parfaitement fidèle, en même temps que lucide, tel est l'adverbe dans l'espace duquel se déploie sa méditation *ad amorem*...

Mais jusqu'où peut-on aller dans l'obéissance sans tomber dans le ressentiment ? « Prie bien pour moi, que je ne meure pas aigri », dit-il au Père Bergougnioux en février 1953. Jusqu'où ? Teilhard se garda toujours de cette tentation. « Jamais d'amertume » est l'une de ses résolutions de retraite.

1. 22 septembre 1954.
2. Septembre 1952.

Le génie du christianisme, il n'a eu cesse de présenter tous les aspects et d'en vivre tous les contrastes. Le cosmos en évolution, en pleine genèse, animé et inspiré de l'intérieur par un Dieu résultante de toutes les énergies spirituelles. Le Cosmique donnant une autre dimension au Christique et le Christique intensifiant à son optimum la puissance énergétique et unifiante du Cosmique. « Il faut agrandir le Christ sans limites[1] », écrivait-il déjà en 1920. Grande vision d'unicité et de convergence en la personne du Christ. Un christianisme absolu, échappant à toute chapelle et toute confession, issu de la totale cohérence d'une sensation, d'une pensée et d'une action, telle apparaît à son terme l'expression de la foi de Teilhard – une mystique à laquelle il n'a jamais dérogé et dont il n'a cessé de suivre la ligne de crête.

C'est le sens de sa méditation sur la Croix, qu'il reprend à maintes reprises, notamment dans le texte dédié à sa sœur :

« Sur la Croix, nous sommes exposés peut-être à ne voir qu'une souffrance individuelle, et de simple expiation. La puissance créatrice de cette mort nous échappe. Regardons plus largement : et nous apercevrons que la Croix est le symbole et le foyer d'une action dont l'intensité est inexprimable. Même du point de vue terrestre, pleinement compris, Jésus crucifié n'est pas un rejeté et un vaincu. Il est, au contraire, Celui qui porte le poids, et entraîne toujours plus haut vers Dieu, les progrès de la marche universelle[2]. »

Pouvait-on être davantage chrétien ?

L'abandon à la Fin, le vœu de bien finir, d'accueillir ce qui doit venir, sont les thèmes de sa méditation des

1. L.I., 28 février 1920.
2. L.I., Vendredi saint 1955, note 141.2.

dernières années : « Que Lui grandisse dans ma vie, dans ma Réalité et mon Monde intérieur, *à mesure que je diminue*[1]. »

Le terme de sa vie lui sera donné comme le dernier coup de pinceau d'une calligraphie parfaite :

« Que cette fin de ma vie ne *disgracie* rien, et pour cela qu'elle soit en beauté ! Or je me sens radicalement si pusillanime, incapable de faire le pas... Mes dernières années actives, ma mort, je vous les confie désespérément, Jésus : qu'elles ne viennent pas affaiblir ce que j'ai tant rêvé d'achever pour vous[2] ! »

De sa jeunesse à son grand âge, une réflexion a jalonné et soutenu son parcours : « Tout ce qui arrive est adorable. » Il la tenait de Léon Bloy qui lui aussi avait été bouleversé par cette pensée un jour formulée par son ami géologue, Pierre Termier. Cette réflexion, si l'on y porte attention, résume toute l'attitude religieuse de Teilhard, « à condition, comme il le fait remarquer à l'abbé Breuil, de donner à l'énergie christique son vrai sens et sa pleine réalité dans l'Univers[3] ».

Dans une note de retraite, il la commente ainsi :

« Se délecter de ce qui arrive parce que c'est cela qui arrive

1) Le découvrir activement
2) Le consacrer par la foi
3) Adhérer fidèlement
4) Pénétrer (amour)
5) Le *goûter*[4]. »

1. Henri de Lubac, *La prière du Père Teilhard de Chardin.*

2. Note de retraite 1948. Archives Fondation Teilhard de Chardin.

3. L.Inéd., 23 septembre 1947.

4. Note de retraite 1942. Archives Fondation Teilhard de Chardin.

Il est permis de penser que c'est cela qui advint pour lui. Bien finir, et plus que cela encore... Comme en témoigne le Père Leroy, qui passe la fin de l'année 1954 à New York en compagnie de Teilhard, à l'hôtel Sixteen où il réside.

Un jour, alors qu'ils marchent côte à côte dans la foule des rues de New York, Teilhard s'immobilise, prend son ami par le bras et lui souffle, dans le brouhaha : « Je puis vous dire que maintenant je vis constamment dans la Présence de Dieu !... »

Combien d'aventures, sans halte ni repos, combien de moments cruciaux, de conflits, de recherches, de doutes, pour parvenir enfin à ce point d'unicité donnée comme une grâce finale, comme un point sur le i d'une vie passionnément vouée à l'affirmation d'une Présence ? Ultime transmutation, toute intérieure, certes, justifiant la longue traversée des savoirs, des géographies, des incompréhensions, des attachements, pour parvenir à cet aveu furtif dans une rue de New York.

Un an auparavant, au cours d'un dîner au consulat de France, le Père Teilhard murmurait à l'oreille de l'un de ses neveux : « J'aimerais mourir le jour de la Résurrection. »

Le 10 avril 1955, après avoir assisté à la messe solennelle de Pâques à la cathédrale Saint-Patrick de New York et s'être réjoui d'une journée magnifique, Teilhard, détendu, heureux de cette perspective, s'apprête à prendre le thé chez Rhoda de Terra en compagnie de quelques amis. Soudain, il vacille et tombe de tout son long. Au bout de quelques instants, rouvrant les yeux, il murmure :

« Cette fois c'est terrible. »

Un instant plus tard il rendait son dernier souffle, le jour de la Résurrection, comme il l'avait souhaité.

Les trois versets de saint Paul, « Dieu tout en

tous », sont les dernières lignes de son Journal, datées du 7 avril 1955.

Une dizaine de personnes assistèrent à son enterrement, dont l'ambassadeur de France aux USA, M. Hoppenot, Paul Fejos, le directeur de la Wenner-Grenn Foundation, et Lucile Swan. Son ami le Père Pierre Leroy suivit seul son corps jusqu'au cimetière du noviciat des Jésuites de St-Andrews-on-Hudson, où il repose.

Épilogue

Dans les collines cendrées de Chou-Kou-Tien, au sud de Pékin, au-delà du célèbre pont Marco-Polo, dont les onze arches de marbre blanc défient les siècles et les idéologies, des grottes et des abris sous roche se succèdent le long d'un parcours à peine directif. Tout semble resté en l'état. L'air est saturé de poussière grise exprimée par les usines à chaux de la vallée. Les grottes ont été fouillées jusqu'en 1981. Depuis 1987, l'ensemble du site appartient au patrimoine mondial de l'UNESCO.

Un petit musée a été installé dans ce décor qui ne paie pas de mine. C'est un musée comme on en peut rêver : authentique, dépourvu de mise en scène, une simple exposition des objets découverts sur le site, accompagnés d'une claire explication. Rien de trop. Pas de didactisme ni de ces illusions accrocheuses destinées à tromper l'œil et l'esprit. Un dénuement qui nous fait mesurer à quel point nos civilisations occidentales s'épuisent dans le superflu.

Dans ces vieilles collines du Hebei, un Jésuite venu de France a fouillé pendant des années, en collaboration avec des Chinois, des Canadiens, des Suédois, des Allemands et des Américains. Sur le terrain par tous les temps, cherchant le moindre indice, le plus petit fragment, dans cette terre rêche, peu encline à la fertilité, travaillant à la lumière de chandelles, précautionneux, ces hommes croyaient à leur recherche et n'avaient de cesse de la mener toujours plus loin, animés par la certitude qu'un jour, des milliers d'années auparavant, un homme avait vécu là. Il s'agissait de le trouver ! Ni la fatigue, ni l'inconfort, ni les conditions précaires de vie ne pouvaient les arrêter. Ces savants étaient les pionniers d'une science nouvelle. Teilhard de Chardin était des leurs.

Ils œuvraient dans l'imperceptible et l'enfoui. Le plus spectaculaire était alors leur patience inlassable – et leur confiance. Cette foi a donné ses fruits. Un crâne fossilisé, extrait un soir de décembre 1929 de cette glèbe grise où subsistaient des traces de feu, a prouvé que l'homme était bien un être en devenir et non pas un être donné une fois pour toutes : le résultat d'une lente évolution.

Aujourd'hui, sur les photos exposées dans le musée de Chou-Kou-Tien, apparaissent à plusieurs reprises la silhouette et le visage de Teilhard, seul ou au milieu de l'équipe de chercheurs, abrité sous un grand parasol. Dans les vitrines, les os du célèbre *Sinanthropus pekinensis* voisinent avec de nombreux fossiles animaux, dont certains ont reçu le nom de leur découvreur, tel le *Bubalus Teilhardi*, buffle chinois du pléistocène, qu'il découvrit dans les strates de Chou-Kou-Tien.

Là bas, en Extrême-Orient, reconnu comme un maître et vénéré, aujourd'hui encore, par ceux qui apprirent de lui leur science de la nature et leur art de fouiller le sol.

Ici, bien moins connu pour son œuvre scientifique que pour son œuvre religieuse et mystique. Vilipendé ou adulé – sorts contraires et en tous points semblables par leurs effets dans l'ordre de la méconnaissance –, contesté, mis en procès permanent, Teilhard a aussi été salué par les meilleurs esprits du siècle, comme un penseur et un spirituel aussi rigoureux qu'audacieux.

Son œuvre a inspiré bien plus qu'elle n'a dicté. Saint-Exupéry, Léopold Sédar Senghor, Théodore Monod s'y sont référés souvent. Son nom ressurgit dans des contextes inattendus. Ici un texte de Mircea Eliade, là un poème d'Henri Pichette, là encore un tableau de Manessier, ailleurs des symphonies d'André Jolivet. L'écrivain canadien Annie Dillard, auteur d'une œuvre énergique, aime à le citer. Paul Misraki, Dalida, l'ont chanté !

Innombrables sont ceux qui lui ont consacré une œuvre – essais, biographies, études continuent de fleurir.

Lorsque retombent les polémiques, demeure le ferment : l'aventure humaine d'un mystique occidental, le chemin qu'il a ouvert d'une spiritualité qui éviterait l'écueil d'une dissolution du moi en même temps que l'écueil d'un reniement de la vie. Teilhard témoigne, par son exemple, de la transformation qui peut s'accomplir au cours d'une existence, lorsqu'une intuition fondamentale détermine la personne à traverser chaque phase de sa destinée en acceptant tout ce qui arrive comme « adorable ».

Occidental, Teilhard l'est profondément dans sa foi en le progrès, dans sa conscience d'une nécessité de travailler, autant que faire se peut, la Matière, le donné, qu'il soit d'ordre physique ou spirituel. Explorer, questionner, chercher, sont de vieux réflexes transmis, peut-être, par les alchimistes de notre Moyen Age, pour lesquels aucune transmutation ne survient sans ce type de démarche active.

Oriental aussi, Teilhard l'est dans l'unicité de sa perception du monde, où la distinction des ordres ne crée aucune séparation entre eux. Sa sensibilité cosmique aux paysages, aux montagnes, aux arbres, aux rochers, le rend proche du taoïsme dans lequel les alliances ciel/terre, matière/esprit, masculin/féminin demeurent indissociables dans leur dynamisme, sans jamais prêter à la confusion.

Il faut porter attention à son obéissance. Si elle fut exemplaire, ce n'est certainement pas pour être restée conforme à la lettre d'un triple vœu, mais parce que jusqu'au bout Teilhard a eu la conviction que la métamorphose ne pouvait s'accomplir autrement que de l'intérieur. Métamorphose de l'amour passé au feu de la chasteté, métamorphose d'une fidélité passée au feu de l'obéissance et, en fin de compte pour lui, métamorphose d'une foi passée au feu de la difficulté cruciale à éprouver la pure Présence de Dieu. La justesse de sa perception s'est confirmée dans les tout derniers mois de sa vie.

En dépit de sa nouveauté, sa mystique s'apparente aux grandes traditions, présentes dans toutes les civilisations, qui envisagent l'existence comme un chemin et l'homme comme un voyageur, un pèlerin en quête d'un Inaltérable dont il a l'intuition, mais qu'il lui faudra peut-être une vie entière pour approcher, à condition que tout obstacle le trouve assez résolu pour consentir à mourir s'il le faut plutôt que de s'arrêter. Le dépassement s'accomplit par l'assomption de l'obstacle. A cet égard, Teilhard a établi l'intelligence, la recherche et le travail au cœur de la vie mystique, et non à sa périphérie, sans pour autant leur attribuer une importance en soi. Sa mystique ne sera jamais de nature prométhéenne parce que l'effort, chez lui, se situe dans une dialectique où le renoncement a aussi sa part. Elle fait une grande place à cette question qui parcourt toute son œuvre depuis ses premiers textes :

« Comment se fait-il que neuf fois sur dix un chrétien soit humainement un sceptique ? »

Sa renommée a été déformée ou simplifiée par quelques slogans. A le lire attentivement, on découvre une pensée extrêmement rigoureuse, dont les audaces se trouvent presque toujours nuancées, et les objections anticipées, dans la phrase qui suit. C'est pourquoi il est important de le relire. Le lecteur d'aujourd'hui, moins empêtré dans des controverses religieuses qui ont fait leur temps, peut être surpris par l'étendue des questions soulevées, la variété des thèmes abordés, la lumineuse vivacité de ses textes de jeunesse, l'élégance naturelle de son style. A travers ses innombrables lettres, il découvre une Chine d'avant le maoïsme, alors que Pékin était l'une des plus belles villes du monde, enserrée dans une triple ceinture de murailles. Le poète, le savant, l'explorateur, l'homme de Dieu, l'ami incomparable, tour à tour, et de concert toujours, montrent leur visage. Que ce soit à bord des grands navires, sur les pistes de Mongolie, de l'Inde ou de la Birmanie, à Pékin ou à Paris, en Auvergne ou en Ethiopie, c'est la diversité et la profonde simplicité d'une vie taillée d'une seule pièce qui apparaît. Car Teilhard a été un grand vivant : un homme qui a poussé au plus loin toutes les possibilités que l'existence lui offrait.

« On le relira comme on relit les grands classiques », a écrit le Père d'Ouince.

L'immense effort qu'il a fourni pour fonder, envers et contre des oppositions venues des deux courants antagonistes que sont le fixisme religieux et le positivisme agnostique, une interprétation spirituelle de l'évolution de l'univers, n'est plus aussi actuel. « Il a fait apparaître l'homme à la fois dans son enracinement et dans sa transcendance », a écrit Henri de Lubac, ce qui aujourd'hui va de soi. Cependant que subsistent son goût du monde, sa certitude que le christianisme a sa part dans l'évolution de l'humanité par le message d'amour qu'il dispense, par la notion de personne dont il est porteur.

Si l'actualité de sa philosophie s'est déplacée, sa mystique demeure et reste à redécouvrir. Son œuvre épistolière, scientifique et religieuse, l'œuvre que fut sa vie, en particulier dans les rapports innombrables d'amitié qu'il a tissés, est un chant du monde. Elle célèbre, non sans émotion, une poétique de la création et de la créature. Elle nous rappelle combien vaste est le champ du sacré dans ce qui est sous nos yeux, à portée de notre intelligence et de notre cœur. Elle insiste sur la valeur sacramentelle du monde et sur la précieuse substance, au cœur de la vie, de la personne humaine. A cet égard, il est bon d'évoquer cette réflexion de Teilhard à l'une des ses amies :

« La vraie menace pour l'Homme n'est pas un refroidissement de la Terre, mais un Monde glacial, “intérieurement” impersonnel. »

Qu'il ait toute sa vie conjuré une telle menace, engendrée par l'évolution elle-même, celle des connexions biologiques et technologiques, où prennent leur source tant de nos angoisses contemporaines, en particulier au sein du christianisme qui était son « terreau », l'associe au mouvement qui, au XXe siècle, a fait se lever sur tous les continents des hommes inspirés par l'urgence d'affirmer l'âme, envers et contre les déshumanisations.

Bibliographie

A. L'œuvre

Œuvres complètes en 13 volumes, Le Seuil

I. 1955 *Le Phénomène humain*
II. 1956 *L'Apparition de l'Homme*
III. 1957 *La Vision du passé*
IV. 1957 *Le Milieu divin*
V. 1959 *L'Avenir de l'Homme*
VI. 1962 *L'Energie humaine*
VII. 1963 *L'Activation de l'Energie*
VIII. 1965 *La Place de l'Homme dans la Nature*
IX 1965 *Science et Christ*
X. 1969 *Comment je crois*
XI. 1973 *Les Directions de l'Avenir*
XII. 1975 *Ecrits du Temps de la Guerre*
XIII. 1976 *Le Cœur de la Matière*

Parallèlement, une dizaine de petits ouvrages, constitués de courts essais ou de morceaux choisis, ont été publiés par les éditions du Seuil.

Œuvre scientifique en 11 volumes, éditions Walter-Verlag (Olten), 1971.

Correspondance

Lettres d'Egypte, 1905-1908, Avant-propos d'Henri de Lubac, Aubier-Montaigne, 1963

Lettres d'Hastings et de Paris, 1908-1914, Introduction d'Henri de Lubac, Aubier-Montaigne, 1965

Genèse d'une pensée. Lettres 1914-1919, Introduction de Claude Aragonnès, Grasset, 1997

Lettres de voyage, 1923-1955, Introduction de Madeleine Barthélemy-Madaule, présentation de Claude Aragonnès, Maspero, 1982

Lettres à Léontine Zanta, Introduction de Robert Garric et Henri de Lubac, Desclée de Brouwer, 1965

Blondel et Teilhard de Chardin, Correspondance commentée par Henri de Lubac, Beauchesne, 1965

Accomplir l'Homme. Lettres inédites à deux amies américaines, 1926-1952, préface de René d'Oince, Grasset, 1968

Lettres intimes de Teilhard de Chardin à Auguste Valensin, Bruno de Solages, Henri de Lubac, André Ravier, Introduction et notes d'Henri de Lubac, Aubier-Montaigne, 1974

Pierre Leroy, *Lettres familières de Pierre Teilhard de Chardin, mon ami, 1948-1955*, Le Centurion, 1976

Lettres à Jeanne Mortier, 1939-1955, Le Seuil, 1984

Lettres inédites à l'abbé Gaudefroy et à l'abbé Breuil, Editions du Rocher, 1988

The Letters of Teilhard de Chardin and Lucile Swan, 1937-1955, Georgetown University Press, 1993

Journal (1915-1919), Fayard, 1975

B. Ouvrages sur Teilhard de Chardin

AUDOUIN-DUBREUIL (Louis), *Sur la Route de la Soie*, Plon, 1935

BARBOUR (George), *Teilhard de Chardin sur le terrain*, Le Seuil, 1965

BARTHÉLEMY-MADAULE (Madeleine), *Bergson et Teilhard*, Le Seuil, 1962

– *La personne et le drame humain chez Teilhard de Chardin*, Le Seuil, 1967

BAUDRY (Gérard Henri), *Dictionnaire des correspondants de Teilhard de Chardin*, éditions de l'auteur, 1974

CUÉNOT (Claude), *Pierre Teilhard de Chardin*, Editions du Rocher, 1986

– *Teilhard de Chardin*, coll. Ecrivains de toujours, Le Seuil

GRANDCLÉMENT (Daniel), *L'incroyable Henry de Monfreid*, Grasset, 1990

GUITTON (Jean), *Profils parallèles*, Fayard, 1970
LABERGE (Jacques), *Teilhard de Chardin et Ignace de Loyola*, Desclée de Brouwer, 1973
LACOUTURE (Jean), *Les Jésuites*, Le Seuil, 1995
LECLERC (Gérard), *Portrait de Monsieur Guitton*, éd. Bartillat, 1998
LE FÈVRE (Georges), *La Croisière Jaune*, L'Asiathèque, 1990
LEROY (Pierre), *Pierre Teilhard de Chardin tel que je l'ai connu*, Plon, 1961
LUBAC (Henri de), *La pensée religieuse du Père Teilhard de Chardin*, Aubier, 1962
– *Teilhard posthume*, Fayard, 1977
– *Images de l'Abbé Monchanin*, Aubier, 1967
– *La prière du Père Teilhard de Chardin*, Fayard, 1964
MADAULE (Jacques), *Initiation à Teilhard de Chardin*, Le Cerf, 1963
COLLECTIF, *Pierre Teilhard de Chardin, naissance et avenir de l'Homme, Les Cahiers du Rocher*, Editions du Rocher, 1987
RIDEAU (Emile), *La pensée du Père Teilhard de Chardin*, Le Seuil, 1965
RIVIÈRE (Claude), *En Chine avec Teilhard*, Le Seuil, 1968
ROSSET (Clément), *Lettre sur les chimpanzés*, suivi d'un *Essai sur Teilhard de Chardin*, Gallimard, 1965
SESÉ (Bernard), *Pierre Teilhard de Chardin*, Desclée de Brouwer, 1997
SPEAIGHT (Robert), *La vie de Pierre Teilhard de Chardin*, Le Seuil, 1970
TERRA (Helmut de), *Mes voyages avec Teilhard de Chardin*, Le Seuil, 1964
THOMAS (J.-F.), *Initiation à Teilhard de Chardin*, Le Cerf, 1998
WANG (Dominique), *A Pékin avec Teilhard*, éd. R. Laffont, 1981

TABLE DES CONCORDANCES DES NOMS DE LIEUX CHINOIS

Depuis 1958, le pinyin est la nouvelle transcription des noms en usage en Chine populaire. A l'époque de Teilhard de Chardin, les formes les plus courantes étaient en E.F.E.O. (française) et en « Wade-Giles ».

E.F.E.O. ou « Wade-Giles »	***Pinyin***
Chansi	Shanxi
Chensi	Shanxi
Chou-Kou-Tien	Zoukoudian
Chungar	Jungar Qi
Chunking	Chongquing
Hankeou	Wuhan
Ho-Nan	Henan
Hoang-Ho	Huanghe
Jehol	Chengde
Kalgan	Zhangjiakou
Kansou	Gansu
Kashgar	Kashi
Khami	Hami
Kinkiang	Jinkiang
Koci-Hoa-Tcheng	Hohhot
Kouang-Si	Guangxi
Kouang-Tong	Guangdong
Koutcha	Kuqa
Kweiling	Guilin
Lan-Tcheou	Lanzhou
Lou-Tcheou	Luzhou
Loyang	Luoyang
Nankin	Nanjing

Pai-Ho	Baihe
Pao-Teou	Baotou
Pékin	Beijing
San-Kou-Ho	Sanguhe
San-Tao-Ho	Linhe
Setchouan	Sichuan
Sin-Kiang	Xinjiang
Sou-Tcheou ou Süchow ou Suzhou	Jiuquan
Tien-Tsin	Tianjin
Tsin-Ling-Chan	Quinlingshan
Turfan	Turpan
Urumchi	Urümqi

Table

DU MÊME AUTEUR

Du volcan au chaos : journal sicilien,
Pygmalion, 2002.

Vézelay, l'esprit du lieu,
Pygmalion, 2000.

« Entretien sur le Mal », dans *Variations sur les ténèbres,*
de Gustaw Herling, Le Seuil, 1999.

La Ballade des pèlerins,
Mercure de France, 1993.

EXTRAITS DU CATALOGUE

Spiritualités vivantes/poche

48. *Le Désert intérieur,* de Marie-Madeleine Davy.
61. *L'Évangile de Thomas,* traduit et commenté par Jean-Yves Leloup.
65. *La Sagesse du désert, aphorismes des Pères du désert,* de Thomas Merton.
76. *L'Évangile de Jean,* traduit et commenté par Jean-Yves Leloup.
79. *Le Livre des Œuvres divines,* de Hildegarde de Bingen.
82. *La Paix monastique,* de Thomas Merton.
86. *Écrits sur l'hésychasme,* de Jean-Yves Leloup.
91. *Écrits,* du père Henri Le Saux, choisis et présentés par Marie-Madeleine Davy.
94. *Paroles du Mont Athos,* de Jean-Yves Leloup.
102. *Les Collations de Jean Cassien ou l'unité des sources,* textes choisis et présentés par Jean-Yves Leloup.
103. *Praxis et Gnosis, textes d'Évagre le Pontique,* choisis et présentés par Jean-Yves Leloup.
112. *Vie de Moïse, de Grégoire de Nysse, ou l'Être de désir,* présentée par Jean-Yves Leloup.
113. *Homélies de Jean Chrysostome sur l'incompréhensibilité de Dieu,* présentées par Jean-Yves Leloup.
117. *Œuvres,* de saint François d'Assise, traduites et présentées par Alexandre Masseron.
122. *Prière de Jésus, prière du cœur,* de Rachel et Alphonse Goettmann.
124. *Le Pèlerin chérubinique,* d'Angelus Silesius, traduit et présenté par Camille Jordens.
147. *Le Miroir des âmes simples et anéanties,* de Marguerite Porete.
156. *L'Étincelle de l'âme, Sermons I à XXX,* de Maître Eckhart, traduits et présentés par Gwendoline Jarczyk et Pierre-Jean Labarrière.
161. *L'Imitation de Jésus-Christ*, traduit par Pierre Corneille.
162. *Dieu au-delà de Dieu, Sermons XXXI à LX*, de Maître Eckhart, traduits et présentés par Gwendoline Jarczyk et Pierre-Jean Labarrière.
168. *Job sur le chemin de la Lumière*, d'Annick de Souzenelle.
170. *Guérir du malheur*, de Lytta Basset.
171. *Le Pouvoir de pardonner*, de Lytta Basset.
176. *Et ce néant était Dieu... Sermons LXI à XC*, de Maître Eckhart, traduits et présentés par Gwendoline Jarczyk et Pierre-Jean Labarrière.
177. *L'Évangile de Marie*, de Jean-Yves Leloup.
178. *Le Féminin de l'Être. Pour en finir avec la côte d'Adam*, d'Annick de Souzenelle.

181. *Bernard de Clairvaux*, de Marie-Madeleine Davy.
183. *Les Psaumes,* traduits et présentés par Patrick Calame et Frank Lalou.
189. *Dietrich Bonhoeffer. Résistant et prophète d'un christianisme non religieux,* d'Arnaud Corbic.
197. *La Spiritualité orthodoxe et la Philocalie*, de Placide Deseille.
200. *« Moi je ne juge personne ». L'Évangile au-delà de la morale,* de Lytta Basset.

Espaces libres

21. *Teilhard de Chardin et le mystère de la Terre,* de Jean Onimus.
28. *Marie-Madeleine, un amour infini*, de Jacqueline Kelen.
44. *La Nuit privée d'étoiles,* de Thomas Merton.
60. *Confiteor. De la contestation à la sérénité*, de Bernard Besret.
62. *La Place de l'homme dans la nature*, de Pierre de Teilhard de Chardin. Présentation de Jean Onimus.
64. *Accroche ta vie à une étoile*, de Stan Rougier. Entretiens avec Jean-Pierre et Rachel Cartier.
67. *J'attends Quelqu'un*, de Xavier Emmanuelli.
74. *L'Égypte intérieure ou les dix plaies de l'âme*, d'Annick de Souzenelle.
75. *L'Au-delà au fond de nous-mêmes*, d'Alphonse et Rachel Goettmann.
79. *La Parole au cœur du corps*, d'Annick de Souzenelle. Entretiens avec Jean Mouttapa.
80. *Henri Le Saux, le passeur entre deux rives*, de Marie-Madeleine Davy.
81. *La Petite Sainte Thérèse*, de Maxence Van der Meersch.
83. *À l'écoute du cœur*, du cardinal Martini.
88. *Nous avons tant de choses à nous dire*, de Rachid Benzine et Christian Delorme.
96. *Dernier avis avant la fin du monde*, de Xavier Emmanuelli.
99. *Un Juif nommé Jésus*, de Marie Vidal.
104. *Cent prières possibles*, d'André Dumas. Préface d'Olivier Abel.
106. *Manque et plénitude*, de Jean-Yves Leloup.
113. *L'Absurde et la Grâce*, de Jean-Yves Leloup.
119. *Un art de l'attention*, de Jean-Yves Leloup.
120. *Religions en dialogue*, de Jean Mouttapa.
125. *Le Curé de Nazareth. Émile Shoufani, Arabe israélien, homme de parole en Galilée*, d'Hubert Prolongeau.
126. *L'Évangile d'un libre penseur. Dieu serait-il laïque ?*, de Gabriel Ringlet.

Albin Michel Spiritualités / grand format

De l'amour des ennemis et autres méditations sur la guerre et la politique, d'Olivier Abel.

Quand le pape demande pardon, de Luigi Accattoli.

La Résistance spirituelle, 1941-1944. Les cahiers clandestins du Témoignage chrétien. Textes présentés par François et Renée Bédarida.

Le Bon Pape Jean. Jean XXIII, la biographie, de Mario Benigni et Goffredo Zanchi.

Manifeste pour une Renaissance, de Bernard Besret.

Celle qui gardait toute chose en son cœur, de Roger Bichelberger.

L'Évangile de Véronique, de Françoise d'Eaubonne.

Fonctionnaires de Dieu, d'Eugen Drewermann.

Dieu en toute liberté, d'Eugen Drewermann.

La Vie de saint François d'Assise, d'Omer Englebert.

La Fleur des saints, d'Omer Englebert.

Prêtre au Cambodge. François Ponchaud, l'homme qui révéla au monde le génocide, de Benoît Fidelin.

Jésus, le Maître intérieur, de Laurence Freeman, préfacé par le Dalaï-Lama.

Le Désir et la Tendresse. Pour une éthique chrétienne de la sexualité, d'Éric Fuchs.

Profession théologien. Quelle pensée chrétienne pour le XXIe *siècle ?*, de Claude Geffré.

Petit traité de spiritualité au quotidien, d'Anselm Grün.

Invitation à la sérénité du cœur, d'Anselm Grün.

Petite méditation sur les fêtes de Noël, d'Anselm Grün.

Chacun cherche son ange, d'Anselm Grün.

Petit manuel de la guérison intérieure, d'Anselm Grün.

Les Traités, le Poème, de Maître Eckhart, traduits et présentés par Gwendoline Jarczyk et Pierre-Jean Labarrière.

Maître Eckhart ou l'empreinte du désert, de Gwendoline Jarczyk et Pierre-Jean Labarrière.

L'Autre Messie. L'extraordinaire révélation des manuscrits de la mer Morte, d'Israël Knohl.

Le Grand Livre du Cantique des cantiques, de Frank Lalou et Patrick Calame.

Le Testament de saint Luc, de Thierry Leroy.

Le Baptiseur, de Thierry Leroy.

Jésus rendu aux siens. Enquête en Israël sur une énigme de vingt siècles, de Salomon Malka.

Dieu et la révolution du dialogue. L'ère des échanges entre les religions, de Jean Mouttapa.

Éloge du simple. Le moine comme archétype universel, de Raimon Panikkar.

Le Curé de Nazareth. Émile Shoufani, Arabe israélien, homme de parole en Galilée, d'Hubert Prolongeau.

Comme un veilleur attend la paix, d'Hubert Prolongeau. Entretiens avec Émile Shoufani.

Ma part de gravité. Un itinéraire entre Évangile et actualité, de Gabriel Ringlet.

Voyage en Galilée, d'Émile Shoufani. Photographies Hanan Isachar.
Les Dix Commandements, Joseph Sitruk, Jean-Charles Thomas et Dalil Boubakeur.
Humanisme et mystique, d'Albert Schweitzer, textes choisis et présentés par Jean-Paul Sorg.
Alliance de Feu. Une lecture chrétienne du texte hébreu de la Genèse, Tome I, d'Annick de Souzenelle.
Alliance de Feu. Une lecture chrétienne du texte hébreu de la Genèse, Tome II, d'Annick de Souzenelle.
La Lettre, chemin de vie, d'Annick de Souzenelle.
Résonances bibliques, d'Annick de Souzenelle.
Les Deux Visages de Dieu. Une lecture agnostique du credo, de Michel Théron.
Il n'y a pas d'avenir sans pardon, de Desmond Tutu.
Petit lexique des mots essentiels, d'Odon Vallet.
L'Évangile des païens. Une lecture laïque de l'Évangile de Luc, d'Odon Vallet.
Le Juif Jésus et le Shabbat, de Marie Vidal.

Célébrations

Célébration de l'Inespéré, de Didier Decoin et Éliane Gondinet.
Célébration de la Pauvreté, regards sur François d'Assise, de Xavier Emmanuelli et Michel Feuillet.
Célébration de la Paternité, de Sylvie Germain et Éliane Gondinet.
Célébration de la Rencontre, de Frédérique Hébrard et Paule Amblard.
Célébration de la Mère, regards sur Marie, de Colette Nys-Mazure et Éliane Gondinet-Wallstein.
Célébration de la Lumière, d'Émile Shoufani et Christine Pellistrandi.
Célébration de l'Offrande, de Michel Tournier et Christian Jamet.

Les Carnets du calligraphe

L'Évangile de Thomas, traduit par Jean-Yves Leloup, calligraphies de Frank Lalou.
Le Cantique des créatures, de saint François d'Assise, calligraphies de Frank Missant.
Le Dieu des hirondelles. Poèmes de Victor Hugo présentés par Robert Sabatier, calligraphies de Claude Mediavilla.
Tous les désirs de l'âme. Poèmes d'Arménie traduits par Vahé Godel, calligraphies de Achot Achot.
La Rose est sans pourquoi, de Angelus Silésius, préface de Christiane Singer, calligraphies de Vincent Geneslay.

Ouvrage reproduit par
procédé photomécanique
l'impression et le brochage ont été effectués
et achevé d'imprimer
sur presse Cameron
par ***Bussière Camedan Imprimeries***
à Saint-Amand-Montrond (Cher),
pour le compte des Éditions Albin Michel.

Achevé d'imprimer en février 2003.
N° d'édition . 21473. N° d'impression : 030148/1.
Dépôt légal : mars 2003.
Imprimé en France